Die Sprache des Vierten Reichs

Wie Menschen die Sprache
und
Sprache die Menschen verändern

Helmut Matt

Die Sprache des Vierten Reichs

Wie Menschen die Sprache und Sprache die Menschen verändert
1. Auflage 2022
© by BoD
Gesamtherstellung BoD
www.bod.de
ISBN 9783755737643

© 2022, Helmut Matt
Herstellung und Verlag: BoD – Books on Demand,
Norderstedt

Einleitung

„Die Sprache des Vierten Reichs". Der Titel des Buchs klingt nach einer Provokation – und soll es auch. Inspiriert wurde ich dazu durch das berühmte Buch „LTI – Lingua Tertii Imperii" (Sprache des Dritten Reichs), das jüdische Romanist Viktor Klemperer nach dem Ende der NS-Zeit zusammenstellte und veröffentlichte. Ebenso wie Klemperer das in seiner Zeit getan hat, habe ich in der Zeit nach Ausrufung der Corona-Pandemie durch die Regierungen der unterschiedlichsten Länder angefangen, Begriffe zu sammeln und aufzuschreiben. Einige Worte musste ich nachschlagen, andere wurden im Laufe der Zeit verständlich, einige waren selbsterklärend. Auslöser für diese Sammlung war für mich der Ausdruck „Neue Normalität", den ich schon sehr bald nach Ausrufung der Corona-Pandemie in den unterschiedlichsten Medien hörte. Das war und ist ein Begriff, der den Menschen deutlich machen sollte und soll, dass die Zeit und die Welt eine Zäsur gemacht haben und dass nun eine neue Epoche angebrochen ist. Sehr rasch wurde auch deutlich, dass die Politik und die Medien auf wundersame Weise eine Symbiose eingegangen sind und dass das, was man gemeinhin „Öffentlich-Rechtlich" nennt, tief von der Politik und den führenden Parteien durchdrungen ist und dass „kritischer und investigativer" Journalismus ganz offensichtlich gar nicht mehr gewünscht ist. Im Laufe der vergangenen zwei Jahre zeigte sich immer deutlicher, dass das, was wir einst am deutschen Radio und Fernsehen so sehr geschätzt haben, so gut wie gar nicht mehr zu finden ist und dass die Medien, öffentlich-rechtlich oder privat, nahezu vollständig zu reinen Sprachrohren der Politiker verkommen sind.

Parallel zu dieser unerfreulichen Entwicklung haben sich auch die Politiker selbst immer mehr Freiheiten eingeräumt und letztlich gar die Grundrechte und Freiheiten der Menschen in hohem Maße verletzt. Besonders sichtbares Zeichen hierfür ist die sogenannte „Ministerpräsidentenkonferenz", ein Gremium, das von der einstigen Bundeskanzlerin Angela Merkel ins Leben gerufen worden ist und für das es bis heute keine klare politische Legitimation gibt. Hingenommen wurden all diese Schritte, weil die Regierungen der Welt von Anfang an Furcht und Schrecken in die Bevölkerung der Welt getragen haben. Etwas ganz „Neuartiges" sei in die Welt getreten, so hieß es in den Medien. Allein schon der Begriff „neuartig" klang und klingt beängstigend – insbesondere, weil er mit Fledermäusen, einem geheimnisvollen chinesischen Markt und undefinierbaren Eigenschaften dekoriert wurde. In ganz besonderem Maße trugen und tragen nun wieder die Medien dazu bei, dass die Angst wuchs und weiter wächst: Ihre täglichen Zahlenkolonnen über Infizierte und Tote ließ bei vielen Menschen jegliche Vernunft versiegen. Dinge, gegen die man früher protestiert hätte, wurden nun wie selbstverständlich hingenommen. War es doch die Gesundheit und das menschliche Überleben, wofür die Politiker nun zu kämpfen vorgaben. War es da ein Wunder, dass immer mehr Leute all das, was da an Regeln und Bestimmungen aufgestellt wurde, kritiklos übernommen haben. „Wir müssen nun der Regierung gehorchen!", so hieß es bereits an Ostern 2020 in einer E-Mail eines Vereins, dessen Mitglied ich bis dahin noch war. Statt geringer zu werden wuchs das Vertrauen in die Regierung immer weiter. In besonderem Maße beeindruckend zeigt sich das im Verhalten der Bevölkerung seit der Verfügbarkeit von sogenannten mRNA-Impfseren, die bis dato noch immer nicht vollständig zugelassen worden sind. So lassen sich Millionen von Menschen kritiklos den „Impfstoff" verabreichen – offensichtlich nicht wissend, welche Folgen das haben könnte und, in der Hoffnung, sich Freiheit und Sicherheit zu erimpfen. Zugleich übernehmen sie selbst die volle Verantwortung für die „Impfung" und ihren Folgen – bis hin zum eigenen Tod.

Entstanden ist ein inkorrektes Wörterbuch der Covid-Pandemie, ganz ohne Verweise, ganz ohne wissenschaftliche Hinweise. Es ist zugleich ein engagiertes Buch mit einer Fülle persönlicher Ansichten, die geteilt werden können, oder auch nicht. Die Kernaussagen der einzelnen Begriffe sind alle belegbar und durch Suchmaschinen im Internet, die noch keine Zensur betreiben, abfragbar – ganz im Gegensatz zu viele Behauptungen führender Politiker und gängiger Medien, die einfach hingenommen werden und bloß nicht hinterfragt werden sollen. Einige Beschreibungen oder Definitionen kennen Sie vielleicht schon, andere werden Sie verblüffen und hoffentlich werden Sie sich beim Durchblättern und Lesen fragen, warum Sie über dieses oder jenes Thema nicht schon einmal in dieser Richtung nachgedacht haben. Das Buch soll genau dazu anregen und inspirieren: Zum Nachdenken – und es erhebt keinen Anspruch auf Vollständigkeit. Letzteres wäre in diesem Zusammenhang auch gar nicht möglich, denn die COVID-19-Zeit geht weiter und alle, die in dieser Zeit leben, werden immer wieder neue Worte erfinden. Die Sprache ist ein lebendiges Wesen und sie wird sich immer weiterentwickeln – selbst oder vielleicht gerade in einer Kunstwelt, in der wir uns momentan bewegen.

Wie dringend es ist, dass es solch eine Zusammenstellung der neuen Begriffe gibt, zeigt die immer noch devote Einstellung der Menschen gegenüber den Herrschenden und ihren Ideen, Ihre Kritiklosigkeit und ihre Unempfindlichkeit gegenüber dem Entzug von Grundrechten. Auch der Umgang mit dem Druck, sich die „Impfung" verabreichen zu lassen, in der Hoffnung, sich genommene Freiheiten zurückzuholen, zeigt die Notwendigkeit dieses Buches. Impfung schützt nicht vor Ansteckung und nicht einmal vor schweren Krankheitsverläufen und dem Tod. „Wozu dann eigentlich impfen?", sollte eigentlich die Frage sein, die sich jeder Mensch stellen sollte. Dem ist aber nicht so. Stattdessen gibt es viele Menschen, die der immer dringender werdenden Forderung nachkommen, sich die Spritzen verabreichen zu lassen, die nun in immer kürzer werdenden Abständen erforderlich sind. Zudem wird häufig übersehen, dass Grundrechte eben nicht erimpft werden können, denn sonst wären sie gar keine Grundrechte. Auch erleben die Betroffenen immer anschaulicher, dass selbst die gegebenen Versprechen rasch zu Makulatur werden.

Ein ganz besonderer Dank geht schließlich an meine Frau Linda, die sowohl inhaltlich als auch in Bezug auf Formatierung und Fehlerkorrektur viel Zeit investiert und einen wichtigen Beitrag zum Zustandekommen dieses Buches geleistet hat.

Herbolzheim, Februar 2022
Helmut Matt

2G+

Euphemismus und Verschärfung der 2G-Regel. Der Delinquent muss in diesem Fall zusätzlich zu seiner Bescheinigung auch noch einen erfolgreichen negativen Test (i.d.R. PCR-Test) vorweisen, der nicht älter als n Stunden (derzeit 48) sein darf.

2G-Regel

Definition: „Dem Gesundheitsschutz dienende Vorschrift", wonach nur vollständig gegen SARS-CoV-2 Geimpfte oder kürzlich von COVID-19 Genesene Zugang zu etwas (z. B. zu Gastronomie oder bestimmten Arbeitsstellen) haben.

Die sogenannte 2G-Regel steht für "**geimpft oder genesen**". Bei der 2G-Regel haben nur geimpfte oder genesene Personen Zutritt zu Innenräumen von beispielsweise Klubs, Kultureinrichtungen, Gastronomie, Kinos, Fitnessstudios oder Krankenhäusern. Als Nachweis muss entweder ein gültiges Impfzertifikat oder Genesenen-Zertifikat vorgelegt werden. Diese verschärften Auflagen sollen einer Überlastung des Gesundheitswesens vorbeugen. Die Umsetzung und Ausgestaltung der 2G-Regel obliegt den Bundesländern. Hier können Sie nachlesen, welche Regelungen in Ihrem Bundesland gelten. 2G und 2G+ sind mittlerweile gängige Bezeichnung für die Voraussetzung, unter der Personen im zweiten Jahr der Corona-Pandemie „gewisse Freiheiten zustehen", sofern die entsprechenden Merkmale erfüllt sind.

2G-Regelung

Synonym zur 2G-Regel

3

3G

Die sogenannte 3G-Regel steht für „geimpft, genesen oder getestet". Wer nicht vollständig geimpft ist oder nicht als genesen gilt (mehr dazu hier) muss seit dem 23. August 2021 in bestimmten Fällen entweder einen negativen Antigen-Schnelltest (maximal 24 Stunden alt) oder einen negativen PCR-Test (maximal 48 Stunden alt) vorlegen, um beispielsweise Zugang zu Innengastronomie, Veranstaltungen und Festen oder auch zum Besuch beim Friseur oder im Kosmetik-studio zu erhalten. Gleiches gilt für Besuche in Krankenhäusern sowie Alten- und Pflegeheimen. Die 3G-Regel ist auch bei Sport im Innenbereich oder bei Beherbergungen, etwa in Hotels und Pensionen, gültig.

3G+

Wie bei 2G+ müssen auch hier alle betroffenen in der Lage sein, den Kontrolleuren einen entsprechenden Test vorzulegen.

3G-Regel

Definition: „Dem Gesundheitsschutz dienende Vorschrift", wonach nur vollständig gegen SARS-CoV-2 Geimpfte oder kürzlich von COVID-19 Genesene oder aktuell negativ auf den Erreger Getestete Zugang zu etwas (z. B. zu Gastronomie oder bestimmten Arbeitsstellen) haben

3G-Regelung

Synonym zur **3G-Regel**

A

abgesondert

Separat, einzeln, unabhängig von etwas oder jemandem. Man kann auch von abgetrennt, isoliert, ausgegrenzt sprechen. „Absonderung" ist der allgemeingültige Oberbegriff für die Begriffe Quarantäne und Isolation und bedeutet, sich von anderen Personen fernzuhalten.

Abriegelung

Siehe „Ausgangssperre"

absondern

isolieren, absperren, sich fernhalten von (siehe „abgesondert")

Absonderung

Isolierung, Abtrennung, sich Fernhalten von jemandem. Offiziell: Schutz der Allgemeinheit vor ansteckenden Krankheiten. Im konkreten Fall ist es eine behördlich angeordnete Isolierung von Personen, die an einer ansteckenden Infektionskrankheit, hier SARS-CoV-2, leiden oder als deren Überträger (infolge eines positiven Testergebnisses) infrage kommen.

Abstandsgebot

In der Öffentlichkeit ist, wo immer möglich, ein Abstand von mindestens 1,5 Metern zu anderen Menschen einzuhalten. Verstöße gegen die Beschränkungen werden durch die Ordnungskräfte kontrolliert und sanktioniert. Die Bundesländer beschließen jeweils eigene Bußgelder und Infektionsschutzmaßnahmen. Daher sind die Vorschriften im jeweiligen Bundesland zu beachten. Auch die vorsätzliche Ausbreitung von COVID-19 und das Missachten der Maskenpflicht kann zu Geldstrafen oder sogar einer Freiheitsstrafe führen. Die jeweiligen Bundesländer entscheiden eigenständig über die konkreten Infektionsschutzmaßnahmen. Einheitlich ist die Ausnahmeverordnung für Geimpfte und Genesene. Für diese Personengruppen gelten besondere Regelungen und Erleichterungen. Überall gilt: Zu beachten sind die Verhaltensregeln, die in der AHA-Formel zusammengefasst sind: Abstand halten (mindestens 1,5 Meter), Hygieneregeln beachten (richtiges

Husten, Niesen und gründliches Händewaschen) und im Alltag Maske tragen. Empfohlen wurden von den Politikern und Behörden sogenannte OP-Masken oder auch Masken der Standards FFP2, die das Risiko einer Infektion angeblich reduzieren und umstehende Personen schützen sollen. Mittlerweile sind in einigen Bundesländern auch die OP-Masken schon wieder Geschichte.

Abstandsregel

Neutral formuliert geht es in der Definition um die Festlegung bzw. juristisch relevante Vorgabe einer einzuhaltenden Distanz zu etwas oder jemandem. Dabei heißt es hierzu beispielsweise:

> *"Ein wichtiger Baustein, um sich und andere vor einer Ansteckung*
> *mit dem Coronavirus SARS-CoV-2 zu schützen, ist nach wie vor, auf*
> *einen Abstand von mindestens 1,5 Metern zu achten."*

Die Regeln können sich kontinuierlich ändern. Mehr dazu findet sich unter dem Begriff „Instrumentenkasten". Mit Zollstock und vergleichbaren Instrumenten werden durch Polizeibehörden und vergleichbare Ordnungskräfte für die Einhaltung der Abstandsregel gesorgt. Auf den Internetseiten der Bundesregierung findet sich dazu aktuell.

> *„Das sind die geltenden Regeln und Einschränkungen. Die Pande-*
> *mie ist nicht überwunden. Deshalb arbeiten Bund und Länder auch*
> *weiter bei der Eindämmung der Corona-Pandemie zusammen. Sie*
> *haben wegen der mit hoher Geschwindigkeit steigenden Infektions-*
> *zahlen Einschränkungen vereinbart – für die konkrete Umsetzung*
> *sind die Bundesländer verantwortlich. Die 3G- und 2G-Regeln sind*
> *in vielen Bereichen verpflichtend."*

Abstrichzentrum

Definition:

> *„Öffentliche Einrichtung zur Durchführung ambulanter Tests auf*
> *eine Infektion mit dem entsprechenden Krankheitserreger während*
> *einer Epidemie oder Pandemie."*

Im Zuge der Corona-Narrative hat diese Definition sich weitgehend in Richtung „COVID-19" eingeengt.

Beispiele:

> *Corona-Tests werden nur in den Abstrichzentren und nach ärztlicher Überweisung gemacht.*
> *[Schweriner Volkszeitung, 24.03.2020]*

> *An der Hotline wird abgeklärt, ob folgende Bedingungen grundsätzlich erfüllt sind: Der Anrufende hatte innerhalb der letzten 14 Tage Kontakt zu einem positiv getesteten Menschen, oder der Anrufende lebt in einem gemeinsamen Haushalt mit einer unter Quarantäne stehenden Person. Oder der Anrufende ist innerhalb der letzten 14 Tage aus einem Risikogebiet eingereist oder hält sich regelmäßig in einem besonders betroffenen Gebiet auf und der Anrufende muss entsprechende Krankheitssymptome aufweisen (Abgeschlagenheit, grippeähnliches Gefühl, Schnupfen, Husten, Halsschmerzen, Fieber). Sollten die Bedingungen erfüllt sein, erhält man eine Einladung ins Abstrichzentrum per E-Mail.*
> *[Aachener Zeitung, 24.03.2020]*

> *Im Auftrag von Haus- und Fachärzten werden Probenentnahmen zum Nachweis einer Infektion mit dem neuen Coronavirus durchgeführt. Hierzu wurde ein wettergeschütztes Abstrichzentrum am Besucherparkplatz des Krankenhauses an der Zieglerstraße aufgestellt. Die Probeentnahmen werden nur bei Erfüllung bestimmter Voraussetzungen durchgeführt.*
> *[Landshuter Zeitung, 24.03.2020]*

> *Es macht keinen Sinn, »auf eigene Faust zu den Abstrichzentren zu fahren, denn Patienten werden nur nach vorheriger Terminvergabe behandelt« [Mittelbayerische, 20.03.2020]*

Aerosol

Laut Definition handelt es sich bei einem Aerosol um ein „gasförmiges Gemisch aus festen und flüssigen Schwebeteilchen". Die Pharmazie spricht von einem „durch Sprühen verteilten Wirkstoff, der über die Atemwege aufgenommen wird".

Im Zusammenhang mit Covid gilt Folgendes: Eine Übertragung des Coronavirus SARS-CoV-2 durch Aerosole ist in bestimmten Situationen über größere

Abstände möglich, z. B. wenn viele Personen in nicht ausreichend belüfteten Innenräumen zusammenkommen und es verstärkt zur Produktion und Anreicherung von Aerosolen kommt. Es wird behauptet, dass Aerosole, die ein Mensch beim Sprechen, Singen, Atmen usw. ausstößt, zu den wesentlichen Überträgern von SARS-CoV-2 gelten. SARS-CoV-2 gilt als hochgradig infektiös und ein Teil der Wissenschaftler erklärt, es werde hauptsächlich durch das Einatmen von Tröpfchen oder Aerosolen übertragen – was sich in Innenräumen eklatanter auswirke, als in Außenbereichen. Das sind alles Behauptungen, die nicht final bewiesen sind. Sollte sich das Virus tatsächlich im Wesentlichen auf diesem Weg übertragen, dann ist es doch zumindest fragwürdig, wieso es erst seit SARS-CoV-2 Vorrichtungen gibt, um Einkaufswagen zu sterilisieren.

Aerosolübertragung

Siehe „Aerosol". In erster Linie geht es um die Übertragungsdichte und -geschwindigkeit von Erregern durch Aerosole. Den folgenden, interessanten Eintrag hierzu findet man auf den Seiten des Umweltbundesamtes:

„In Innenräumen sollten bei Zusammenkünften alle Aktivitäten vermieden werden, die dazu führen, dass vermehrt Aerosolpartikel ausgeatmet werden und sich damit die Konzentration infektiöser Partikel erhöht, sofern diese in der ausgeatmeten Luft vorhanden sind. Zu solchen Aktionen gehört das gelegentliche (nicht zwingend mit einer infektiösen Erkrankung assoziierte) Niesen und Husten, welches aus diesen Gründen in die Armbeuge erfolgen sollte. Aber auch Singen, Rufen und Schreien führen dazu, dass vermehrt Partikel entstehen und sich in Innenräumen anreichern. Auch beim Musizieren mit (Blas-)Instrumenten können Aerosolpartikel entstehen. Zu bedenken ist, dass auch sportliche Aktivitäten, die mit einer erhöhten Atemrate einhergehen, zu einer vermehrten Ausatmung von Aerosolpartikeln führen. Lassen sich erhöhte Aerosolfreisetzungen nicht vermeiden, empfiehlt es sich, umso intensiver zu lüften (siehe unten) oder Aktivitäten nach Möglichkeit ins Freie zu verlagern."

Denkt man diese Definition ein Stück weiter, dann könnte man auch sagen, dass es am besten ist, zu schweigen oder noch besser, dass jeder Mensch sich in seinem eigenen Raum verbarrikadiert. Alternativ kann man auch seinen gesamten

Aufenthalt in den Außenbereich verlagern, vorausgesetzt man hält den Abstandsregeln ein.

AHA

Siehe auch „AHA-Regel". Abstand halten, **H**andhygiene einhalten und eine **A**ll-
tagsmaske tragen – die Anfangsbuchstaben ergeben ein Wort, das sich leicht mer-
ken lässt und so auch gleichzeitig für genau diesen Effekt sorgt.

AHA-Formel

Siehe „AHA-Regel"

AHA-Gebot

Siehe „AHA-Regel"

AHA-Regel

Allgemein gesprochen handelt es sich um eine Regel, deren Befolgung nach Maßgabe der Covid-Protagonisten zur Eindämmung der Infektionszahlen mit SARS-
CoV-2 führen soll.

AHA+A+L- Regel

Zusätzlich zur allgemein gültigen Formel „AHA" wird empfohlen, ab sofort ein
„A" für Corona-Warn-App und ein „L" für Lüften hinzuzufügen. Gerade das Lüften ist demnach im Winter besonders wichtig. Unter anderem, weil wir uns häufiger in geschlossenen Räumen aufhalten.

Alarmstufe

In der Corona-Verordnung des Landes Baden-Württemberg gibt es nun ein dreistufiges Warnsystem mit einer Basisstufe, einer Warnstufe und einer Alarmstufe.
Damit will die Regierung eine „Überlastung des Gesundheitswesens" verhindern.

Definition:

> *„Bei der Belegung von mehr als 390 Intensivbetten an zwei aufei-*
> *nanderfolgenden Werktagen mit Corona-Patienten oder wenn die*
> *Hospitalisierungsinzidenz an fünf Werktagen in Folge bei zwölf liegt,*

wird die Alarmstufe ausgerufen. Dann gilt zusätzlich zu den Regeln aus der Warnstufe auch die 2G-Regel in vielen Bereichen. Wer nicht geimpft oder nachweislich genesen ist, hat dann dort keinen Zutritt – auch nicht mit einem negativen PCR-Test.

Ausnahmen gelten in der Alarmstufe etwa für Supermärkte, Tankstellen, religiöse Veranstaltungen, körpernahe Dienstleistungen, Pensionen und Hotels, sowie Busse und Bahnen. Bei körpernahen Dienstleistungen, also beispielsweise beim Friseur, ist aber ein PCR-Test als Nachweis für Ungeimpfte und Nicht-Genesene notwendig. Bei Übernachtungen in Hotels, Herbergen und Pensionen ist ein PCR- oder Antigentest nötig, der alle drei Tage erneuert werden muss. In Kirchen und bei religiösen Veranstaltungen im Allgemeinen gelten weder in der Alarm- noch in der Warnstufe Einschränkungen auch keine 3G-Regel. Im Einzelhandel gilt nicht die PCR-Testpflicht und auch nicht die 2G-Regel. Allerdings gilt in der Alarmstufe für den Einzelhandel, der nicht der Grundversorgung dient, die 3G-Regel. Ein Corona-Schnelltest für Ungeimpfte und nicht genesene Personen reicht hierbei aus.

In der Alarmstufe gelten ebenfalls Kontaktbeschränkungen für nicht geimpfte und nicht genesene Personen. Ein Haushalt darf sich nur mit einer weiteren Person treffen. Ausgenommen von der Personenzahl und den 2G-Beschränkungen sind genesene und geimpfte Personen, Kinder und Jugendliche bis einschließlich 17 Jahre und Personen, die sich aus medizinischen Gründen nicht impfen lassen können oder für die es keine STIKO-Empfehlung gibt. Dazu zählen wie auch in der Warnstufe Schwangere und Stillende.

Bei Wettkämpfen und anderen Sportveranstaltungen gilt in der Alarmstufe in geschlossenen Räumen die 2G-Regel und im Freien 3G mit PCR-Test. In der Alarmstufe sind Profi-Sportlerinnen und -Sportler nicht von diesen Regeln ausgenommen.

Im Musik- und Kunstunterricht, bei Proben und bei öffentlichen Veranstaltungen gilt in der Alarmstufe sowohl in geschlossenen Räumen als auch im Freien die 2G-Regel und Maskenpflicht in geschlossenen Räumen." (STAND: 17.11.2021, 12:58 Uhr).

Soweit die Theorie. Tatsächlich scheint diese neu eingeführte Ampel nur in **eine** Richtung zu funktionieren – nämlich in Richtung Verschärfung. Gerade im Winter 2021/2022 musste das Oberlandesgericht die Regierung zurechtweisen, weil sich die Bettenbelegung stark entspannt, die Regierung aber nicht reagiert hatte.

Alltagsmaske

Einfache, nichtzertifizierte, nicht für den medizinischen Gebrauch bestimmte und vor allem im öffentlichen Raum verwendete Gesichtsmaske.

Solange Alltagsmasken eingesetzt werden konnten, galten diese als effektiv, danach nicht mehr. Anfangs wurde noch ein Narrativ verbreitet, wonach eine gutsitzende Maske helfe, die Verbreitung des Coronavirus SARS-CoV-2 einzudämmen. Masken durften aus Stoffresten genäht, gestrickt, gehäkelt oder was auch immer sein, Hauptsache, man hatte sein Gesicht verdeckt. Selbst umgeschlagene Schals galten als zugelassene Mund-Nasen-Bedeckung. Dass das alles Unsinn ist und man damit kein Virus aufhalten kann, war den Verantwortlichen klar.

Bereits in der Anfangsphase der ausgerufenen Pandemie wurde die Maske als Mittel einsetzt, um die Stimmung von Angst und Schrecken in der Bevölkerung zu verstärken und den Menschen den Eindruck zu geben, dass überall Gefahr lauere. Die unsichtbare Gefahr des Virus wurde dadurch erfolgreich für alle sichtbar gemacht. Die Alltagsmaske wurde schließlich auch nur solange eingesetzt, bis man in der Lage war, OP-Masken und FFP2-Masken in ausreichender Zahl herzustellen oder zu ordern und zu verkaufen. Der kreative Versuch mancher Vereine die klammen Kassen dadurch wieder etwas zu füllen, fiel damit ins Wasser. Dadurch entfiel auch der Nebenerwerb mancher Hausfrau, die solche Masken beispielsweise in großer Zahl für die Weihnachtsmärkte hergestellt hatte. Das war aber ohnehin obsolet, weil die Weihnachtsmärke per Order abzusagen waren.

Wikipedia sagt hierzu

> *„Eine Alltagsmaske oder (amtssprachlich) Mund-Nasen-Bedeckung (MNB) ist ein geschneidertes Stück Stoff, das über Nase und Mund getragen wird und die Atemluft filtern soll. Weitere Bezeichnungen sind Community-Maske, Behelfs-Mund-Nasen-Maske, Behelfsmaske bzw. selbst hergestellte DIY-Maske. [...] Sie besteht meistens aus Baumwollstoff, der in Falten gelegt vernäht oder an die Gesichtsform angepasst geschneidert ist. Sie wird mit Gummibändern an den*

*Ohren oder mit Haltebändern an Hinterkopf und Nacken fixiert. Ist
ein Metalldraht in den Stoff über der Nase eingearbeitet, kann die
Maske enger an die Nase angepasst und somit enger ans Gesicht fixiert werden. Behelfsmasken dürfen nicht gewerblich als Medizinprodukte oder Gegenstände persönlicher Schutzausrüstung in Verkehr gebracht und nicht mit entsprechenden Leistungen oder Schutz-
wirkungen ausgelobt werden, sondern ausschließlich im privaten
Umfeld genutzt werden, da sie – anders als medizinischer Mund-Nasen-Schutz (MNS) und Atemschutzmasken wie FFP2- und FFP3-
Masken – bisher keiner Regulierung unterliegen. Es gibt daher wenig gesicherte, generalisierbare Aussagen zu ihrer Effektivität als
Schutz vor der Übertragung von Infekten oder Feinstaub."*

Aluhut

Definition: Meist spöttisch, beschreibt der Aluhut eine aus mehreren Lagen Alu-
miniumfolie gewickelte spitzförmige Kopfbedeckung, die angeblich die Gesundheit oder die Gedanken ihres Trägers vor schädlichen Einflüssen von außen schützen soll.

Selbstverständlich ist der Begriff abwertend und beschreibt mit Aluhutträger eine
Person, die eine absurde Weltsicht hat und einer Verschwörungstheorie anhängt.
Häufig wird das Wort eingesetzt, um Menschen mit abweichenden Meinungen zu
diffamieren und als indiskutabel zu entlarven – und Gespräche und Diskussionen
mit diesen Menschen zu vermeiden. Es gilt: Zur Vermeidung einer geistigen Auseinandersetzung mit bestimmten Begriffen oder Menschen wird „Aluhut" oder
auch Aluhutträger eingesetzt. Noch weiter geht eine Initiative „Der goldene Aluhut", womit eine alternative Gruppe versucht, Andersdenkende lächerlich zu machen und dem Spott Gleichgesinnter auszusetzen.

Ansteckung

Ansteckung bedeutet in aller Regel das Übertragen des Coronavirus von einer
Person oder Sache auf eine andere Person. Ansteckung hat zunächst einmal nichts
damit zu tun, ob die Übertragung auch tatsächlich Symptome auslöst. Der über-
wiegende Teil aller Personen, auf die das Virus angeblich übertragen worden ist,
ist symptomfrei.

Eine der zahlreichen Definitionen von Ansteckung in Netz erzählt hierzu:

„Das Coronavirus ist von Menschen zu Menschen übertragbar. Die Übertragung kann über verschiedene Wege erfolgen und findet vor allem über die Atemwege statt. Das Risiko für eine Ansteckung hängt dabei von unterschiedlichen Faktoren ab: Die Menge der Viruspartikel, die die infizierte Person ausscheidet, ist beispielsweise ein Faktor oder die Dauer eines Kontakts mit einer infizierten Person, ebenso wie der Ort eines persönlichen Treffens: In geschlossenen Räumen ist das Risiko einer Übertragung des Coronavirus höher als an der frischen Luft. Ebenso können Virusvarianten wie z. B. die derzeit in Deutschland vorherrschende Variante Delta, leichter von Mensch zu Mensch übertragen werden. Die Ansteckung erfolgt hauptsächlich über Tröpfchen oder Aerosole („Schwebeteilchen") in der Luft. Wenn eine infizierte Person hustet, niest, lacht oder spricht, scheidet sie Tröpfchen und Aerosole mit Viren aus. Diese verbreiten sich in einem Umkreis von etwa 1,5 Metern und setzen sich auf Oberflächen ab. Aerosole schweben über einen längeren Zeitraum in der Luft und können eine Infektion verursachen."

Ansteckungsgefahr

Risiko einer Infektion mit einem Krankheitserreger. Siehe auch „Ansteckung".

Ansteckungshotspot

Ein Ansteckungshotspot ist ein Ort, an denen sich das SARS-CoV-2 Virus besonders schnell verbreiten kann. In der Regel sind solche Hotspots Orte und Plätze, an denen sich besonders viele Menschen gleichzeitig aufhalten. Solche Werte könnten beispielsweise aus den Meldungen der sogenannten Luca-App erfolgen. So heißt es, dass knapp drei Viertel aller Warnungen über die Luca-App aus Bars und Clubs stammen. Hotspots können aber auch ganze Gemeinden, Schiffe oder andere Treffpunkte sein. Allgemein gesprochen legen die Corona-Verhinderer und „Wissenschaftler" nah, sich von Parties, Feiern, Bars, Events oder Clubs fernzuhalten. Siehe auch „Ansteckung".

Anti-Corona-Demo

Der Begriff ist eine Kurzform für eine Demonstration gegen Corona-Maßnahmen der Regierung.

Antikörpertest

Siehe „Antikörperschnelltest".

Antikörperschnelltest

Der Antikörperschnelltest kann außerhalb spezieller Labors mit geringem Aufwand durchgeführt werden und liefert das Ergebnis innerhalb sehr kurzer Zeit. Antikörperschnelltests sind hochgradig fehlerbehaftet und führen besonders oft zu falsch positiven Ergebnissen, die dann durch weitere, sogenannte PCR-Tests (ebenfalls fehlerbehaftet und umstritten) zu verifizieren sind. Die auch Antigen-Test genannten Verfahren können in Apotheken oder durch „geschulte" Personen auch in Zelten und an öffentlichen Plätzen durchgeführt werden. Auch die (noch fehlerhafteren) Selbsttests, die zuhause ausgeführt werden können, zählen zu den Antikörperschnelltests – die allerdings von keiner offiziellen Stelle anerkannt sind.

Antigentest

Siehe „Antikörperschnelltest".

APP

Siehe „Corona-Warn-App".

APP-Zwang

Nach Einführung der beiden Handy-APPS zur Kontakt-Nachverfolgung von Covid wurden auch in einigen Unternehmen Möglichkeiten diskutiert, diese APPs verpflichtend einzusetzen. Allerdings gibt es in dieser Hinsicht eine ganze Reihe rechtlicher Bedenken. Folgende Hinweise sind zu bedenken:

> *„Die Verpflichtung der Mitarbeiter zur Nutzung der Corona-Warn-App könnte allenfalls in engem Rahmen zulässig sein, wenn*
>
> *• die Installation und Nutzung der App ausschließlich auf dem Diensthandy erfolgt und*
> *• die Nutzung nur während der Arbeitszeiten angeordnet wird.*
>
> *Wenn diese Voraussetzungen eingehalten sind, dürfte auch das Hochladen eines positiven Testergebnisses als Pflicht zulässig sein,*

*da dank der Pseudoanonymität die Rechte der Mitarbeiter besser ge-
wahrt werden können.*

*Ferner sind bei einer verpflichtenden Nutzung der App die Mitbe-
stimmungsrechte des Betriebsrats zu beachten. Tangiert sind Fragen
des Verhaltens der Arbeitnehmer sowie der Ordnung des Betriebs
oder der technischen Überwachung, was zu einer Abstimmung mit
einer generellen oder besonderen Betriebsvereinbarung führen kann.*

*Betrachtet man zusammenfassend die tatsächlichen und rechtlichen
Hürden, die mit der Anordnung einer Corona-App-Nutzung einhergehen, ist im Ergebnis eine Weisung mit Vorsicht zu genießen. Zwar
kann im Einzelfall die Interessenabwägung zugunsten des Arbeitgebers ausfallen. Doch der daraus resultierende Nutzen hält sich in
Grenzen. Denn die verpflichtende Nutzung der App kann allenfalls
während der regulären Arbeitszeit angewiesen werden. Wird die App
außerhalb der Arbeitszeiten nicht genutzt, ist dem Ziel der Verbesserung des Gesundheitsschutzes ohnehin nur bedingt gedient. Zudem
ist von einem Widerstand der Mitarbeiter auszugehen und die
Rechtslage ist umstritten, so dass im Sinne des Betriebsfriedens eine
Freiwilligkeit vorgezogen werden sollte. "*

Handlungsvorschlag deshalb: Aussprechen von Empfehlungen.

Asymptomatisch

Ohne die erwarteten oder ganz ohne Krankheitsanzeichen. Die Protagonisten von
SARS-CoV-2 sind davon überzeugt, dass auch asymptomatische Personen hochansteckend sein können. Statt gesund und symptomlos unterscheiden sie (z. B.
ARD oder ZDF) zwischen Erkrankten mit und ohne Symptome. So heißt es auch
in der Pharmazeutischen Zeitung vom 16.04.2020:

*„SARS-CoV-2-Infizierte, die später COVID-19-Symptome entwickeln
und erst so von ihrer Erkrankung erfahren, können bereits andere
Menschen mit dem Coronavirus anstecken, solange sie noch asymptomatisch sind. Einer Analyse zufolge geschieht das möglicherweise
häufiger als gedacht. "*

Man nennt das dann „belegt". Auch ARD oder ZDF verwenden diese Bezeichnung. Beweise werden nicht erbracht.

Atemmaske / Atemschutzmaske

Siehe „Mund-Nase-Bedeckung".

Attest

Eine vom Arzt ausgestellte Bescheinigung, dass der Inhaber aus gesundheitlichen Gründen keine Mund-Nase-Bedeckung tragen muss. Häufig auch „Befreiung" genannt.

Auffrischimpfung

Normalerweise sind laut Impfplan der STIKO für Krankheiten wie Tetanus, Diphtherie und Keuchhusten Auffrischimpfungen nur alle 10 Jahre erforderlich. Bei COVID-19 sieht die Welt aber ganz anders aus. Da erkannt wurde, dass nach der Erst- oder Zweitimpfung der Impfschutz nach drei Monaten drastisch nachlässt wird nun zunächst eine Auffrischimpfung empfohlen. Auch diese wird, so zeigt sich bereits jetzt, nicht reichen und es werden noch weitere Auffrischimpfungen erforderlich sein – auf regelmäßiger Basis und in immer kürzeren Zyklen. Mittlerweile wird zugegeben, dass auch diese nicht schützen – weder vor Ansteckung, noch vor schweren Verläufen oder Tod und es greift auch zunehmend Hilflosigkeit und die Verleumdung Andersdenkender um sich, mit der man sich gegen eigenes Versagen zu wehren versucht.

Besonders hilflos erscheint da der Beitrag der Bundesregierung:

> *„Die in Deutschland verwendeten Impfstoffe verhindern Corona-Infektionen in erheblichem Maße und reduzieren die Ansteckungsgefahr für andere."*

BR24 schreibt im Januar 2022 in einem Beitrag:

> *„Sind Sie bereits geimpft, doppelt geimpft oder auch schon geboostert: Vermeiden Sie dennoch jede Ansteckung. Denn auch wer geimpft ist, riskiert bei einer Corona-Infektion eine schwere Erkrankung."*

„Wozu dann impfen?", möchte man da fragen.

Studien belegen schon sehr früh, dass der Impfschutz mit der Zeit nachlassen kann, insbesondere bei Hochbetagten oder bei Menschen, die ein geschwächtes

Immunsystem haben. Bei älteren Menschen ist es zudem so, dass die Immunantwort nach einer Impfung insgesamt geringer ausfällt. Hier kann, so heißt es,

> *„eine Auffrischungsimpfung den Impfschutz wieder deutlich erhöhen. Der Körper bildet mehr Antikörper und kann sich so noch besser vor dem Virus schützen. Die Auffrischungsimpfung wirkt wie ein Booster für das Immunsystem – deshalb wird sie auch als Booster-Impfung bezeichnet."*

Ausbruchsgeschehen

Auch als Ausbruchgeschehen bezeichnet. Dazu eine Beschreibung des Robert-Koch-Instituts aus der Zeit vor COVID-19:

> *„Von einem Krankheitsausbruch spricht man im Allgemeinen, wenn die Anzahl von Personen mit einer bestimmten Infektionskrankheit in einer bestimmten Region und/oder einem bestimmten Zeitraum die erwartete Anzahl dieser Erkrankungen übersteigt."*

Anfangs, im Juli 2020 hatten dazu Bund und Länder noch beschlossen:

> *„Notwendige Schutzmaßnahmen bis hin zu Bewegungseinschränkungen müssen aber zeitlich und räumlich eng begrenzt werden. Zudem ist es wichtig, dass bei lokalen Ausbruchsgeschehen und besonders betroffenen Gebieten ausreichende Testkapazitäten sichergestellt werden."*

Mittlerweile ist es Gang und Gäbe, ganze Wirtschaftssysteme anzuhalten, Billionen Euro oder Dollar zu versenken, Grenzen abzusperren, Länder zu isolieren, Menschen einzusperren, mit Reise- und Ausgangsbeschränkungen zu belegen – das alles weltweit, um den Zusammenbruch ganzer Wirtschaftskreisläufe nicht nur in Kauf zu nehmen, sondern gar herbeizuführen.

Ausgangsbeschränkung

Es handelt sich bei der Ausgangsbeschränkung um eine meist amtlich angeordnete Maßnahme, durch die Umfang oder Art des Ausgangs, zum Beispiel das Verlassen des Hauses oder der Wohnung, für bestimmte Zielgruppen teilweise eingeschränkt wird. So gibt es Ausgangsbeschränkungen auch zur Bekämpfung von Kriminalität oder Seuchen. Tatsächlich trifft man auf solche Maßnahmen vorzugsweise in totalitären Systemen.

Die Bundesregierung erarbeitete nun eine umfassende „Neugestaltung" des Infektionsschutzgesetzes. Dabei sollen bundeseinheitliche Corona-Maßnahmen gelten, die insbesondere die Kontaktbeschränkungen, Ausgangssperren, Öffnungsverbote für den Einzelhandel, Schulschließungen und Maskenpflicht regeln. Die Bundesregierung erhält bzw. genehmigt sich mit der Gesetzesnovellierung eine Fülle neuer Kompetenzen, die von den Landesregierungen auf die Bundesregierung übertragen werden. Mit dem Urteil des Bundesverfassungsgerichts vom 30. November 2021 wurden die wesentlichen Maßnahmen zudem soweit unanfechtbar gemacht, dass die Bürger des angeblich freien Landes BRD praktisch keine Möglichkeiten mehr haben, dagegen gerichtlich vorzugehen.

Ausgangssperre

Bei der Ausgangssperre handelt es sich um eine Erweiterung und Verschärfung der Ausgangsbeschränkung. Hierzu gibt es u.a. diese Definition:

Als Ausgangssperre bezeichnet das politisch, militärisch oder polizeilich für eine unbestimmte Vielzahl von Personen angeordnete Verbot, öffentliches Gelände wie Straßen oder Plätze zu betreten beziehungsweise das Haus, die Wohnung oder die Kaserne zu verlassen und zu bestimmten Zeiten auszugehen.

Für unterschiedlich definierte Schlüsselpersonen (beispielsweise diejenigen, welche die Sperre angeordnet haben) gibt es regelmäßig Ausnahmen von der verhängten Beschränkung.

Ausgangssperren betreffen meist eine unbestimmte Vielzahl von Personen. Ausgangssperren sind insbesondere in **Diktaturen** und **autoritären Regimen** ein Mittel der Politik, das nicht zuletzt dazu dient, das Verhalten der Bevölkerung zu kontrollieren. Die derzeitigen Regierungen Deutschlands, Österreichs und anderer mehr oder weniger durch Corona „gleichgeschalteter" Staaten unterscheiden zwischen „Ausgangssperre" und „Ausgangsbeschränkung" eher in verbal-etymologischer Form und Art. De facto sind die Unterschiede derzeit schwimmend.

Rechtsgrundlage in den sogenannten Rechtstaaten ist in Deutschland das Infektionsschutzgesetz, das permanent den „Erfordernissen" angepasst wird. Möglich geworden ist dies durch personelle und ideologische Mehrheit in den Parlamenten – und somit mittlerweile auch rechtlich abgesichert.

Zur Kontrolle und Überwachung werden in beiden Fällen, bei Ausgangssperre wie auch bei der Ausgangsbeschränkung Mittel der Staatsgewalt eingesetzt, zu denen nicht zuletzt Justiz, Polizei und Militär gehören.

Ergänzend zu Ausgangssperren können auch Abriegelungen verordnet und eingerichtet werden, um eine Ausgangssperre durchzusetzen oder zu kontrollieren, die zur Folge haben, dass Personen den abgeriegelten Bereich nicht verlassen können. In aller Regel geschieht so etwas im **Kriegsfall**. Konkret eingesetzt wird bzw. wurde die Abriegelung auch wieder hier bei uns: Ländergrenzen werden mittlerweile wieder überwacht, es ist aber auch möglich, solche Sperren innerhalb eines Landes zu verhängen, wie das Beispiel Mecklenburg-Vorpommern zeigte, wo es Menschen für einige Zeit nicht mehr möglich war, ihren Zweitwohnsitz zu betreten, wenn der angemeldete Erstwohnsitz sich außerhalb dieses Bundeslandes befand. Eine Abriegelung ist in der Regel in beiden Richtungen wirksam, als Ausreisesperre und als Einreisesperre. Einschränken kann man auf diese Weise auch den individuellen Bewegungsradius eines Einwohners.

Ausgehverbot

Synonym für „Ausgangsverbot". Siehe auch die Begriffe „Ausgangssperre" und „Ausgangsbeschränkung".

Ausgrenzung

Der Begriff „Ausgrenzung" wird in der Welt von COVID-19 meist im Zusammenhang mit Andersdenkenden und / oder „Impfunwilligen" verwendet. Die offizielle Sprachregelung selbst ist hier ausgrenzend, denn Menschen, die diesen Ausdruck verwenden, gehören nach Maßgabe der Regierung automatisch in das Lager von Verschwörern und Zweiflern.

Besondere Aktualität hat das Wort „Ausgrenzung" durch eine Ausstellung im KZ Buchenwald erhalten: Im Konzentrationslager Buchenwald, einem Ort äußerster Ausgrenzung, findet bzw. fand im Jahr 2021 eine Ausstellung über Ausgrenzung statt, aus der aktuell wieder Menschen millionenfach ausgegrenzt wurden. Nie wieder seit Adolf Eichmanns Tod hatte Hannah Arends Begriff von der "Banalität des Bösen" solch ein Gewicht, wie in diesen Covid-Tagen. Und heute wie damals gibt es Menschen, die sich zu den "Guten" zählen und nicht nur mitmachen, sondern dies durch ihre Haltung und ihre tiefe Überzeugung, das sei "Demokratie", auch noch befördern. Dass sich Menschen durch den Vergleich mit der Zeit unter

Hitler angegriffen fühlen, ist zudem eine Bestätigung dieser Hypothese. Die Regierung(en) und deren Sprachrohre betrachten die Furcht vor Ausgrenzung, Diskriminierung, Stigmatisierung und Entmenschlichung als seelische Krankheiten, die in entsprechenden Beratungsstellen behandelt werden können. Zudem wird der Begriff „Ausgrenzung" häufig umgedreht, indem behauptet wird, Menschen, die an COVID-19 erkranken, würden „ausgegrenzt".

Ausreisesperre

Siehe auch „Ausgangsverbot". In diesem Fall ist das Vorgehen einzugrenzen auf das Betreten oder Verlassen einer Region oder eines Landes.

Ausschluss

Den Begriff „Ausschluss" findet man meist im Zusammenhang mit Covid-Tests und sogenannten Schnelltests. So heißt es beim RKI, dass Menschen nach einem Test und Ausschluss einer COVID-19-Verdachtsdiagnose in das häusliche Umfeld zurückkehren dürfen. Seit Anfang 2021 kann man diese Selbsttests zum Ausschluss einer COVID-19-Infektion auch in den Supermärkten erwerben. So kann man sich, auch wenn man ganz symptomfrei ist, selbst zur Anzeige bringen. Eine Anerkennung der Ergebnisse eines Selbsttests von offizieller Stelle gibt es nicht. Dabei kann sich jeder die Frage stellen, wie fehlerbehaftet die Selbsttests sind, dass sie nicht einmal anerkannt werden.

Ausstiegsstrategie

Siehe „Exitstrategie".

Ausstiegsszenario

Dabei handelt es sich um ein Modell bzw. das Konzept eines Ausstiegs aus der ausgerufenen Pandemie mit einer Beschreibung der Maßnahmen zu dessen Vorbereitung und Durchführung, der Voraussetzungen, prognostizierbaren Entwicklungen und Folgeerscheinungen. Soweit die Definition. Tatsache ist, dass die Maßnahmen, die wegen COVID-19 ergriffen worden sind, immer weiter eskalieren und ein Ausstiegsszenario immer unwahrscheinlicher wird. Mittlerweile halten viele Menschen den Ausstieg für sehr unwahrscheinlich und ein Ausstiegsszenario immer mehr für eine Illusion. Gleichzeitig schwindet aber auch das

Vertrauen in die Regierungen ebenso wie die Hoffnung auf eine Rückkehr in ein Leben ohne Überwachung und permanente Vorschriften.

Außengastronomie

Der Teil der Restaurants, der vor Einführung von 2G und 2G+ von allen Menschen besucht werden konnten, ohne dafür ein Zertifikat oder einen Test vorzulegen. Je nach Bundesland müssen bzw. mussten dafür aber zumindest Informationen über Namen, Adresse, Telefonnummer, Anfangs- und Endzeit des Restaurantbesuchs erfasst werden. Für eine gewisse vorgeschriebene Zeit, meist zwei Wochen, mussten diese vom Gaststättenbetreiber aufbewahrt werden. Anstelle einer Erfassung dieser Daten auf einem vorgefertigten Stück Papier konnte man die entsprechenden Daten fast immer auch mit einer Luca-App übermitteln. Offiziell sollte damit die sogenannte Kontaktnachverfolgung ermöglicht werden. Wenn sich also bei so einem Besuch eine mit COVID-19 infizierte Person zur selben Zeit im selben Lokal befand, konnten die Behörden leicht ermitteln, wer an den Nachbartischen saß und als Kontaktperson mit in Quarantäne zu gehen hatte – sofern in jedem Fall korrekte Daten angegeben worden sind.

B

Babyelefant

Diesen Begriff gibt es vorwiegend in Österreich: Umgangssprachlich gemeint ist damit der staatlich fixierte Meter Mindestabstand zu anderen Personen zum Schutz vor Ansteckung mit dem Coronavirus, der in Österreich vorgeschrieben ist.

Basisreproduktionszahl

Gemeint ist ein numerischer Wert aus der Infektionsepidemiologie, der die Anzahl der Personen angibt, die ein Erkrankter im Durchschnitt infiziert, wenn es in der betroffenen Population noch keinerlei Immunität gibt. Man hat diesen Wert in der Anfangsphase der „Pandemie" als Kennzahl verwendet, anhand der eine Prognose über den Verlauf der Ausbreitung von COVID-19 möglich war. Mittlerweile gibt es eine so große Vielzahl von Kennzahlen, dass es schwer ist, sich einen Überblick zu verschaffen bzw. überhaupt herauszufinden, ob es ein wirklich erwähnenswertes Infektionsgeschehen gibt und ob dieses entweder zu- oder abnimmt. Die Frage ist berechtigt, ob und in welchem Umfang dies beabsichtigt ist, oder nicht.

Basisstufe

In der Corona-Verordnung des Landes Baden-Württemberg gibt es ein dreistufiges Warnsystem mit einer Basisstufe, einer Warnstufe und einer Alarmstufe. Damit will die Regierung nach eigenen Angaben eine „Überlastung des Gesundheitswesens" verhindern. Die Basisstufe beinhaltet 3G, Maskenpflicht beim Einkaufen und im öffentlichen Personennahverkehr. Veranstalter oder Betreiber von Einrichtungen und Restaurants können außerdem entscheiden, nur Geimpfte und Genesene in ihre Räumlichkeiten zu lassen, anstatt auch negativ Getesteten den Eintritt zu gewähren. Entscheidet sich ein Betreiber für 2G, dann entfallen Maskenpflicht und Begrenzung der Anzahl. Wer also nicht geimpft oder genesen ist, muss zumindest einen höchstens 24 Stunden alten negativen Antigen-Schnelltest vorzeigen. Das gilt mittlerweile auch für die Beschäftigten in den Unternehmen. Damit ist die Beschneidung der Rechte „Ungeimpfter" eingeläutet und jeder weiteren Diskriminierung Tür und Tor geöffnet.

Beatmung

Grundsätzlich redet man von künstlicher Beatmung. Es wird von invasiver und nicht-invasiver Beatmung gesprochen. Das sind therapeutische Begriffe. Hierbei bieten beide Verfahren entsprechende Vor- und Nachteile in Abhängigkeit von der Schwere der Erkrankung, der Komorbiditäten und der jeweiligen individuellen Situation. Ihr Einsatz verfolgt keine widersprechende als vielmehr eine sich ergänzende Ausrichtung der Therapie. Eine nicht invasive Beatmungsstrategie bezeichnet grundsätzlich solche Verfahren zur Unterstützung der Atmung mittels apparativer Hilfen, deren Verbindungsglied zum Menschen außerhalb des Körpers liegt, z. B. Nasensonden oder Gesichtsmasken, letztlich aber auch das historische Verfahren der eisernen Lunge. Im Unterschied dazu stellen invasive Beatmungsverfahren solche Therapiemethoden dar, bei denen die Verbindung zwischen den biologischen Atemwegen des Menschen einerseits und den künstlichen Atemwegen andererseits innerhalb des Körpers liegen, wie dies nach endotrachealer Intubation der Fall ist. Weiterhin gibt es in Deutschland hohe Todesraten von über 50 % derjenigen COVID-19-Patienten, die tatsächlich auf einer Intensivstation behandlungspflichtig sind. Während der ersten Welle der Pandemie sind zudem hohe Todesraten vor allen Dingen bei intubierten Patienten beschrieben worden. Ob sich jemand mit COVID-19 in die Hände eines Krankenhausarztes begibt, oder nicht, ist keine leichte, zugleich aber eine lebenswichtige Entscheidung.

Beatmungsgerät

Vorrichtung zur künstlichen Beatmung von Menschen, die nicht selbstständig atmen können. Siehe auch „Beatmung", wo definiert ist, welche Beatmungsarten es gibt.

Beatmungsmaschine

Siehe „Beatmungsgerät".

Beatmungsmaske

Siehe „Mund-Nase-Bedeckung".

Beatmungsplatz

Das ist ein Bett oder ein Platz in einem Krankenhaus, für das ein Beatmungsgerät zur Verfügung steht.

Beatmungstherapie

Dabei geht es um die Zufuhr von Atemluft und Sauerstoff für COVID-19-Patienten, die wegen einer Krankheit nur noch schlecht oder gar nicht mehr selbstständig atmen können – oft auch mit Hilfe einer Maschine, die entsprechend dem Atemrhythmus Luft in die Lunge bläst und ausströmen lässt. Vorsicht bei so einer Therapie, wenn es sich dabei um die sogenannte künstliche Beatmung handelt, bei der man auf dem Krankenbett festgeschnallt wird. Solche Behandlungen überleben viele Menschen nicht- und wenn, dann häufig mit schweren Schäden. In dieser Frage sollte auch das Thema „Patientenverfügung" betrachet werden.

Befreiung

Siehe „Attest".

Behelfsmaske

Eine Behelfsmaske ist ein meist von Hand hergestellter Ersatz für einen Mund-Nasen-Schutz, dessen Wirksamkeit meist nicht den Standards des industriell gefertigten Produktes entspricht. Siehe hierzu auch den Eintrag unter „Alltagsmaske"

Behelfsmundschutz

Siehe „Behelfsmaske".

Beherbergungsverbot

Wenn man über „Beherbergungsverbot" spricht, denkt man in erster Linie an Pensionen und Hotels, wo es von Beginn der „Pandemie" an ein Problem war, Menschen unterzubringen, ohne sich bei anderen Personen anzustecken. Über einen längeren Zeitraum wurde es solchen Betrieben vollkommen verboten, ihrer Arbeit nachzukommen und diesen als Herberge zu betreiben. Auch wurden die Dienste stark eingeschränkt bis ganz untersagt, z.B. Frühstücksbuffets usw. Solche Maßnahmen stehen in engem Zusammenhang mit einem angeordneten

Lockdown (Definition siehe dort). Die Corona-Verordnungen eines Landes passen sich immer wieder an die aktuelle politische Situation und Infektionslage an, so dass sich das, was Hoteliers in diesem Zusammenhang tun dürfen und was nicht, sich immer den offiziellen Anordnungen unterzuordnen hat.

Eine offizielle Definition sieht in etwa so aus:

> *„Es ist untersagt, in Beherbergungsbetrieben Gäste zu beherbergen, die sich in einem Land-, Stadtkreis oder einer kreisfreien Stadt innerhalb der Bundesrepublik Deutschland aufgehalten oder darin ihren Wohnsitz haben, in dem der Schwellenwert von n neu gemeldeten SARS-CoV-2-Fällen pro 100.000 Einwohner in den vorangehenden sieben Tagen (7-Tage-Inzidenz) überschritten wurde.“*

Zudem greift die Definition des Beherbergungsverbots mit in die Definition des Besuchsverbots. Siehe dort.

Beschränkung

Siehe „Kontaktbeschränkung“

Besuchsverbot

Generell handelt es sich um ein Verbot, einen bestimmten Ort aufzusuchen oder Kontakt mit einem bestimmten Menschen zu haben. Besondere Bedeutung hat dieser Begriff durch die Covid-Maßnahmen gewonnen: Sehr früh wurde es alten Menschen in Kranken- und Altenheimen untersagt, Besuch zu empfangen und Kontakt zur eigenen Familie aufzunehmen. An die Stelle von direktem Besuch sollte der „digitale Kontakt“ treten. Welcher Pflegebedürftige, so kann man sich fragen, ist in der Lage, so etwas richtig einzuschätzen – dass plötzlich Verwandtenbesuche, die doch bisher der Höhepunkt des Tages waren, nicht mehr stattfinden durften und dies monatelang ohne Aussicht auf eine Wiederherstellung der Normalität. Meine eigene Mutter ist im Alten- und Pflegeheim im Jahr 2019 verstorben – man muss aus der heutigen Perspektive sagen: Zum Glück, denn das zu erleben, das hätte sie bestimmt nicht mehr verkraftet.

Besuchszone

Das ist der Bereich einer Einrichtung, in denen Menschen Angehörige zu Besuch empfangen dürfen. Siehe hier auch „Besuchsverbot“.

Beta

Eigentlich ist Beta schlicht der zweite Buchstabe des griechischen Alphabets. Wie man sieht, werden griechische Buchstaben verwendet, um Varianten des Virus SARS-CoV-2 zu benennen. Von einem vermutlich im Labor entstandenen Virus wie SARS-CoV-2 wird es wohl immer wieder neue Varianten geben. Wie bei allen Varianten werden die neuen Erreger ansteckender sein als die Vorgänger, zugleich aber auch, so die Virologen, harmloser. Genauso verhält es sich auch bei anderen Coronaviren. Dass man sich darauf verlegt hat, dafür das griechische Alphabet zu verwenden, ist vermutlich Willkür. Es ist aber auch durchaus sichtbar, dass solche Bezeichnungen helfen, der Bevölkerung mehr Ehrfurcht und Angst vor einer neuen Gefahr einzujagen. Dass es in vielerlei Hinsicht um Angst geht, die eine starke Motivation für die Menschen ist, sollte man gerade unter diesem Aspekt nicht vernachlässigen. Zudem ist mittlerweile bekannt, dass die neuen „Varianten" inklusive Namen bereits vor ihrem Erscheinen geplant und mit Namen bezeichnet worden waren. Solche Hinweise finden sich beim WEF in Davos und, davon abhängig, bei der WHO. Siehe auch „Delta" oder „Omikron".

Bettenauslastung

Seit SARS-CoV-2 ist der Begriff „Bettenauslastung" in aller Munde. Gehandelt wird die Bezeichnung als wichtiger Indikator für das Ausmaß an staatlichen Maßnahmen zur „Eindämmung" der sogenannten Pandemie. Siehe auch „Intensivbettenauslastung".

Bewegungsdaten

Es geht hier um die Überwachung und Kontrolle von Mobiltelefonteilnehmern. Mit Bewegungsdaten kann man den Aufenthalts- bzw. Standort eines Nutzers sowie entsprechende Veränderungen ermitteln und überwachen. Diese wiederum dienen als grundlegende Information zur Erstellung von Bewegungsprofilen. Man geht davon aus, dass die Mehrheit der Menschen im Land über sogenannte „Smartphones" verfügen, die man auch bei jeder nur möglichen Gelegenheit mit sich trägt. Auf diese Weise kann jederzeit festgestellt werden, wer sich wann und wo aufhält. GPS ist eines der satellitengestützten Systeme, mit welchen eine solche Überwachung gesteuert und durchgeführt wird. Alte Mobiltelefone, die nur der Verständigung dienen und nicht über GPS-Verbindungen verfügen, können derzeit nicht überwacht werden. Ziel ist daher, künftig solche Geräte nicht weiter zu unterstützen und diese kurz- bis mittelfristig auszumustern.

Bewegungsprofil

Das ist eine aus Daten zum jeweiligen Standort von Personen erzeugte Aufstellung darüber, zwischen welchen Orten sich diese in einem bestimmten Zeitraum bewegt und wie lange sie sich an einem Ort aufgehalten haben. Siehe auch „Bewegungsdaten".

BioNTech

Die BioNtech SE wurde 2008 gegründet ist seit Ende 2019 ein börsennotiertes deutsches Biotechnologieunternehmen fokussiert auf die Entwicklung und Herstellung von aktiven Krebsimmuntherapien sowie Coronavorsorge. Interessant ist, dass die Bill and Melinda Gates Stiftung in September 2019 rund 55 Millionen Dollar in BioNTech investiert hat. Als Mittel gegen SARS-CoV-2 hat die Firma BioNTech den Impfstoff „Comirnaty" entwickelt, der auf der sogenannten mRNA-Technologie basiert, die bis dahin auch von der Europäischen Arzneimittelbehörde noch nicht zugelassen war. Bis jetzt gibt es für sämtliche verfügbaren „Impfstoffe" lediglich Notzulassungen, was bedeutet, dass Menschen, die sich diesen „Impfstoff" spritzen lassen, freiwillig an einem Humanexperiment teilnehmen – weshalb sie auch im Vorfeld die entsprechende Gefahren- und Risikoübernahme unterzeichnen müssen – bis hin zur lebenslangen Behinderung und zum eigenen Tod.

Für Comirnaty sind mittlerweile, wie auch für die anderen verfügbaren „Impfstoffe" erhebliche Nebenwirkungen bekannt. Offiziell heißt es speziell zu diesem Serum:

> *„Nach der Zulassung traten bei bestimmten Personengruppen nach einer mRNA-Impfung (Moderna oder Comirnaty) vermehrt Fälle einer Herzmuskelentzündung (Myokarditis) oder einer Herzbeutelentzündung (Perikarditis) auf. Das Paul-Ehrlich-Institut und andere Arzneimittelbehörden haben festgestellt, dass diese Erkrankungen gehäuft bei männlichen Jugendlichen und jungen männlichen Erwachsenen auftreten – meist innerhalb weniger Tage nach der zweiten mRNA-Impfung. In den USA traten sie bei etwa 6 von 100.000 Jungen und Männern zwischen 12 und 24 Jahren auf. Bei Mädchen*

*und Frauen im selben Alter waren es weniger als 1 von 100.000
Fälle. Wenn in den ersten Wochen nach der Impfung folgende Symptome auftreten, sollte schnell eine Ärztin oder ein Arzt aufgesucht
werden: Brustschmerzen, Kurzatmigkeit, ungewöhnliches Herzklop-
fen oder Herzrasen".*

Eine konkrete Untersuchung gemeldeter Impfschäden verläuft schleppend und zudem ist mit einer sehr hohen Dunkelziffer nicht gemeldeter Schäden und nicht zugeordneter Todesfälle zu rechnen.

Blitz-Booster

Hier handelt es sich um einen neuen Begriff, der seit ca. 10. Dezember 2021 die Presse fasziniert. So schreibt die Zeitung "BILD" am 11.12.2021:

"Biontech-Chef rät zu ‚Blitz-Booster' nach drei Monaten."

Für einen ausreichenden Schutz sind nach Biontech-Angaben drei Impfungen nötig. Um einen Impfdurchbruch (siehe dort) zu verhindern, denkt Firmenchef Ugur Sahin über einen ‚Blitz-Booster' nach, der drei Monate nach einem Booster verabreicht werden soll. Dem "Spiegel" sagte Sahin in diesem Zusammenhang:

*„Mit Blick auf Omikron sind zwei Dosen noch keine abgeschlossene
Impfung mit ausreichendem Schutz. Wenn sich Omikron, wie es aus-
sieht, weiter ausbreitet, wäre es wissenschaftlich sinnvoll, bereits
nach drei Monaten einen Booster anzubieten."*

In Großbritannien werde dies bereits so gehandhabt. Die Frage nach möglichen Symptomen einer „Omikron"-Variante wird in dieser Frage vollkommen ausgeklammert.

Deutschlands „Ständige Impfkommission" (STIKO) empfiehlt hingegen noch, dass eine sogenannte Auffrischimpfung in der Regel im Abstand von sechs Monaten zur letzten "Impfstoffdosis" zu verabreichen bzw. zu empfangen ist. Eine Verkürzung des Impfabstandes auf fünf Monate kann laut STIKO „im Einzelfall oder wenn genügend Kapazitäten vorhanden sind, erwogen werden".

Ist es nicht vorstellbar, dass die Mehrheit unseres Volkes aus Angst, Gehorsam oder um sich erneut „freizuimpfen" auch diesen Unsinn mitmacht – bis hin zu einer täglichen Impfung?

Blockwart

Eigentlich ein Begriff aus dem dritten Reich. Ein Blockwart ist ein Mensch, der in seiner Straße oder Region „für Ordnung sorgt", was sagen will, dass er Abweichler an entsprechend höherer Stelle meldet bzw. denunziert. Die Dienstbezeichnung Blockleiter der NSDAP gab es in der NSDAP-Parteiorganisation ab 1933. Der Name leitete sich vom innerstädtischen Häuserblock ab. Ein Blockleiter war für 40 bis 60 Haushalte mit durchschnittlich rund 170 Personen zuständig. Blockleiter gab es während der Zeit des Nationalsozialismus nicht nur in den Städten, sondern auch in den Dörfern, wo ein „Blockwart" mehrere Bauernhöfe, Handwerksbetriebe und Arbeiterhäuser überwachte.

Der Begriff „Blockwart" ist im Zusammenhang mit COVID-19 zu neuer, unrühmlicher Bekanntheit gelangt. Politiker forderten offen die Menschen auf, ihre Mitmenschen zu denunzieren, wenn sie sich nicht an die strikten Corona-Vorgaben der Politik hielten. Markus Söder war einer dieser „Herrscher", die dafür sogar vom „hauseigenen" Bayerischen Rundfunk kritisiert wurden. Dort hieß es u.a.

„Der Eklat um Söders angeblichen Aufruf zur Bespitzelung zeigt, wie akut das Thema ist: Gerade in Pandemie-Zeiten braucht es den nachbarschaftlichen Zusammenhalt am dringendsten. Die Blockwartmentalität ist Gift für die demokratische Solidarität."

Ausgerechnet beim Verkünden des Teil-Lockdowns mit den sehr weitreichenden Kontaktbeschränkungen soll Bayerns Ministerpräsident Markus Söder nun dazu aufgerufen haben, Nachbarn bei der Polizei anzuzeigen. Weiter schreibt der Bayerische Rundfunk hier mit Recht:

„Auf die Frage, was das Schlimmste an Deutschen sei, hat die US-Amerikanisch-Deutsche Autorin Deborah Feldman ("Unorthodox") vor zwei Jahren einmal in der FAZ gesagt: "Jeder Deutsche will Polizist sein." Die Pedanterie vieler Deutscher im Befolgen von Regeln und Vorschriften ist eine Sache. Das eigenmächtige Verfolgen von Regelverstößen allerdings ist eine Unsitte, dessen Benennung nicht umsonst auf die Nazis zurückgeht: Die deutsche Blockwartmentalität ist Gift für die demokratische Solidarität, Gift für nachbarschaftlichen Zusammenhalt. Und den braucht es gerade in Zeit einer solchen Pandemie am dringendsten."

Booster

Allgemein, oft umgangssprachlich, handelt es sich um eine Substanz oder einen Impfstoff, durch den das menschliche Immunsystem gestärkt wird – ein Ereignis oder eine Sache, mit einer verstärkenden Wirkung also.

Tatsächlich ist dieser Begriff im Zusammenhang mit Corona zu besonderer Berühmtheit gelangt. Auf die Frage, was eine Boosterimpfung sei, findet sich im Internet offiziell folgende Definition:

> *„Um den Impfschutz auf Dauer aufrecht zu erhalten, ist bei den meisten Impfungen nach einiger Zeit eine Auffrischung, eine sogenannte Booster-Impfung nötig. Das ist auch bei den Corona-Vakzinen der Fall. Im Gegensatz zur Grundimmunisierung muss dabei nur eine Dosis verabreicht werden.“*

Es wird vordergründig suggeriert, dass man das Thema mit einem solchen Booster-Shot abschließen könne. Das ist aber bei COVID-19 mitnichten der Fall. Ganz im Gegenteil wird nun von den Behörden ein Verfallsdatum definiert, nachdem bereits erhaltene und dokumentierbare Impfungen verfallen. Zudem soll eine Impf- oder Boosterperiode immer weiter verkürzt werden. Der aktuelle Wert tendiert gegen sechs Monate – was zur Folge hat, dass man, will man seinen Impfstatus (und seine Freiheiten) nicht verlieren, sich alle sechs Monate einer solchen Behandlung zu unterziehen hat. Fakt ist aber, dass laut wissenschaftlicher Definition ein Impfstoff, dessen Wirkung nicht nachweislich mindestens ein Jahr lang anhält, nicht als „Impfstoff“ in solchem Sinne bezeichnet werden kann bzw. darf.

Auf die Frage, für wen sich eine solche „Boosterimpfung“ empfiehlt, findet man online dies:

> *„Sie sind vor allem für Personengruppen sinnvoll, bei denen es zu einer reduzierten oder schnell nachlassenden Immunantwort nach einer vollständigen COVID-19-Impfung kommen kann. Die Auffrischung kann in der Regel sechs Monate nach der Grundimmunisierung durchgeführt werden.“*

Tatsächlich aber werden nach Maßgabe der derzeit Herrschenden bereits vorhandene Impfzertifikate nach Fristablauf annulliert und die sogenannte „Boosterimpfung“ für alle betroffenen Gruppen verpflichtend.

„Boosterimpfung" steht in engem Zusammenhang mit dem Begriff „Impfdurchbruch" (siehe dort). Hierzu noch die Definition aus dem Netz:

> *„Der Impfschutz einer Coronaimpfung lässt mit der Zeit etwas nach. Deshalb wird bereits seit Monaten über eine dritte Impfung diskutiert. Die dritte Dosis soll dem nachlassenden Immunschutz vorbeugen. Denn durch den sogenannten Booster können sich deutlich mehr Antikörper gegen das Coronavirus bilden."*

Boosterimpfung

Siehe „Booster". Dazu zählt auch „Booster shot".

Booten-RNA

Siehe das Synonym „Booten-RNS".

Booten-RNS

Dazu die offizielle Definition:

> *„Die Corona-Epidemie hat mRNA-Impfstoffen zum Durchbruch verholfen. Bei der Impfung wird die Boten-RNA für das S-Protein von SARS-CoV-2 in den Muskel injiziert. Die Zellen nehmen die Gene auf und stellen daraus das S-Protein her, das der eigentliche Impfstoff ist. In nur einem Jahr wurden Vakzine gegen COVID-19 entwickelt und zugelassen – ein Rekord. Diese Erfahrung in der Pandemie wird die teure und riskante Impfstoff-Forschung generell beflügeln, sind sich Expertinnen und Experten sicher. Zum einen ist dank neuer Technologien wie der Boten-RNA (mRNA) eine deutlich schnellere und günstigere Entwicklung als bisher möglich. Zum anderen steigt die Dringlichkeit, weil sich Krankheiten auch wegen des Klimawandels weiter ausbreiten. Nach einer Impfung beginnt der Körper zu arbeiten, jedoch reagiert er je nach Impfstoff anders. Im Fall der Impfstoffe von Biontech/Pfizer und Moderna handelt es sich um sogenannte mRNA/DNA-Impfstoffe. Diese enthalten Teile des Coronavirus-Genoms in Form einer sogenannten Boten-RNA. Der Körper produziert bei Kontakt mit dieser Boten-RNA für das Coronavirus typische Eiweiße, die nicht krank machen, das Immunsystem allerdings zur Produktion von Corona-Antikörpern anregen. Kurz gefasst*

versteht man darunter, dass das stabile und im Zellkern fixierte Erb-
gut, die DNA, Gen für Gen auf kleine mobile Einheiten kopiert wird,
welche aus rasch abbaubarer Ribonukleinsäure (RNA) bestehen.
Diese Boten-RNAs sind eines der Schlüsselelemente im genetischen
Informationsfluss. Im Zentrum der Analyse stand die Boten-RNA, ein
Molekül, das die im Zellkern gespeicherte Erbinformation abliest
und an die für die Eiweißproduktion zuständigen Ribosomen über-
mittelt. "

Der mit Medien vertraute Leser merkt hier schnell, dass diese „Definition" sich eher wie ein Marketingtext eines Pharmaunternehmens anhört. Es wird von „Zulassung" (in Wahrheit nur eine Notzulassung), „Rekord"-Entwicklungszeit von einem Jahr (normalerweise sind 10-12 Jahre erforderlich um u. a. die notwendigen Sicherheitsstudien durchzuführen), die Forschung wird „beflügelt" und „dank neuer Technologien ... eine schnellere und günstigere Entwicklung" möglich gesprochen. Herstellkosten und Entwicklungszeit eingespart, auf teure Langzeitstudien verzichtet, Notzulassungen errungen und keine Haftung für Impfschäden: Die Pharmaunternehmen und Impfhersteller jubeln!

Man beachte in diesem Zusammenhang auch die Verbindung mit dem hier angesprochenen „Klimawandel", auf die sich jeder am besten selbst einen Reim machen sollte.

Bürgertest

Dabei handelt es sich um einen vom Staat allen Bürgern (kostenlos) angebotenen Test auf eine Krankheit, Infektion o. Ä. – hier im konkreten Fall SARS-CoV-2, auf den man nun auch mit sogenannten Schnelltests antworten kann.

C

Chinavirus

Ob der Ausdruck vom damaligen US-Präsidenten Donald Trump stammt, oder nicht, lässt sich nicht leicht nachvollziehen. Vermutlich ist sie wesentlich älter, weil schon zu Beginn des angeblichen Ausbruchs der „Pandemie" davon die Rede ist, dass es sich bei SARS-CoV-2 um die Manipulation eines chinesischen Virus handelt, das entweder aus einem Labor in der chinesischen Stadt Wuhan entschlüpft oder dort freigelassen worden ist. Jedenfalls ist Präsident Trump von einer chinesisch-amerikanischen Bürgerorganisation wegen Anstiftung zu Hass und Hetze verklagt worden und die westlichen Leitmedien haben ausführlich darüber berichtet.

> *„Sprang das Coronavirus in der Natur auf den Menschen über – oder ist es einem Labor entwichen? Die Frage ist noch immer ungeklärt. Neu veröffentlichte Dokumente befeuern die Diskussion",*

fragt deshalb der „Spiegel", der mit sehr hoher Sicherheit zu den genannten Medien zählt.

Auch der Nanowissenschaftler Prof. Dr. Roland Wiesendanger hat den Ursprung des Virus beleuchtet. Er kommt zu dem Ergebnis, dass sowohl die Zahl als auch die Qualität der Indizien für einen Laborunfall am virologischen Institut der Stadt Wuhan als Ursache der gegenwärtigen Pandemie sprechen. Diese wie auch andere derzeit verfügbaren Studien liefern aber ebenfalls keine hochwissenschaftlichen Beweise, sondern lediglich nur „Indizien". Die Studie wurde nach Angaben der Universität Hamburg im Januar 2021 fertiggestellt und zunächst in Wissenschaftskreisen verteilt und diskutiert. Mit der Veröffentlichung sollte eine breit angelegte Diskussion angeregt werden, insbesondere im Hinblick auf die ethischen Aspekte der sogenannten „Gain-of-Function"-Forschung, welche Krankheitserreger für Menschen ansteckender, gefährlicher und tödlicher macht.

> *„Dies kann nicht länger nur Angelegenheit einer kleinen Gruppe von Wissenschaftlerinnen und Wissenschaftlern bleiben, sondern muss dringend Gegenstand einer öffentlichen Debatte werden",*

so der Autor der Studie. Tatsächlich hat diese „breit angelegte Diskussion" in der Öffentlichkeit bis heute nicht stattgefunden, weil wesentliche namhafte

Wissenschaftler, Juristen und sonstige Fachleute ausgegrenzt und die in der Gesellschaft geführte Diskussion auf von den Politikern und den Systemmedien ausgewählte „Fachleute" beschränkt worden ist. Die daraus entstandenen Gespräche werden genau deshalb häufig als „Hofberichterstattung" und „Hofkommentierung" bezeichnet.

Cocooning

Rückzug aus dem öffentlichen Leben ins private Umfeld; das Sichzurückziehen in die eigene Wohnung, auf die alle (Freizeit)-Aktivitäten beschränkt bleiben. Der Begriff stammt aus dem Englischen, und suggeriert, dass man warm und geschützt ist, wird aber häufig auch in Deutschland verwendet.

Containment

Mittlerweile wird der aus der Psychoanalyse stammende Begriff verwendet, um die Verbreitung von Corona einzudämmen. Die ursprüngliche Verwendung zielte darauf ab, ein Regime oder einen Staat zu isolieren oder dessen Einfluss zu beschränken. Insbesondere gemeint war in diesem Zusammenhang die vor allem von den USA ausgehende westliche Politik im Kalten Krieg, die eine Ausbreitung des Kommunismus verhindern sollte. Auch die äußere Schutzhülle für Atomreaktoren und Nebenanlagen von Atomkraftwerken, die ein Austreten von Radioaktivität in die Umwelt verhindern soll, hat man damit beschrieben.

Comirnaty

Das ist der offizielle Begriff für den „Impfstoff" von BioNtech / Pfizer zur „Impfung" gegen COVID-19. Comirnaty ist ein Mittel gegen das Corona-Virus SARS-CoV-2. Nach offiziellen Angaben schützt er vor COVID-19. Nachdem aber bekannt wurde, dass diese Impfung weder vor Ansteckung noch vor der Weitergabe des Virus an andere schützt, wurde dann behauptet, dass es vor schweren Verläufen schützen würde, was sich ebenfalls als nicht richtig herausgestellt hat. Nebenwirkungen der Impfungen wie Schmerzen an der Einstichstelle, Fieber, Kopfschmerzen oder Muskel- oder Gelenkschmerzen sind häufig. Impfkomplikationen wie eine Herzmuskel- oder Herzbeutelentzündung sind mittlerweile aufgrund der hohen Anzahl erkrankter und auch verstorbener Spitzensportler und anderer junger Männer sogar von den offiziellen Stellen zugegeben worden. Erwachsenen wird nun trotzdem eine regelmäßige Auffrischimpfung empfohlen. Comirnaty

(vorher: BNT162b2) ist eine sogenannte mRNA-basierte Substanz (mRNA =
Messenger-Ribonukleinsäure). Die offizielle Definition:

> *„Die mRNA enthält den „Bauplan" (Abschrift eines Gens) für ein
> Eiweiß auf der Oberfläche des Coronavirus SARS-CoV-2. Durch die
> Impfung gelangt dieser Bauplan über winzige Fettpartikel (Fett-Na-
> nokörperchen) in die Körperzellen. Sie stellen dann für eine kurze
> Zeit das Corona-Protein (S-Protein) her, dann wird der Bauplan in
> den Zellen abgebaut. Dadurch wird das Immunsystem angeregt, Ab-
> wehrstoffe (Antikörper und T-Zellen) gegen das fremde Protein zu
> bilden. Wenn die geimpfte Person später in Kontakt mit diesem
> Coronavirus kommt, wird dieser schnell durch das Immunsystem er-
> kannt und gezielt bekämpft."*

Community-Maske

Siehe „Alltagsmaske".

Corona

Umgangssprachlich eine epidemische Infektionskrankheit, sowie durch das Virus
SARS-CoV-2 verursachte Pandemie und die damit verbundene Krise, die mit
Maßnahmen des Seuchenschutzes begründet werden. Hierzu findet man offiziell:

> *„Coronaviren wurden erstmalig Mitte der 1960er Jahre identifiziert.
> Der Name „Coronavirus" bezieht sich auf das Aussehen der
> Coronaviren unter dem Mikroskop, das an eine Krone oder einen
> Kranz erinnert (lateinisch corona = Kranz, Krone). Ein Teil der Er-
> kältungskrankheiten des Menschen wird durch Coronaviren ausge-
> löst. Das neuartige Coronavirus wurde als „neuartig" bezeichnet,
> da es sich um ein angeblich neues Virus der Virusfamilie der
> Coronaviren handelt, das erstmals im Dezember 2019 identifiziert
> wurde. Seit dem 11. Februar 2020 trägt dieses Virus, das vorläufig
> mit 2019-nCoV bezeichnet wurde, einen neuen Namen: SARS-CoV-2.
> Das Akronym SARS steht hierbei für Schweres Akutes Atemwegssyn-
> drom."*

Die durch SARS-CoV-2 ausgelöste Erkrankung nennt man nun COVID-19.
Coronaviren gelten in aller Regel als wenig gefährlich und sie können Menschen

oder Tiere infizieren. In manchen Fällen können Coronaviren, die zuvor ausschließlich Tiere infiziert haben, auf den Menschen übertreten, sich dort weiterverbreiten und auch zu Erkrankungen führen, was auch SARS-CoV-2 nachgesagt wird.

Wie kam das Coronavirus von der Fledermaus auf die Menschen? Dazu findet sich auch im Internet eine Vielzahl von Darstellungen. Interessant ist ein Bericht von WEB.DE vom April 2020. Der Tiermarkt in Wuhan war es womöglich demnach doch nicht. Ein Virus-Forschungslabor nebenan spielt möglicherweise eine Schlüsselrolle. Chinas Regierung unterbindet dazu jede Recherche und verhängt nun sogar eine Wissenschaftszensur. Aber nicht nur Journalisten sollen aufhören, den Hergang des Ausbruchs genau zu recherchieren. Auch Wissenschaftler nimmt Peking jetzt an die informationelle Leine. So meldet der Nachrichtensender CNN eine neue Zensur-Direktive der chinesischen Regierung. Danach dürfen chinesische Wissenschaftler nicht mehr frei über den Ausbruch der Coronavirus-Pandemie publizieren, jede Veröffentlichung zur genauen Herkunft des Virus werde durch das Ministerium einer Sonderprüfung unterzogen und müsse offiziell freigegeben werden. Anfänglich sind chinesische Forscher – und im Gefolge auch die Weltöffentlichkeit – davon ausgegangen, dass das Coronavirus COVID-19 auf dem Hunan Seafood Market in Wuhan (dort werden auch exotische Tiere verkauft) erstmals aufgetaucht sei. Die Behauptung stammt von Gao Fu, Direktor des Chinesischen Zentrums für Krankheitsbekämpfung und Prävention, der am 22. Januar auf einer Pressekonferenz mutmaßte, das neue Coronavirus sei wohl auf dem Markt von einem Tier auf den Menschen übergesprungen. Einige der Erstinfizierten hatten auf diesem Tiermarkt gearbeitet oder waren mit ihm in Kontakt. Als "Patientin 0" wurde zeitweise die 57 Jahre alte Shrimps-Verkäuferin Wei Guixian angesehen, die sich am 10. Dezember mit dem neuen Coronavirus krankmeldete.

Corona-Abitur

Die gymnasiale Abschlussprüfung, die im Zusammenhang mit der COVID-19-Pandemie durch besondere Auflagen der Schulbehörden (unter anderem Schulschließungen, Heimunterricht, Selbststudium, zusätzliche Prüfungstermine) und allgemeine Vorkehrungen (unter anderem Hygienemaßnahmen, Abstandsregeln) gekennzeichnet ist.

Corona-Ampel

Die Corona-Ampel wurde in mehreren Bundesländern und auch in anderen Staaten, wie z.B. Österreich, eingeführt. Anschaulich wird sie auf einer Internetseite des Landes Mecklenburg-Vorpommern erklärt:

> *„In Mecklenburg-Vorpommern gilt seit Sommer 2021 eine Corona-Ampel. Sie regelt, welche Corona-Schutzmaßnahmen im Land gelten. Das Ampel-System ist aufgrund der Änderung des Infektionsschutzgesetzes am 16. September noch einmal geringfügig angepasst worden."*

Weiter heißt es dort:

> *„Die Corona-Ampel berücksichtigt drei Kriterien:*
> *1.   Die Auslastung der Krankenhäuser, auch*
> *„Hospitalisierung" genannt*
> *2.   Die Auslastung der Intensivstationen durch Corona-Patienten*
> *3.   Die aktuellen Corona-Zahlen, also die so genannte Inzidenz"*

Die Ampel selbst hat die vier Stufen: Grün, gelb, orange und rot. Das Ampelsystem beschreibt, welche Schutzmaßnahmen ab welcher Stufe gelten. So gelten bei höheren Warnstufen zusätzliche Test- und Maskenpflichten. Außerdem ist die Teilnehmerzahl von Veranstaltungen begrenzt. Zudem können Kontaktbeschränkungen eingeführt werden. Ziel der Regierung ist es angeblich, alle Bereiche des gesellschaftlichen Lebens offenzuhalten. Das Ampelsystem setzt bereits auf Ebene der Kreise und kreisfreien Städte an. Welche Stufe wo gilt, teilt dann das Landesamt für Gesundheit und Soziales täglich mit.

Corona-App

Das ist ein Begriff aus der Informations- und Telekommunikationstechnik und es handelt sich dabei um eine Anwendungssoftware für Smartphones, die offiziell bestimmte Maßnahmen zur Eindämmung der Corona-Pandemie unterstützt oder den gesellschaftlichen Umgang mit den sozialen und wirtschaftlichen Auswirkungen der Pandemie erleichtern soll, de facto aber sehr leicht auch zur Überwachung und Kontrolle eingesetzt werden kann. Siehe auch „Tracing-App", „Corona-Tracing-App", „Corona-Warn-App".

Corona-Demonstrant

Siehe „Corona-Demonstration".

Corona-Demonstration

Das ist eine Kritik- und Widerstandsaktion gegen die offizielle Corona-Politik. Demonstranten aus allen Schichten der Gesellschaft sind mit den offiziellen Maßnahmen nicht einverstanden und drücken auf diese Weise ihre Meinung aus. Diese Proteste können als offiziell angemeldete Veranstaltung stattfinden, bisweilen aber auch als spontane Aktion, als „Spaziergang" usw. Offizielle Stellen versuchen seit Inkrafttreten der Coronapolitik, Gegner der Maßnahmen nicht nur zu kritisieren, sondern, was sich auch in Leitmedien immer häufiger zeigt, zu diffamieren, auszugrenzen, ja zu entmenschlichen, sie mit dem unsinnigen Begriff „Nazi" in Verbindung zu bringen und, wann immer möglich, Gegenmaßnahmen zu „organisieren". Bemerkenswert ist, dass ausgerechnet linke Gruppen, die sonst immer kritisch gegenüber offiziellen Positionen der Regierung waren, nun offensichtlich die Seiten gewechselt haben. Es entsteht der Eindruck, dass diese „linken Gruppen" alle Maßnahmen, Verbote und Einschränkungen gutheißen und mit diesen konform gehen. Ebenfalls zu diskutieren wäre der Begriff „Querdenker", der ursprünglich wertneutral eine Beschreibung von Menschen war, die Kritik üben und eine andere als die offizielle Meinung vertreten. Mittlerweile, und das ist ganz sicher gewollt, wird der Begriff „Querdenker" bereits als Synonym für „Nazi" verwendet, was in besonderem Maße die Unsinnigkeit und Inhaltslosigkeit der Verwendung dieses Begriffes akzentuiert.

Corona-Drive-in

Schnelltestzentrum. Ein Corona-Drive-in ist ein Ort für derzeit kostenlose Schnelltests, bei denen man nicht einmal das Auto verlassen muss und bei denen das Ergebnis (fast) sofort zur Verfügung steht. In aller Regel handelt es sich dabei um einen stäbchenfreien PCR-Test (Gurgeltest) oder einen stäbchenfreien Antigen-Schnelltest, der als Reisezertifikat verwendet werden kann.

Corona-Impfung

So definiert die Bundesregierung auf deren Internetseiten den Begriff „Impfung":

*„Impfungen gehören zu den wichtigsten und wirksamsten präven-
tiven Maßnahmen, die in der Medizin zur Verfügung stehen, um sich
vor einer ansteckenden Krankheit zu schützen. Moderne Impfstoffe
sind gut verträglich und unerwünschte Arzneimittelnebenwirkungen
werden nur in seltenen Fällen beobachtet. Schutzimpfungen haben
nicht nur eine Wirkung auf die geimpften Personen (Individual-
schutz), sondern können indirekt auch nicht geimpfte Menschen vor
einer Erkrankung schützen".*

Beim Robert-Koch-Institut (RKI) heißt es:

*„Menschen, die eine Impfung gegen COVID-19 erhalten, sollten
vollständig geimpft werden, damit eine starke Immunantwort indu-
ziert werden kann. Ziel ist es, ein Immunescape der Viren, d.h. ein
Umgehen der Immunantwort, und damit die Selektion von Escape-
mutanten, d.h. ein Entstehen von Virusmutanten mit neuen Fähigkei-
ten, zu verhindern."*

Fakt ist, dass es sich bei den nach gut einem Jahr „notzugelassenen" Seren nicht
um Impfstoffe im klassischen Sinn handelt, sondern um experimentelle Flüssig-
keiten. Menschen, die sich einer solchen „Behandlung" unterziehen, liefern sich
der Gefahr aus, dass etwas in ihrem Körper geschieht, wovon auch die Impfenden
nicht viel wissen. Dies ist auch der Grund, weshalb Teilnehmer an dieser „Men-
schenstudie" bereits im Vorfeld, also vor der „Impfung" die vollständige Verantwortung auf sich nehmen – schriftlich! Auch über die Wirkung der häufig auf
mRNA-Basis wirkenden, früher verbotenen Substanzen, gibt es keine zuverlässi-
gen Zahlen, sondern nur Annahmen und Hochrechnungen.

Sehr bemerkenswert ist Prof. Homburgs Bericht vom 1. Oktober 2021 über die
Berichterstattung des Paul-Ehrlich-Instituts (PEI). Dort heißt es u.a.

*„Die zentrale Definition der Versprechen von Corona-Impfstoffen
auf der Homepage des maßgeblichen Paul-Ehrlich-Instituts wurde
entscheidend geändert im September 2021. Sie sagt nun schlichtweg
NICHTS mehr aus – d.h., die Impfung verspricht einfach keinen ir-
gendwie greifbar-sicheren Vorteil mehr: Ursprünglich versprach das
PEI Schutz vor „Infektion". Hierauf beruhte das 2G-System. Später
versprach man nur noch Schutz vor „schwerem Verlauf".*

Zusammenfassend hier die Darstellung des PEI:

Versprechen des Paul-Ehrlich-Instituts (PEI) auf seiner Homepage:

15. August 2021:

> *„COVID-19-Impfstoffe schützen vor Infektionen mit dem SARS-CoV-2-Virus."*

7. September 2021:

> *„COVID-19-Impfstoffe schützen vor einem schweren Verlauf einer Infektion mit dem SARS-CoV-2-Virus."*

27. September 2021:

> *„COVID-19-Impfstoffe sind indiziert zur aktiven Immunisierung zur Vorbeugung der durch das SARS-CoV-2-Virus verursachten COVID-19-Erkrankung."*

Corona-Krisenstab

Ein sogenannter Corona-Krisenstab bildet sich auf verschiedenen Ebenen. Das beginnt im lokalen Bereich einer Organisation, Gemeinde usw. und erstreckt sich bis hin zu obersten Bereichen. Auch die an keiner Stelle definierte bzw. legitimierte Ministerpräsidentenkonferenz, bestehend aus Bundeskanzler und Ministerpräsidenten, kann als sogenannter Corona-Krisenstab angesehen werden – auch wenn er eigenmächtig und selbstherrlich, aber doch von der Mehrheit der Bevölkerung akzeptiert, entstanden ist. So wie die Coronapolitik in verschiedene Phasen eingeteilt werden kann, verhält es sich auch mit dem sogenannten Krisenstab. Derzeit geht es darum, die Impfkampagne zu forcieren und Menschen, die sich noch nicht haben impfen lassen oder die sich nicht impfen lassen möchten oder können, immer weiter in die Defensive zu drängen. Dass dafür nun ein Bundeswehrgeneral eingesetzt wird, dürfte durchaus aus Drohung verstanden werden – auch wenn offiziell davon noch nicht die Rede ist.

Offiziell heißt es:

> *„Carsten Breuer wird den Krisenstab der Ampel-Koalition leiten. Der 56-Jährige gilt als Logistik-Experte und erfahrener Krisenmanager. Der designierte Bundeskanzler Olaf Scholz hatte Breuer zuvor als künftigen Leiter des neuen Krisenstabs vorgestellt. Mit der Berufung des 56-Jährigen setzen die Ampel-Parteien auf einen auch im Corona-Krisenmanagement erfahrenen Soldaten. Der*

Kommandeur des in Berlin ansässigen Kommandos Territoriale Auf-
gaben koordiniert bereits seit dem vergangenen Jahr die Aufgaben
der Bundeswehr in Pandemie-Belangen. Breuer gilt als Logistik-Ex-
perte mit umfassenden Erfahrungen im Krisenmanagement. Sein für
Einsätze der Bundeswehr im Inland zuständiges Kommando half un-
ter seiner Führung in den vergangenen Jahren auch bei Schnee- und
Hochwasserkatastrophen. Breuer war auch als KFOR-Kommandant
im Kosovo im Einsatz und diente nach Stationen im NATO-Haupt-
quartier in Brüssel und dem Bundesverteidigungsministerium 2014
auch in Afghanistan. 2018 übernahm er die Leitung des Kommandos
Territoriale Aufgaben."

Was das noch mit Gesundheit zu tun haben soll, muss jeder für sich selbst entscheiden.

Corona-Party

Der Begriff Corona-Party etablierte sich während der COVID-19-Pandemie („Corona-Krise") als Schlagwort zur Bezeichnung eines geselligen Beisammenseins trotz bzw. wegen einer staatlich verordneten Massenquarantäne („Lockdown"). Dabei ist unerheblich, ob sich die Gruppe in Clubs, Privatwohnungen oder an öffentlichen Plätzen traf. Sehr häufig waren bzw. sind Corona-Partys eine Form des Protestes vor allem junger Menschen gegen die von den Regierungen verhängten Maßnahmen.

Corona-Schutzimpfung

siehe „Corona-Impfung".

Corona-Schutzvorkehrung

Die Definition stammt zwar aus der Schweiz. Da jedoch weltweit ein sehr ähnliches Vorgehen festzustellen ist, kann dieses auch auf Deutschland und andere Länder angewendet werden:

„Durch Schutzkonzepte soll eine Verbreitung des Coronavirus ver-
hindert werden. Deshalb müssen Einrichtungen, Betriebe, Schulen
sowie Organisatoren von Veranstaltungen spezifische Schutzkon-
zepte umsetzen."

Mit der neuen Corona-Schutzvorkehrung ermöglicht der Staat u.a. die Durchführung von Veranstaltungen unter bestimmten Voraussetzungen. Diese Erlaubnis
ist an die Einhaltung von Hygieneregeln und die Durchsetzung von Hygienekon-
zepten gebunden.

Corona-Schutzverordnung

Siehe „Corona-Schutzvorkehrung". Während bei der Schutzvorkehrung die Prävention im Vordergrund steht und diese auch von zivilen Organisationen durchgeführt wird bzw. durchzuführen ist, kommt die Schutzverordnung von „Oben".
Sie definiert den Rahmen für die „Vorkehrung" und bringt zum Ausdruck, welchen Maßnahmen durch die „Vorkehrung" zu ergreifen ist.

Corona-Spaziergang

Siehe „Coronademo".

Corona-Spezialklinik

Das ist ein ganz besonders brisantes Thema. So war noch am 20. März 2020 in
den Zeitungen (u.a. „Allgemeine Zeitung") zu lesen:

> *„Das Ingelheimer Krankenhaus wird ab sofort zur Spezialklinik für*
> *Corona-Verdachtsfälle und -Patienten aufgebaut. Wie die Klinik mit-*
> *teilt, wird mit Zustimmung des Gesundheitsministeriums in Mainz*
> *aus dem bisherigen Allgemein-Krankenhaus bis auf weiteres eine*
> *spezialisierte Klinik für die Behandlung von COVID-19-Patienten.*
> *Voraussichtlich ab kommender Woche nimmt das Krankenhaus Ver-*
> *dachtsfälle aus der Region auf und betreut diese in Kooperation mit*
> *anderen Häusern. Dazu werde ein Konzept verschiedener Zonen an-*
> *hand der Erfahrungen aus Italien und China implementiert. Inner-*
> *halb der Zonen würden alle Patienten ihrem Krankheitsstadium ent-*
> *sprechend behandelt. Aktuell stehen 134 Betten zur Verfügung. Alle*
> *sollen für Corona-Patienten genutzt werden. Die Kapazität soll noch*
> *gesteigert werden, berichtet Klinik-Pressesprecher Hannes Fischer*
> *im Gespräch mit dieser Zeitung. Ohne den Umbau zur Spezialklinik*
> *hätte das Krankenhaus nur sechs Corona-Patienten aufnehmen kön-*
> *nen. Auch die Beatmungs- und Intensivpflegeplätze sollen deutlich*
> *ausgebaut werden."*

Mittlerweile, seit dem 31.12.2020, ist die Klinik **vollständig geschlossen,** ohne dass sie jemals in nennenswertem Umfang zum Einsatz kam. Und das inmitten einer offiziell bestehenden Pandemie.

Jetzt, im Winter 2021, wo angeblich intensiv nach jedem freien „Intensivbett" im Land gesucht wird, wirkt die Behauptung des ZDF, bei der Berichterstattung über die Klinikschließung handele es sich um eine Falschmeldung sogenannter „Querdenker", ganz besonders dreist und absurd. So heißt es dort im Bericht vom 10. Februar 2021,

> *„dass für den größten Teil der 2020 geschlossenen Kliniken dies schon länger beschlossen war. Teilweise wurden sie umgewandelt, verlegt oder fusionierten, viele von ihnen hatten gar keine Intensivstation."*

"Corona-Skeptiker" verarbeiteten dazu eine Liste. Was denn bitte hat ein früherer Beschluss über eine Schließung zu besagen, wenn von der Regierung angeordnet wird, dass genau diese im Beschluss liegende Klinik zugemacht werden soll? Und dann sollte man sich zudem fragen, wie es sein kann, dass gerade diese Corona-Spezialklinik in die Insolvenz gegangen ist. Ist auch das staatlicher Beschluss? Und das inmitten der erklärten Pandemie?

Corona-Testzentrum

Im Zusammenhang mit der sogenannten „Corona-Pandemie" konnte man überall in Deutschland wie auch in anderen Ländern das Entstehen sogenannter Corona-Testzentren mit ansehen, in dem mehr oder weniger geschultes oder eingewiesenes Personal dafür zuständig ist, Menschen auf das Vorhandensein von SARS-CoV-2-Virus zu testen und, wenn diese gefunden wurden, sie an die Gesundheitsämter weiterzugeben. „Positiv" getestete Menschen mussten, wenn es sich um einen sogenannten „Schnelltest" handelte, sich einem PCR-Test unterziehen und sich bei Bestätigung in eine zweiwöchige Quarantäne zu begeben – auch wenn zu keinem Zeitpunkt Symptome auftraten oder auftreten werden. Bis zum Vorliegen des Ergebnisses aus dem folgenden PCR-Test gilt selbstverständlich Quarantänepflicht. Im Negativfell erhalten die Getesteten dann eine Bescheinigung, die ein bis drei Tage Gültigkeit haben. Wie gesagt: Es handelt sich erstmals um eine Krankheit, die nicht durch Auftreten von Symptomen ermittelt, sondern „ertestet" wird.

Corona-Ticker

Die tägliche „Berichterstattung" in den Medien über Inzidenzen, Tests, Tote usw.

Corona-Tracing-App

Siehe „Corona-App".

Corona-Verdacht

Man spricht auch von einem sogenannten Corona-Verdachtsfall. Erstmals in der Geschichte der Menschheit wird eine Krankheit nicht aufgrund auftretender Symptome erkannt, sondern im Vorfeld durch Tests. Die einfachste offiziell anerkannte Form ist der sogenannte Antigentest. Erweist sich ein solcher als „positiv", liegt bereits ein „Corona-Verdachtsfall vor, der den „Getesteten" verpflichtet, sich in Quarantäne zu begeben. Der genannte Fall muss jedoch noch durch einen sogenannten PCR-Test verifiziert werden. Ist auch dieser „positiv" dann beträgt die Dauer der Quarantäne derzeit 14 Tage, ist er negativ, darf die Quarantäne abgebrochen werden. Erfolgt kein Antigentest und wird sofort ein PCR-Test durchgeführt, entfällt die „Vorstufe". Eine Quarantäne muss jedoch in allen Fällen angetreten werden – auch dann, wenn gar keine Symptome vorhanden sind. So heißt es bei „infektionsschutz,de":

> *„Bei Verdacht auf eine Infektion sollte das empfohlene Vorgehen eingehalten werden. Für Kinder und Jugendliche im Alter von 12 bis 17 Jahren empfiehlt die Ständige Impfkommission STIKO zudem eine Impfung mit mRNA-Impfstoff ".*

Und:

> *„Wenn Sie bei einem Antigen-Schnelltest oder Antigen-Selbsttest ein positives Ergebnis erhalten, stellt dies einen Verdacht auf eine Ansteckung mit dem Coronavirus SARS-CoV-2 dar."*

Corona-Verdachtsfall

Siehe „Corona-Verdacht".

Corona-Warn-App

Siehe „Corona-App".

coronabedingt

Verb: Durch die „Corona-Pandemie" oder durch die Maßnahmen der Regierungen (weltweit) zu ihrer „Bekämpfung" verursacht oder darin begründet.

Coronabond

Bei einem Coronabond handelt es sich um die während der „COVID-19-Pandemie" diskutierte Hilfsmaßnahme in Form einer gemeinsamen Staatsanleihe der Mitgliedsstaaten der Europäischen Union bzw. der Eurozone.

Coronademo

Siehe auch „Hygienedemo". Konkret handelt es sich hierbei um eine Kundgebung, deren Teilnehmer gegen die geltenden Maßnahmen zur Eindämmung der COVID-19-Pandemie sowie weitere geplante oder erwartete bzw. befürchtete Einschränkungen protestieren. Dabei kann es sich um eine angemeldete oder auch spontane, unangemeldete Form einer Kundgebung handeln. Eine besondere For-Art des Widerstands ungemeldeter Art ist der Corona-Spaziergang, der als Kundgebung verstanden werden kann, bei dem es aber der Staatsmacht schwerer fällt, die Beweislast anzuwenden.

Coronadiktatur

Die Coronadiktatur ist eine neue Form der Herrschaftsausübung. Diese Diktatur beschließt und setzt der Staat durch. Dabei spielen für sie die Verletzung von Regeln demokratischer Kontrolle sowie die Missachtung von Bürger- und Freiheitsrechten keine Rolle. Und dies obwohl diese Rechte in der Verfassung bzw. dem „Grundgesetz" verankert sind. Als offiziellen Grund gibt sie dazu lediglich an, der Eindämmung der Pandemie zu dienen.

Coronafall

Die Definition des RKI umfasst Folgendes:

> *„Akute respiratorische Symptome jeder Schwere mit oder ohne Fieber sowie Aufenthalt in Regionen mit COVID-19-Fällen bis maximal 14 Tage vor Erkrankungsbeginn. Eine klare Trennung zur klassischen Grippe findet keine Anwendung."*

Hinzu kommen

*„klinische oder radiologische Hinweise auf eine virale Pneumonie
ohne Alternativdiagnose und ohne erfassbares Expositionsrisiko. "*

Diese Fälle unterscheiden sich vom „begründeten Verdachtsfall" dadurch, dass bei Anforderung einer PCR-Untersuchung auf Coronaviren nicht automatisch eine Meldung beim Gesundheitsamt erfolgen muss. Sie ist erst notwendig, wenn der Verdacht durch einen positiven Laborbefund bestätigt wurde. Mit dieser Neuerung können jetzt erstmals klinische Verdachtsfälle, die keinen nachweisbaren Kontakt zu einem Infizierten hatten, getestet werden – ohne die aufwändige Meldung beim Gesundheitsamt. Bemerkenswert ist, dass bei COVID-19-Fällen erstmals in der Geschichte der Menschheit eine Krankheit nicht aufgrund ihrer Symptome festgestellt wird, sondern ausschließlich „ertestet" werden muss. Und dies anhand eines unter vielen Wissenschaftlern hochumstrittenen Tests, der im Januar 2022 sogar von der US-Amerikanischen Gesundheitsbehörde Center for Disease Control offiziell verboten wurde. Als Grund gab die Behörde an, dass der Test nicht zwischen Grippeviren und SARS-Cov-2 Viren unterscheiden könne.

Coronaferien

Dabei handelt es sich um einen Zeitraum, während dem die Schulen, Kindertagesstätten usw. geschlossen sind und innerhalb dessen kein Unterricht und keine Betreuung stattfinden. In der Praxis kann man diesen Begriff erweitern auf Zeiten, in denen Fernunterricht stattfindet, d.h. in dem die Kinder, Jugendlichen und Studenten von zuhause aus auf Lerneinheiten zugreifen (müssen).

coronafrei

Das Verb hat mehrere Bedeutungen. Gemeint sein kann damit „ohne Schulbesuch, Arbeit, Training" usw. (siehe „Coronaferien") aufgrund von „Infektionsschutzmaßnahmen". Menschen und auch Regionen können von autorisierten Stellen als „coronafrei" deklariert werden, wenn diese ohne Infektion oder ohne „Beeinträchtigung durch oder Kontamination mit SARS-CoV-2-Viren" sind.

Coronaimpfstoff

Ob es sich tatsächlich um einen „Impfstoff" handelt, oder nicht, muss sich insbesondere im Hinblick auf die mRNA-Technologie erst noch erweisen. Offiziell behaupten Anbieter und Verbreiter, es handele sich dabei um eine Substanz, die gegen das Coronavirus und die dadurch ausgelöste Krankheit COVID-19 immunisieren soll.

Coronakabinett

Im offiziellen Sprachgebrauch der Coronawelt handelt es sich bei einem Coronakabinett um ein politisches Entscheidungsgremium, das im Zuge der COVID-19-Pandemie regelmäßig Beratungen abhält sowie Beschlüsse zur Bewältigung damit einhergehender Herausforderungen einschließlich der Eindämmung einer weiteren Ausbreitung des Coronavirus SARS-CoV-2 verabschiedet. Etabliert hat sich im bundesdeutschen Sprachraum eine sogenannte Ministerpräsidentenversammlung, die sich aus dem Bundeskanzler, ggfs. seinem Vertreter und Sprecher sowie den Ministerpräsidenten der jeweiligen Bundesländer zusammensetzen. Weder in der Verfassung des Landes noch in seiner entsprechenden Gesetzgebung gibt es hierzu eine Rechtfertigung oder gar eine Definition. Das genannte Gremium hat sich zwar derzeit die volle Entscheidungsgewalt selbst zugesprochen, ja angemaßt. Ob die dort gefassten Beschlüsse letztendlich Rechtskraft haben, ist jedenfalls sehr fraglich.

Coronakrise

Siehe auch „Coronakrisenstab". Die offizielle Definition einer Krise finden wir u.a. bei „Wikipedia" wie folgt:

> *„Eine Krise ist im Allgemeinen ein Höhepunkt oder Wendepunkt einer gefährlichen Konfliktentwicklung in einem natürlichen oder sozialen System, dem eine massive und problematische Funktionsstörung über einen gewissen Zeitraum vorausging und der eher kürzer als länger andauert."*

Unter COVID-19-Pandemie oder Coronakrise versteht man den weltweiten "Ausbruch" der Infektionskrankheit COVID-19. Das ist die eine offizielle Seite. Hinzu kommen zahlreiche weitere Aspekte, wie beispielsweise die Finanzen:

> *„Der Bundesrechnungshof sieht die Finanzen des Bundes nach der Corona-Krise „in einem kritischen Zustand". Der Schuldenberg drohe bis Ende 2022 auf nahezu 1,5 Billionen Euro anzusteigen."*

Als Verschwörungsmythos abgetan werden Gedanken wie

*„Die Covid-Krise hat also einer von einem mächtigen Komplex ge-
tragenen Agenda, die seit einem guten Jahrzehnt reifte, einen gewal-
tigen Beschleunigungsschub verliehen. Die Früchte scheinen nun
reif für die Ernte zu sein, und die Erwartungen sind dementspre-
chend hoch."*

Ob und inwieweit solche Gedanken zu diskutieren sind sollte man aber besprechen und nicht den Zwängen und Vorgaben der Regierungen überlassen.

Coronaleugner

Man kann in diesen Tagen mit Gewissheit sagen, dass ein Mensch, dessen Meinung von der offiziell verbreiteten Doktrin abweicht, ein „Leugner" ist. Dieser
Begriff begegnet uns auf vielfältige Art und Weise. Was früher der Andersdenkende, der Kritiker oder – in Diktaturen – der Dissident war, das ist heute der
„Leugner". Eines dieser „verabscheuungswürdigen" Wesen ist nun der Coro-
naleugner. Die Verwendung dieser Art von Begriffen ist durchweg negativ vor-
belastet, der damit Gemeinte wird verachtet, dämonisiert, entmenschlicht. Wer
diesen Begriff verwendet, der ist in keiner Weise bereit, mit dem Angesprochenen
in Dialog zu treten.

Eine sehr aufschlussreiche Erklärung hierfür lieferte Helmut Scheben bereits am
8. September 2020. Seine Analyse trägt den Titel: „Erstaunlich: Warum werden
Demonstranten nicht als Zeichen einer funktionierenden Demokratie, sondern als
Verrückte betrachtet?"

Hier (gekürzt) einige sehr aufschlussreiche Details seiner ebenso kritischen wie
hintergründigen Betrachtung:

*„Am Abend des 29. August 2020 berichtete die Tagesschau des
Schweizer Fernsehens über die große Kundgebung gegen die staatlichen Corona-Maßnahmen in Deutschland. Die Berliner SRF-Korrespondentin gab in einer Live-Schaltung an, sie habe viele Reichsflaggen, Esoteriker, Impfgegner und Verschwörungstheoretiker
wahrgenommen. Ihren Angaben zufolge sah sie oft den Buchstaben
«Q». Die Moderatorin befand, dies könne sich zwar auf die Stuttgar-
ter Organisation «Querdenken711» beziehen, die zu der Demonstration aufgerufen hatte, sei aber wohl auch «eine Referenz an die in
den USA verbreitete Bewegung «QAnon». Die «Referenz an QAnon»*

Bei genauer Betrachtung der Menschen, die da demonstrierten, konnte aber nur eine sehr kleine Anzahl Menschen ausgemacht werden, denen man so etwas überhaupt unterstellen konnte. Trotzdem stürzten sich die Medien inklusive so genannter „Öffentlich-Rechtlicher" regelrecht auf die schweizerische Darstellung. Ein Tragen der Kaiserflagge war zudem an keiner Stelle verboten, aber auch diese war nur sehr selten zu sehen. Besonders beschränkte Darsteller in den Medien und auch der Linken waren nicht einmal in der Lage, Reichsflaggen und Reichskriegsflaggen zu unterscheiden.

Weiter heißt es bei Helmut Scheben:

„Die große Masse der Teilnehmenden – viele Familien mit Kindern – ähnelte in Typus und Gebaren viel mehr den Leuten, wie man sie von Friedensmärschen, Klimakundgebungen und anderen Protestaktionen der Bürgergesellschaft kennt. Die SRF-Korrespondentin hatte also anscheinend eine völlig andere Wahrnehmung der Dinge. Oder hatte sie sich nicht die Mühe gemacht, genau hinzuschauen, und sich mit der offiziell von Behörden, Regierungsparteien und Presseagenturen verkündeten Darstellung begnügt?"

Siehe auch „Sturm auf den Reichstag" oder „Querdenker"

Coronapandemie

Die offizielle Definition:

> *„Durch das Coronavirus im Jahr 2020 ausgelöste weltweite schwere Epidemie".*

Bei der WHO heißt es dazu ganz offiziell:

> *„Die Coronavirus-Krankheit (COVID-19) ist eine Infektionskrankheit, die durch das SARS-CoV-2-Virus verursacht wird. Die meisten Menschen, die mit dem Virus infiziert sind, erleiden eine leichte bis mittelschwere Atemwegserkrankung und erholen sich, ohne dass eine spezielle Behandlung erforderlich ist. Einige werden jedoch ernsthaft krank und benötigen ärztliche Hilfe. Ältere Menschen und Menschen mit Grunderkrankungen wie Herz-Kreislauf-Erkrankungen, Diabetes, chronischen Atemwegserkrankungen oder Krebs entwickeln eher schwere Erkrankungen. Jeder kann in jedem Alter an COVID-19 erkranken und schwer erkranken oder sterben."*

Dass aus dieser Krankheit heraus eine „Pandemie" entstanden ist oder entwickelt werden konnte, liegt nicht zuletzt daran, dass die WHO, der die Auswirkungen des Ausrufens der „Pandemie" zugeschrieben werden kann, rechtzeitig den Begriff Pandemie so geändert hat, dass nicht mehr das Ausmaß der Auswirkungen und Symptome einer Krankheit ausschlaggebend für die Ausrufung sind, sondern die Geschwindigkeit der Ansteckung und deren geografische Verbreitung. Die WHO definiert den Begriff „Pandemie" als

> *„die interkontinentale Ausbreitung eines neuartigen Virus, welches mangels vorhandener Resistenzen ein hohes Risiko für die Weltbevölkerung darstellt" (WHO 2005).*

Erstmals in der Geschichte der Menschheit kann man von einer „Krankheit" sprechen, bei der nicht die Symptome nach Ausbruch analysiert werden, sondern bei der sie „ertestet" wird. Das bedeutet, dass alle Menschen, auch vollständig gesunde, jedenfalls asymptomatische, zu testen sind und dass Menschen, die nicht krank sind, sich in Quarantäne zu begeben haben und dass diese einen Nachweis über die eigene Gesundheit zu erbringen haben – anstatt dass ein Arzt eine vorhandene Krankheit diagnostiziert. In diesem Zusammenhang kann bereits sehr deutlich gesehen werden, in welchem Umfang es sich hierbei um eine Konstruktion handelt. Zu erkennen ist dies auch daran, dass die Todeszahlen bei dieser sogenannten „Pandemie“ eher klein sind, dass es viele sogenannte „Corona-Tote“ in den Statistiken gibt, die ursächlich an etwas ganz anderem gestorben sind und dass man bereits im Vorfeld von „Long Covid“ spricht, obwohl es sich angeblich um eine „neue Krankheit“ handelt, von deren Zukunft man noch nichts wissen kann. Im Übrigen spricht ja auch niemand von „Long Vaccine“, also den Langzeitfolgen der neuartigen mRNA-Impfstoffe, die nur eine Notzulassung erhalten haben

Coronaparty

Eine Coronaparty ist eine meist privat organisierte Feier, die während der sogenannten Coronakrise unter Umgehung der "Maßnahmen zur Eindämmung" der Regierungen stattfindet bzw. stattgefunden hat. Mit dem Begriff kann auch eine Party gemeint sein, auf der Infizierte und Nicht-Infizierte gezielt zusammengeführt werden, damit die Weiterverbreitung des Coronavirus beschleunigt und dadurch schneller eine Immunisierung in der Bevölkerung bzw. einer bestimmten Bevölkerungsgruppe erreicht werden kann. Eine solche Immunisierung wird allerdings von offiziellen Stellen abgelehnt, ebenso wie die Entwicklung von Medikamenten gegen Corona erschwert bis blockiert wird, weil alle "Energie" auf die "Impfung" verwendet werden soll.

Coronaskeptiker

Siehe „Coronalegner“.

Coronasommer

Der Begriff suggeriert, dass die sogenannte „Pandemie“ am Ende des Sommers zu Ende ist. Wie bei jeder Grippe ist auch von der Corona-Welle in den Sommermonaten nicht viel zu spüren. „Normalität“ scheint eingekehrt zu sein und die Menschen dürfen jetzt sogar reisen, während sie in Wintermonaten damit rechnen müssen, eingesperrt zu werden. Sichtbarstes Zeichen allerdings, dass trotzdem der Krisenmodus weiterbesteht, ist die „Gesichtsmaske". Trotzdem bedeutet der „Coronasommer" besonders für alle, die sich den staatlich verordneten Maßnahmen unterwerfen, eine Zeit des Luft Schöpfens um Kraft zu sammeln für die Zumutungen der Wintermonate.

Coronasünder

Umgangssprachlich sind damit Menschen gemeint, die sich nicht vollumfänglich an die für diese „Situation" erlassenen Gesetze und Verordnungen halten.

Coronatest

Siehe auch „Coronafall". Unter Coronatest versteht man den Nachweis der Untersuchung auf eine Infektion mit dem Coronavirus SARS-CoV-2, in der Regel durch einen PCR-Test oder einen Schnelltest. Wie bereits beschrieben wird „Corona" nicht aufgrund von Symptomen, sondern durch Tests ermittelt. Solche Tests könnten in einigen Fällen auf freiwilliger Basis erfolgen, weil Menschen sich vor dem Virus fürchten. Es geschieht jedoch häufig, dass solche Tests zur „Pflicht" gemacht werden, wenn der „Getestete" ein bestimmtes Vorhaben ausführen möchte. Dabei kann es sich um einen Restaurantbesuch oder auch eine Reise handeln. Nach neuesten Vorgaben sind solche Tests auch täglich erforderlich, wenn man einer Arbeit nachgeht, bei der Präsenz erforderlich ist. Unter diesem Aspekt gewinnen auch Ausdrücke wie „Testpflicht" oder „Testzwang" an Bedeutung.

Coronavirus

Siehe „Corona". Fachsprachlich meint man die Vertreter einer Familie verwandter RNA-Viren, die sowohl Tiere als auch Menschen infizieren können und unterschiedlich schwere Infektionen der Atemwege verursachen können.

Cornaviruspandemie

Siehe „Coronapandemie".

Coronawarnstufe

Was ist eine Corona-Warnstufe? Angeblich um die Ausbreitung der Corona-Infektionen zu begrenzen, haben die Regierungen im Sommer 2021 sogenannte

Schwellenwerte eingeführt, ab denen strengere Maßnahmen gelten sollen. Für eine "Warnstufe" wird die Zahl der Infizierten auf den Intensivstationen ins Feld geführt. Steigt dieser Wert an zwei Tagen in Folge auf über den festgelegten Schwellenwert, dann treten am Folgetag automatisch strengere Regeln in Kraft. In den Medien werden zudem auch die angeblich ausgemusterten Inzidenzwerte bekannt gegeben – vermutlich, um die allgemeine Panik noch zu erhöhen. Die Warnstufen in den einzelnen Bundesländern sind nur in geringem Maße unterschiedlich und können durchaus auf das gesamte Gebiet der BRD angewandt werden.

Mit welcher Willkür "Hospitalisierungen" berechnet werden, wird erst die Geschichte zeigen. Angeblich sollen mit Beginn des Jahres 2022 in den Meldungen auch eine Unterscheidung nach "geimpft" und "ungeimpft" getroffen werden. Der tatsächliche Impfstatus ist daraus aber leider wieder nicht ersichtlich, was vermutlich auch gar nicht beabsichtigt ist. Man sollte sich auch vergegenwärtigen, dass als Impfstatus "negativ" oder "ungeimpft" genannt wird, wenn der tatsächliche Impfstatus unbekannt ist, wenn ein Mensch erst einfach geimpft ist, wenn er vollständig geimpft ist aber seit der letzten Impfung noch keine 14 Tage vergangen sind. Bisher zählten auch sogenannte Kreuzimpfungen (also Impfung mit Seren unterschiedlicher Hersteller), die ja von den Regierungen explizit empfohlen worden sind, als "ungeimpft" – was allerdings mittlerweile behoben worden ist. Transparenz gibt es in dieser Hinsicht sehr wenig und die Bevölkerung der Länder wird durch Massenmedien und Politiker hierüber weitgehend im Dunkeln gehalten – jedoch so, dass es praktisch nicht bemerkt wird.

COVID-Fall / COVID-Fälle

Das Robert-Koch-Institut spricht von einer seit 2019 auftretenden Krankheit und definiert die COVID-Fälle wie folgt:

Das klinische COVID-19-Bild definiert sich als mindestens eines der drei folgenden Kriterien:
1. Akute respiratorische Symptome jeder Schwere
2. Neu aufgetretener Geruchs- oder Geschmacksverlust
3. Krankheitsbedingter Tod

COVID-19-Leugner

Menschen, die behaupten, dass es entweder kein Coronavirus SARS-CoV-2 gibt, oder / und dass es diese Krankheit gar nicht gibt. Als wichtiges Argument wird in diesem Zusammenhang häufig angeführt, dass der Erreger bis jetzt nicht vollständig entschlüsselt wurde. Zu bedenken ist auch, dass seit dem Ausbruch von COVID-19 die sogenannte „Grippe" fast zur Gänze verschwunden ist. Als COVID-19-Leugner werden aber mittlerweile auch von den Medien all jene bezeichnet, die Kritik an den aktuellen Maßnahmen der Regierung, Kritik an den Berechnungsmethoden oder Kritik an der Auswahl der Wissenschaftler üben. Das geht leider so weit, dass COVID-19-Leugner mit Nazis und dem Bösen schlechthin gleichgesetzt werden und versucht wird, Kritik an den eigenen Maßnahmen auszuschalten.

COVID-Verschwörer

„COVID-Verschwörer" ist ein umgangssprachlicher Ausdruck aus der neuen Corona-Welt. Gemeint sind damit Menschen, die an sogenannte COVID-Verschwörungstheorien glauben und / oder diese weiterverbreiten.

COVID-Verschwörungsmythen

Siehe „COVID-Verschwörungstheorien".

COVID-Verschwörungstheorien

Der Begriff Verschwörungstheorien, COVID-Verschwörungstheorien oder COVID-Verschwörungsmythen wird seit Ausbruch der „neuen Corona-Welt" sehr häufig gebraucht. Oft wird der Begriff als Abwehrmechanismus verwendet, um abweichende Ideen abzuqualifizieren, zu diskriminieren und diesen die Gewalt über eigene Gedanken zu nehmen.

Im anderen Teil verbergen sich hinter diesen Begriffen auch schwer durchschaubare Gedanken und Gedankenwelten, die mit rationalem Denken schwer vereinbar sind. Deshalb soll an dieser Stelle etwas detaillierter auf diese sogenannten Mythen und Theorien eingegangen werden: Die offizielle Definition von Verschwörungstheorien und -mythen: Diese behaupten, dass mächtige Akteure hinter den Kulissen einen perfiden Plan verfolgen und deshalb die Geschehnisse manipulieren. So zeichnen sich Verschwörungstheorien durch drei Grundannahmen aus:

- Erstens, dass nichts durch Zufall geschieht, dass also alles geplant wurde.
- Zweitens, dass nichts so ist, wie es scheint, dass man also immer hinter die Fassade blicken muss, um zu erkennen, was wirklich geschieht.
- Drittens nehmen sie an, dass alles miteinander verbunden ist, dass es Beziehungen zwischen Ereignissen, Personen und Institutionen gibt, die man nur erkennt und die nur Sinn ergeben, wenn man von einer großen Verschwörung ausgeht.

Die Definition ist so zu verstehen, dass Verschwörungstheorien Planung, Heimlichkeit und Verkettung überbetonen – wobei der Intentionalismus in Vordergrund steht und in aller Regel stark betont wird und dass meist die Frage „cui bono?" (wem nützt das) gestellt wird. Verschwörer suchen stets selektiv nach Schuldigen nach Beweisen oder Belegen für deren Schuld. Zwar sind Verschwörungstheorien von "Fake News" offiziell zu unterscheiden. Tatsächlich aber werden von Politikern, Medien und Anhängern beide Begriffe synonym gebraucht. Kritisch betrachtet geschieht dies in aller Regel der Vereinfachung und der Diskriminierung durch Vereinfachung. Dass der Begriff der „Fake News" mittlerweile inflationär zur Diskriminierung gebraucht wird. Ist nicht zu übersehen.

COVID-19

Das ist die derzeit offizielle Bezeichnung der durch das Virus SARS-CoV-2 verursachte Erkrankung der Atemwege. Eine populäre Kurzform ist „COVID".

Covidiot

Neuer, umgangssprachlicher Begriff, mit dem manche Zeitgenossen während der Coronavirus-Pandemie Menschen beschreiben, die eine abweichende Meinung haben, die man abqualifizieren und herabwürdigen will oder von denen man behauptet, dass die durch COVID-19 neu entstandene Situation nicht richtig einschätzen. Der Begriff "Covidiot" hat sich bereits in verschiedenen Sprachkreisen (deutsch, englisch, französisch, italienisch usw.) etabliert. Er ist ein im Jahr 2020 im Zuge der COVID-19-Pandemie entstandener Neologismus, dessen Zusammensetzung aus der Krankheitsbezeichnung COVID-19 und des Schimpfwortes Idiot besteht. Die Kombination aus Covid und Idiot ist nicht zu übersehen und sie unterstreicht die Tatsache, dass der Begriff durchgehend negativ gebraucht wird.

Die Beschreibung des Begriffs ist auch im Internet weitgehend negativ besetzt: Die abwertende Bedeutung bekommt der Begriff laut Wikipedia auch dadurch, dass Personen mit diesem Wort bedacht werden, die angesichts einer gesellschaftlichen Krise in egoistischer Weise ihr persönliches Wohlergehen über das anderer stellen. Gemeint sind Personen, die

> *„sich in Informationsblasen bewegen und damit einem Echokammer-Effekt unterliegen, was zu einer Verengung der Weltsicht und zu Bestätigungsfehlern oder anderen kognitiven Verzerrungen führen kann. Es werden immer wieder ähnliche Ansichten gehört bzw. gelesen. Hierzu gehört, dass es das neuartige Coronavirus gar nicht gäbe oder dass das Tragen von Mund-Nasenschutz eine unnötige und sogar gefährliche Maßnahme sei."*

Soweit Wikipedia, das den Begriff Covidiot in engen Zusammenhang mit dem Verschwörer, Verschwörungstheoretiker oder dem Verschwörungsmythos (siehe dort) bringt.

D

Das Erreichte nicht gefährden

Ein geflügelter Ausdruck, mit dem die offizielle Festsetzung von Maßnahmen auch in Zeiten, in denen eigentlich keine Schritte begründet werden können, gerechtfertigt werden. Der beschwörende Charakter der Aussage ist nicht zu überhören: Dadurch soll zudem die Solidargemeinschaft all jener begründet, gerechtfertigt und beworben werden, die alle bisherigen Maßnahmen mitgetragen haben.

Um zu zeigen, dass diese Waffe schon von Anfang an benutzt wird, soll hier aus den Seiten der damals noch regierenden CDU zitiert werden, und zwar aus der Anfangszeit – vor der sogenannten „zweiten Welle". Bundesgesundheitsminister Jens Spahn hat damals angesichts der verstärkten Ausbreitung des Coronavirus in vielen Ländern der Welt davor gewarnt, das Risiko für Deutschland zu unterschätzen. „Die Gefahr einer zweiten Welle ist real. Wir sollten wachsam sein und nicht übermütig werden", betonte er vor der Bundespressekonferenz in Berlin. Man dürfe *„das Erreichte nicht gefährden"*, sagte er mit Blick auf Partys von Urlaubern auf Mallorca. An der Playa de Palma hatten Hunderte Touristen am Wochenende unter Missachtung der Vorsichtsmaßnahmen hemmungslos gefeiert. Spahn sagte, gemeinsames Feiern erhöhe das Risiko. „Ich bin jetzt wirklich kein Spielverderber, Spaßverderber oder Feierverächter – aber es ist halt grad nicht die Zeit dafür." Während der Rückreise im Flugzeug und dann zu Hause steigerten diese Menschen seines Erachtens das Risiko für viele andere. Feiern im österreichischen Skiort Ischgl gelten als ein Ausgangspunkt für die Verbreitung von SARS-CoV-2 auch in Deutschland. Daher appellierte Spahn an Urlaubsreisende, sich an Mindestabstand und Hygienemaßnahmen zu halten und überall dort, wo es in geschlossenen Räumen vorgegeben ist, eine Alltagsmaske zu tragen.

Dieser und ähnliche Beiträge von Regierenden und deren nachgelagerten Medien haben schließlich dazu geführt, dass im zuhause gebliebenen Teil der Bevölkerung eine regelrechte Hasswelle gegen Menschen erwachsen ist, die ihre freien Tage auf der Ferieninsel Mallorca verbracht haben. Diese Aversion hat sich bzw. wurde mittlerweile auf all jene ausgeweitet, die sich mit ihrer Kritik gegen die Verhältnismäßigkeit von Maßnahmen gegen COVID-19 wenden.

Datenerfassung

Mit der Corona Pandemie kam auch die verpflichtende Datenerfassung von Gästen in öffentlichen Lokalen. Im Falle eines Ausbruchs kann nach Aussage der Regierungen die „Infektionskette so einfacher nachvollzogen werden". Sogar in den Außenbereichen von Gaststätten oder in sogenannten „Biergärten" mussten bzw. müssen die Daten der Gäste erhoben werden. Dazu gehören die Namen und Adressen aller Anwesenden, Telefonnummer sowie Ankunft und Verlassen der Lokalität. Für die „Datenerfassung" stehen unterschiedliche Methoden zur Verfügung – vom einfachen Zettel bis hin zur passenden Mobil-Telefon-App.

Im weiteren Verlauf der Covid-Maßnahmen kam, insbesondere im Innenbereich von Gaststätten, das Erfassen von „Test"-ergebnissen (Antigen- oder PCR-Test) hinzu. Mittlerweile ist durch die sogenannte 2G-Regel (siehe dort) auch diese Möglichkeit obsolet, denn sogenannte „Ungeimpfte" dürfen eine geschlossene Lokalität nicht betreten, während „Geimpfte", obwohl nachweislich Krankheitsüberträger, nicht einmal getestet werden müssen.

Dashboard

Immer beliebter werden sogenannte Dashboards. Gemeint ist eine grafische Benutzeroberfläche, in der Informationen bzw. Daten aus verschiedenen Quellen zusammengeführt, aufbereitet und visualisiert werden. Damit können auch Menschen ohne großes Hintergrundwissen mit „Informationen" und „Daten" über den Verlauf des „Geschehens" „informiert" werden. Natürlich sind solche Daten-Boards, in denen immer nur Datenausschnitte zusammengetragen und visualisiert werden, durchaus fragwürdig. Es scheint, dass Menschen sich zunehmend an Datensegmenten und Wirklichkeitsausschnitten orientieren und sich auf diese Weise noch leichter manipulieren lassen.

Delta

Eigentlich ist „Delta" lediglich der vierte Buchstabe des griechischen Alphabets oder auch die Bezeichnung einer Flussmündung. In der „neuen Covid-Welt" ist unter Delta eine angeblich besonders ansteckende Variante des Virus SARS-CoV-2 mit abgeschwächten Symptomen gemeint. Die ganzen sogenannten „Varianten" (siehe dort) werden derzeit nach griechischen Buchstaben benannt – wobei das Zeichen Xi mit Rücksicht auf den amtierenden chinesischen Staatspräsidenten übersprungen wird. Das Strickmuster ist immer gleich: Die unterschiedlichen Varianten werden in aller Regel in einem Teil der Erde „entdeckt", in dem man von der Existenz oder gar Gefahr der „Variante" nichts oder sehr wenig weiß. Man stellt fest, dass die „Variante" „noch ansteckender" sei, als der jeweilige Vorgänger und dass mit ihr in aller Regel eine sogenannte neue „Welle" begründet wird – ohne zu fragen, ob sich aus der sogenannten „Variante" überhaupt bemerkenswerte Symptome ergeben.

Deltavariante

Siehe „Delta".

Designermaske

Siehe „Alltagsmaske".

Desinfektion

Gemeint ist damit die Abtötung oder Verringerung der Anzahl von Krankheitserregern (vor allem auf Oberflächen, in der Luft oder in Wasser), damit sie keine Infektionen mehr auslösen können. Im Zusammenhang mit SARS-CoV-2 hat der Begriff eine besondere Bedeutung erhalten: In allen öffentlichen Einrichtungen findet man mittlerweile Vorrichtungen zur „Desinfektion" von Händen, Einkaufswagen u.a. Als Mittel zur Desinfektion werden mehr oder weniger scharf riechende Substanzen verwendet, die man vor der „Pandemie" allenfalls in Reinigungsmitteln finden konnte. Vom 9. Juli 2020 stammt eine Sammlung von Hinweisen des Robert-Koch-Instituts (RKI) „zu Reinigung und Desinfektion von Oberflächen außerhalb von Gesundheitseinrichtungen im Zusammenhang mit der COVID-19-Pandemie." Dort heißt es, dass generell die Infektiosität von Coronaviren auf unbelebten Oberflächen in Abhängigkeit von Material und Umweltbedingungen wie Temperatur und Feuchtigkeit abnehme und dass das Virus bis zu 6 Tage auf bestimmten Oberflächen infektiös bleibe. Abweichende Ergebnisse und Untersuchungen von Ärzten und Wissenschaftlern wie beispielsweise Dr. Hendrik Streeck, werden on verantwortlichen Politikern in auffallender Weise unbeachtet gelassen. Beim RKI wird zudem darauf hingewiesen, dass die konsequente Umsetzung der Händehygiene die wirksamste Maßnahme gegen die Übertragung von Krankheitserregern auf oder durch Oberflächen darstellt.

Desinfektionsmittel

Damit meint man flüssige chemische Substanzen, die für Haut, Oberflächen, Instrumente, Wasser usw. als Schutz vor einer Infektion mit Keimen verwendet werden. Siehe auch „Desinfektion".

Desinfektionsspray

in einer Sprühdose enthaltenes „Desinfektionsmittel" (siehe dort).

Desinfizieren

Ein Verb, das definiert, wie etwas in einen Zustand versetzt wird, in dem sich niemand infizieren kann. Siehe auch „Desinfektion".

Deutscher Ethikrat

Folgendes findet sich dazu als Definition:

> *„Der Deutsche Ethikrat ist ein unabhängiger Sachverständigenrat, der die ethischen, gesellschaftlichen, naturwissenschaftlichen, medizinischen und rechtlichen Fragen sowie die voraussichtlichen Folgen für Individuum und Gesellschaft verfolgt, die sich im Zusammenhang mit der Forschung und den Entwicklungen insbesondere auf dem Gebiet der Lebenswissenschaften und ihrer Anwendung auf den Menschen ergeben. 26 Mitglieder werden hälftig von Bundesregierung und Bundestag vorgeschlagen und vom Bundestagspräsidenten für vier Jahre berufen. Durch dieses Verfahren sollen unterschiedliche ethische Ansätze und ein plurales Meinungsspektrum vertreten sein. Die Unabhängigkeit soll unter anderem durch das Verbot der Mitgliedschaft in Parlament und Regierung sichergestellt werden."*

Im Zusammenhang mit SARS-CoV-2 gewinnt der „Deutsche Ethikrat" sehr an Bedeutung, denn seine „Vorschläge" dienen der Regierung immer häufiger als Blaupause und Rechtfertigung ihrer Entscheidungen. Zugleich zweifeln immer mehr Menschen an der tatsächlichen Unabhängigkeit ihrer Mitglieder. Am 28. Dezember 2021 habe ich hierzu notiert: „Jetzt nur noch „Deutscher Rat". Von „Ethik" kann keine Rede sein, wenn Millionen Menschen gegen ihren Willen ein Gentherapie-Abo verabreicht werden soll. Das hätte Roland Freisler auch nicht besser hinbekommen!"

Digitaler Impfnachweis

Impfnachweise werden häufig nicht mehr mittels früher üblichen Impfbüchern anerkannt. Meist, u.a. in Cafés oder Restaurants, wird ein sogenannter digitaler Impfnachweis verlangt. Bei Erstellung der digitalen COVID-Zertifikate der EU werden Daten „einmalig" durch die ausstellende Stelle, Impfzentrum, Arztpraxis oder Apotheke, erhoben und zur Signierung an das RKI übermittelt. Die Daten werden dort nach Angaben der Regierung, wieder gelöscht. Wenn das digitale COVID-Zertifikat der EU nun in der zugehörigen App hinzufügt wird, werden Ihre persönlichen Daten (offiziell) nur lokal auf Ihrem Smartphone verwaltet.

Digitalisierungslücke

Gemeint ist damit der Grad der Digitalisierung einer Organisation. Angesprochen ist sicherlich die gesamte Gesellschaft, besonders aber Schulen, Universitäten und im gewerblichen Bereich der deutsche Mittelstand. So belegen mehrere Studien, dass im deutschen Mittelstand eine sogenannte Digitalisierungslücke bestehe. 52 Prozent der mittelständischen Unternehmen sind demnach „durchschnittlich", 29 Prozent „niedrig" und nur 19 Prozent „hoch" digitalisiert.

Digitalsemester

Anstelle von „echten" Vorlesungen und Seminaren tritt seit dem ersten „Lockdown" im Zusammenhang mit der sogenannten „Pandemie" der Fernunterricht, in dem Lehrende ihren Lerninhalt über digitale Schnittstellen zur Verfügung stellen, Online-Vorlesungen und -Seminare veranstalten und damit versuchen, im Rahmen des Möglichen einen Lehrbetrieb aufrecht zu erhalten.

Distanzbesuch

Im Zusammenhang mit Corona gibt es, wie wir gesehen haben, zahlreiche sprachliche Neuschöpfungen wie zum Beispiel der „Distanzbesuch", bei dem man am Gartenzaun stehen bleibt. Er ist eigentlich ein ganz besonders einprägsames und trauriges Bild, das uns sicherlich noch sehr lange in Erinnerung bleiben wird.

DranbleibenBW

DranbleibenBW oder #dranbleibenBW ist eine Initiative aus Baden-Württemberg, in der es, wie der Namen bereits vermuten lässt, um Werbung für eine breit angelegte Impfkampagne der Landesregierung geht. Dort heißt es:

*„Gemeinsam haben wir in Baden-Württemberg bei der Eindämmung
der Corona-Pandemie bereits viel erreicht. Jetzt heißt es #dranblei-
benBW. Damit wir sicher durch die Pandemie kommen, müssen
möglichst viele Menschen geimpft sein. Informieren Sie sich und
nehmen Sie die Impfangebote wahr."*

Drive-In-Teststation

Eine Drive-In-Teststation oder ein Drive-In-Testzentrum liefert ohne oder mit
sehr kurzen Wartezeiten rasche Resultate im Zusammenhang mit Corona. Sogenannte COVID-19 Antigen-Schnelltests und deren Ergebnisse erhält man in solchen Zentren in 20 Minuten per E-Mail – inklusive Bescheinigung und inklusive
automatischer Übermittlung an die Corona-Warn-App (CWA) – allerdings nur
nach vorherigem Einverständnis des Getesteten. Es wird suggeriert, dass man
seine Testergebnisse ebenso einfach erhält, wie früher ein Menü im einschlägigen
Schnellrestaurant.

Durchimpfen

Eine Person oder eine Gruppe lässt sich vollständig oder in einem Ausmaß impfen, dass innerhalb dieser Gruppe eine Immunität gegen einen Krankheitserreger
erzielt werden kann. Es kann auch bedeuten, dass jemand bis zur Erzielung vollständiger Immunität gegen eine oder mehrere Krankheiten geimpft wird. Hier
kommt zudem das Thema „Freiwilligkeit" mit ins Spiel.

Durchregieren

Politiker geben selbstherrlich und eigenmächtig Regeln vor, ohne sich um ausreichende parlamentarische Legitimation zu kümmern oder sich vollständig auf geltendes Recht zu stützen.

Durchschnittsabitur

Siehe „Corona-Abitur"

Durchseuchung

Gemeint ist hier ein hoher Grad der Verbreitung eines Krankheitserregers oder
auch die hohe Zahl an Infektionen in einem Gebiet oder in einer Population. Im

Idealfall ist es der Durchgang eines Krankheitserregers durch eine gesamte Population.

E

Eindämmung der Pandemie

Offizielle Bedeutung und Definition: Das Verhindern der Ausbreitung oder Vergrößerung von etwas. Konkret wird dieser Ausdruck in sehr häufigen Fällen im Zusammenhang mit der „Pandemie" benutzt – insbesondere in der Betonung der Maßnahmen, die Regierung, Medien, Organisationen oder Personen ergreifen, um eine existente (oder auch eine lediglich behauptete) Pandemie einzugrenzen. Dazu gehören all die hier im Buch beschriebenen Schritte. So heißt es in einem offiziellen Regierungspapier vom 7. Mai 2020:

> *„Die Bundesregierung verfolgt mit ihrem Handeln drei Ziele:*
> *1. Gesundheit schützen und Leistungsfähigkeit des Gesundheitssystems bewahren.*
> *2. Folgen für Bürgerinnen und Bürger, Beschäftigte und Unternehmen abfedern.*
> *3. Pandemie in internationaler Zusammenarbeit bewältigen.*
>
> *Die beschlossenen Maßnahmen werden regelmäßig durch die Bundesregierung und die Länder daraufhin überprüft, ob sie weiter notwendig und verhältnismäßig oder ob Anpassungen erforderlich sind. Bei der Antwort auf diese Frage wird sorgfältig abgewogen, welche Maßnahmen die Ausbreitung des Virus wirksam verhindern und welche sozialen und wirtschaftlichen Folgekosten damit jeweils verbunden sind."*

Welche Schritte tatsächlich gegangen wurden und wohin der angebliche „Gesundheitsschutz" geführt hat, zeigt sich mittlerweile sehr deutlich in dem zunehmend autoritären Auftreten der Machthaber. Zensur, Diskriminierung Andersdenkender bis hin zur Diffamierung als Verschwörer, Verschwörungstheoretiker oder gar Nazis sowie die Behandlung von Menschen, die sich der staatlichen Aufforderung zu einer „Impfung" widersetzen, als Menschen zweiter Klasse, die man nach Gutdünken aussperren und unterdrücken kann.

Eingeschränkter Regelbetrieb

In erster Linie sind mit diesem Ausdruck Kindereinrichtungen, Schulen und Universitäten gemeint. Offiziell begründet wird die Bedeutung so:

„Eingeschränkter Regelbetrieb bedeutet, dass grundsätzlich in festen Lerngruppen, also in festen Klassen unterrichtet wird. Im eingeschränkten Regelbetrieb wird grundsätzlich am Fächerkanon der Stundentafel festgehalten, das Unterrichten erfolgt in erster Linie durch den Klassenlehrer. Lehrplananpassungen werden hierzu berücksichtigt. In der Unterrichtung der Fächer werden die Möglichkeiten von fachübergreifenden, fächerverbindenden oder projektorientierten Arbeiten und parallel geplante Förderangebote genutzt."

Ein-Freund-Regel

Dieser Begriff steht in enger Verbindung mit der früheren Bundeskanzlerin Angela Merkel und dem so genannten „Lockdown". Aus Regierungskreisen heißt es bereits recht früh, dass Frau Merkel aus Sorge vor einer Verbreitung der Corona-Mutationen zusammen mit den Ländern deutlich schärfere Corona-Regeln einführen will. Es wurde darüber diskutiert, dass künftig für einen noch unbestimmten Zeitraum nur noch Treffen mit einer einzigen, bestimmten, fest definierten Person außerhalb des eigenen Haushalts erlaubt sein sollen. Die Kanzlerin setzte viel Energie daran, dies einzuführen. Es ging dabei auch um Kinder. Merkel wollte dabei mit Vehemenz die Kontaktregeln verschärfen. Widerstand kam aus den Ländern. Durchgesetzt hat sie sich damit letztlich nicht.

Eingeschränkte Teilnehmerzahl

Siehe auch „Ein-Freund-Regel". Denkt man an SARS-CoV-2, dann fällt nicht nur die immer eklatantere Einschränkung des öffentlichen und privaten Lebens auf, sondern auch die immer stärkere Reglementierung des Kontakts zwischen Menschen unterschiedlicher Haushalte. Angeblich zur Eindämmung der Corona-Pandemie wurde und wird die Teilnehmerzahl für überregionale Sport-, Kultur- und vergleichbare Großveranstaltungen deutlich eingeschränkt. Bevor man mit den sogenannten „Impfungen" begonnen hatte, galt dies noch generell für alle Veranstaltungen. Die Maßnahme wurde dann auf ungeimpfte Menschen eingeschränkt und ab Ende des Jahres 2021 wiederum auch auf „geimpfte" Personen ausgeweitet.

Dabei kam es auch im Fußball und bei anderen Sportarten zu sogenannten Geisterspielen, bei denen nur die Akteure (Spieler, Trainer usw.) anwesend waren — offiziell natürlich alle getestet. Anfangs wurden solche Veranstaltungen noch gänzlich abgesagt. Mit Beginn der Kampagne zur „Impfung" wurde zunehmend Druck aufgebaut, damit sich immer mehr Menschen an der Impfung beteiligen sollten. Das weitete sich aus bis hin zur öffentlichen Beschimpfung und zum sogenannten Shitstorm. Als prominentes Beispiel bietet sich der Fußball- Nationalspieler Joshua Kimmich vom FC Bayern München an. Weil er sich aus persönlichen Gründen nicht hatte impfen lassen, wurde in den nationalen Medien des Landes eine großangelegte Kampagne gegen ihn gefahren, an der sich sowohl Politiker, als auch andere Prominente beteiligten. Eine Wiedereingliederung in das Reich der Guten sollte erst dann wieder erfolgen, wenn er sich öffentlich zum Befürworter wandelte und sich impfen ließ. Mittlerweile hat er eine Infektion mit Corona gut überstanden und hat ein wenig Zeit. Allerding haben das RKI und das Gesundheitsministerium die Karenzzeit für Genesene eigenmächtig verkürzt und nach spätestens drei Monaten muss nun auch er sich entweder „impfen" lassen, oder er verliert seinen 2G-Status. Würde er beispielsweise in der Schweiz leben, hätte er seinen Genesenstatus sogar verlängert bekommen - und zwar auf ein ganzes Jahr. Hier zeigt sich sehr anschaulich die ganze Willkür des Verfahrens.

Einmalhandschuh

Siehe „Einweghandschuh".

Einreisesperre

Synonym zu „Einreiseverbot". Siehe auch „Einreisestopp". Einreisesperre ist das Gegenwort zu „Ausreisesperre".

Einreisestopp

Ein Einreisestopp ist ein Verbot, ein bestimmtes Staatsgebiet vom Ausland her zu betreten und dabei die Staatsgrenze zu passieren. Während in der Zeit vor Ausrufung der Pandemie besonders im Zusammenhang mit illegaler Migration von der damaligen Kanzlerin Angela Merkel mit Vehemenz behauptet wurde, man können Deutschlands Staatsgrenzen durch Verbote und Kontrollen nicht schützen, wurden exakt diese Maßnahmen zur angeblichen Eindämmung der Ausbreitung von SARS-CoV-2 erfolgreich angewandt. Vorher noch als „undurchführbar" deklariert, konnte man nun überraschenderweise die Bewohner des jeweiligen Landes am Betreten oder Verlassen des eigenen Staatsgebiets hindern.

Einreiseverbot

Hierbei handelt es sich um eine behördliche Anordnung, die das Betreten oder das Überschreiten der Grenze eines bestimmten Staatsgebietes oder auch eines Bundeslandes untersagt. Selbst Ländergrenzen konnten geschützt werden, wie sich in Mecklenburg-Vorpommern zeigte, wo Menschen, deren Erstwohnsitz sich in einem anderen Bundesland befand, daran gehindert wurden, ihre eignen Feriendomizile zu betreten. Siehe auch „Einreisestopp“ und „Einreisesperre“.

Einweghandschuh

Mit Corona begann auch die große Zeit des Einweghandschuhs. Bei diesem handelt es sich eigentlich um einen einmal verwendeten und anschließend entsorgten Handschuh aus Latex, Kautschuk oder Kunststoff, durch dessen Verwendung eine direkte Berührung bzw. die Übertragung unerwünschter oder gefährlicher Stoffe und Substanzen wie Chemikalien, Keime oder Diesel verhindert werden sollte. Mit einem solchen Einweghandschuh sollte auch das Übertragen des SARS-CoV-2-Virus verhindert werden. Einweghandschuhe wurden fortan mehr oder weniger kostenlos am Eingang nahezu jeder öffentlichen Einrichtung zur Verfügung gestellt, in der man seine Hände zu gebrauchen hatte. Zudem wurden neben Einweghandschuhen in aller Regel auch Desinfektionsmittel und Tücher bereitgestellt.

Dass das Tragen von solchen Handschuhen mehrere Seiten hat, beschreibt auch eine Dokumentation des Senders „Deutschen Welle“, in der es heißt:

„Einweghandschuhe aus Vinyl, Latex oder Nitril vermitteln zwar das Gefühl von Sterilität, tatsächlich aber ist dieses Sicherheitsgefühl sehr trügerisch. Viele achten zwar beim Einkaufen mit Einweghandschuhen besser darauf, sich nicht ins Gesicht zu fassen – versehentlich passiert es allerdings doch recht häufig. Achtung: Auch wenn Sie mit Einweghandschuhen ans Handy oder in die Hosentasche greifen, verteilen Sie die Krankheitserreger unbemerkt und großflächig. Und für das Virus ist es unerheblich, ob es von der bloßen Hand oder dem Einweghandschuh über das Gesicht in den Körper gelangt. Entsprechend warnen Ärzte nicht nur eindringlich vor dem trügerischen Sicherheitsgefühl. Einweghandschuhe können sogar das Ansteckungsrisiko zusätzlich erhöhen. Denn die Haut fängt unter den Einweghandschuhen sehr schnell an zu schwitzen. Und das

Hinzu kommt, dass mit dem Tragen von Einweghandschuhen auch Macht, Zusammenhalt und Unterdrückung demonstriert werden können – ebenso wie mit
Mund-Nase-Bedeckungen und anderen Symbolen.

Ellenbogengruß

Siehe auch „Faustgruß“. Anstelle der bisherigen Umarmung, dem Freundschafts-
kuss oder der Handreichung wurden im Rahmen der „Pandemie“ diese neuen Formen des „Grüßens“ eingeführt. Statt sich direkt zu begegnen werden Methoden
angewendet, die bisher eher als „abweisend“ betrachtet wurden. Faust auf Faust
oder Ellenbogen auf Ellenbogen ersetzen das Bekannte. Nicht zuletzt mit dem
Ziel, permanente Angst und das Bewusstsein für Gefahr zu erzeugen. Wie sinnvoll oder sinnlos solche Verhaltensweisen sind, bei denen man sich fast ebenso
nah kommt, wie zuvor, das soll jeder für sich selbst entscheiden. So, wie in der
Sprache, spiegeln sich die neuen Maßnahmen in der Handlungsweise der Menschen wider, die unter einem Corona-Regime leben. Corona hat unser Zusam-
menleben maßgeblich verändert. Handschlag, Umarmung, Küsschen links, Küsschen rechts, all das ging plötzlich nicht mehr. Es gibt Definitionen, die besagen,
dass der Grad der Zugehörigkeit zu einer Gruppe, einem Personenkreis oder einem geistigen Zirkel darüber entscheidet, wie ansprechbar Menschen für Appelle,
Gebote und Regeln sind. Zugehörigkeit bestimmt demgemäß die Kriterien für die
Definition einer Situation. Wie unvollständig so eine Aussage ist, dokumentiert
sich in ganz besonderem Maß in der hier beschriebenen neuen Form des Grüßens.

EMA – Europäische Arzneimittelagentur

In der Diskussion über Corona kommt der Europäischen Arzneimittelagentur (EMA) in zunehmendem Maße hohe Bedeutung zu. In der EMA wird in vieler Hinsicht entschieden, welche Medikamente wofür freigegeben und eingesetzt werden und welche Handlungsspielräume Regierungen und Institutionen innerhalb der Europäischen Union (EU) gewährt werden können.

In der eigenen Definition heißt es:

> *„Die Europäische Arzneimittel-Agentur (EMA) schützt und fördert die Gesundheit von Mensch und Tier durch die Bewertung und Überwachung von Arzneimitteln innerhalb der Europäischen Union (EU) und des Europäischen Wirtschaftsraums (EWR). Die wichtigsten Aufgaben der Agentur sind die Zulassung und Überwachung von Arzneimitteln in der EU. Unternehmen beantragen dort eine einzige Genehmigung für das Inverkehrbringen, die von der Europäischen Kommission ausgestellt wird. Wird die Genehmigung erteilt, kann das Arzneimittel in der gesamten EU und im EWR vertrieben werden. Angesichts des breiten Anwendungsbereichs des zentralisierten Verfahrens werden die meisten in Europa vermarkteten Arzneimittel von der EMA zugelassen.*
>
> *Die Agentur*
>
> * *erleichtert die Entwicklung und Zugänglichkeit von Arzneimitteln,*
> * *bewertet Anträge auf Genehmigung für das Inverkehrbringen,*
> * *überwacht die Sicherheit von Arzneimitteln während ihres Lebenszyklus,*
> * *informiert Beschäftigte im Gesundheitswesen und Patienten.“*

enge Kontaktperson

Eine „enge Kontaktperson" ist nach neuer Sprachregelung jeder Mensch, der nach den jeweils geltenden Kriterien der Regierung, der Medien, des Robert-Koch-Instituts usw. von der zuständigen Behörde als solche eingestuft wurde und nicht bereits „haushaltsangehörige Person" ist.

Englische Variante

Im Verlauf der sogenannten Pandemie entstehen, insbesondere seit dem Beginn der „Impfung" gegen Corona, immer neu „Varianten", mit denen nicht nur die Politik sich selbst laufend neue Rechtfertigung erteilt, sondern mit denen auch Angst und Schrecken in der Bevölkerung permanent neue Nahrung erfahren. Hier ist die Rede von der Variante B.1.1.7. Seriöse Wissenschaftler haben das Mutieren des eigentlichen Virus schon zu Beginn angekündigt und dabei auch klargestellt, dass jede weitere „Mutante" zwar ansteckender als die Vorversion, zugleich aber deutlich weniger gefährlich sei. Umso erstaunlicher sind deshalb die Widersprüche bei Politikern und nachgelagerten Medien. So heißt es beispielsweise beim Bayerischen Rundfunk:

> *„Die Britische Variante B.1.1.7 sei ansteckender und tödlicher als das Original. Trotz aller Gegenmaßnahmen steige die Zahl der Neuinfektionen mit dem Coronavirus stark. Die Variante sei ansteckender als die bis kurz zuvor vorherrschende Variante – und sie führe laut Studien auch öfter zum Tod.*

Hingegen sagt das ZDF:

> *„Neue Daten zur Corona-Variante aus Großbritannien zeigen: Die Mutante ist wohl doch nicht tödlicher. "*

Epidemie

Epidemie ist an sich ein bekannter Begriff, jedoch durch die ausgerufene neue Zeit nun in aller Munde: Sie beschreibt das Vorkommen einer sehr großen Zahl an Krankheitsfällen mit derselben Ursache bei Menschen in einem bestimmten geografischen Gebiet innerhalb eines begrenzten Zeitraums. Indem Politik und Medien den Begriff am laufenden Band wiederholen, nimmt er nicht nur an Bedeutung und Bekanntheit zu, sondern auch an Schrecken. Menschen bewegen sich im selben Umfeld wie zuvor, jedoch betrachten sie ihre Lebenswelt als eine ganz neue: Als eine Welt voll Tod und Schrecken – und die Mitmenschen sind deren potenzielle Überträger.

Epidemiologe

Das ist ein Wissenschaftler, der auf dem Gebiet der Epidemiologie forscht und arbeitet.

Epidemiologie

Das ist die Wissenschaft von den in einer Bevölkerung oder Bevölkerungsgruppe auftretenden Erkrankungen und gesundheitsbezogenen Merkmalen sowie deren Ursachen, Prävention, Verbreitung und Auswirkung.

Epidemische Lage von nationaler Tragweite

„Epidemische Lage von nationaler Tragweite" ist, laut allgemeiner Erklärung, ein unbestimmter Rechtsbegriff, der während der COVID-19-Pandemie in Deutschland mit Wirkung zum 28. März 2020 in das deutsche Infektionsschutzgesetz (IfSG) eingeführt wurde. So heißt es dort:

> *„Eine epidemische Lage von nationaler Tragweite liegt vor, wenn die Bundesregierung eine ernsthafte Gefahr für die öffentliche Gesundheit in der gesamten Bundesrepublik Deutschland festgestellt hat, weil die Weltgesundheitsorganisation eine gesundheitliche Notlage von internationaler Tragweite ausgerufen hat und die Einschleppung einer bedrohlichen übertragbaren Krankheit in die Bundesrepublik Deutschland droht oder die dynamische Ausbreitung einer bedrohlichen übertragbaren Krankheit über mehrere Länder in der Bundesrepublik Deutschland droht. Die Bundesregierung hat die Feststellung einer epidemischen Lage von nationaler Tragweite unverzüglich aufzuheben, wenn die Voraussetzungen für ihre Feststellung nicht mehr vorliegen. "*

Die Feststellung erfordert weder eine qualifizierte Parlamentsmehrheit noch eine Zustimmung des Bundesrates. Anders als für den Spannungs- oder den Verteidigungsfall ist die Feststellung eines „nationalen Epidemiefalls" durch nicht-legislativen Bundestagsbeschluss auch nicht im Grundgesetz vorgesehen. Ob ein entsprechender Beschluss auf der Grundlage einfacher Legislative dennoch verfassungsrechtlich zulässig ist, wurde bislang durch die Rechtsprechung nicht abschließend geklärt. Seit dem 31. März 2021 galt nach dem „Gesetz zur Fortgeltung der epidemischen Lage von nationaler Tragweite" die Feststellung der epidemischen Lage von nationaler Tragweite nicht mehr unbefristet. Sie galt bzw. gilt als aufgehoben, wenn der Bundestag nicht spätestens drei Monate nach der letzten Feststellung ihr Fortbestehen erneut feststellt. Die zuletzt mit Beschluss vom 25. August 2021 erneut festgestellte epidemische Lage galt somit am 25.

November 2021 als aufgehoben, da der Bundestag das Fortbestehen zuvor nicht erneut festgestellt hatte.

Epizentrum

Ursprünglich ist das ein Begriff aus der Geologie und der Erdbebenforschung. Gemeint ist damit der senkrecht über einem Erdbebenherd liegende Punkt auf der Erdoberfläche, an dem die Auswirkungen des Bebens oft am größten sind. Allgemein kann man von einem Punkt sprechen, von dem man vorrangig ausgeht oder an dem sich etwas sehr stark konzentriert. In der neuen Sprachwelt wird Epizentrum so gebraucht, dass von einem „Epizentrum der Pandemie" gesprochen wird. Gemeint ist damit also der Punkt, an dem sich die höchste Konzentration der Krankheit befindet. Im Deutschlandfunk wird beispielsweise stets davon gesprochen, dass Europa das Epizentrum der Pandemie sei. Der Sender geht gar soweit, die sogenannte „COVID-19-Pandemie" mit der Spanischen Grippe von 1918 zu vergleichen. Auch die Berliner Zeitung, RTL und vergleichbare Medien schlagen in diese Bresche und sprechen immer wieder von weiteren kritischen Verläufen. Sie halten damit den Schrecken am Leben und liefern auf diese Weise den Herrschenden die erforderlichen Argumente für die Fortsetzung ihrer Maßnahmen.

Erschöpfungssyndrom

Das Erschöpfungssyndrom ist ein Synonym zu Burnout. Es kann sowohl akut, als auch chronisch auftreten. Eigentlich handelt es sich um einen Begriff aus dem Alltags- bzw. Berufsleben. Das chronische Fatigue Syndrom ist seit vielen Jahren bekannt und trotzdem wenig erforscht. Es kann auch durch verschieden Viruserkrankungen, etwa dem Pfeifferschen Drüsenfieber, ausgelöst werden. Als Folge von COVID-19 wird nun das Erschöpfungssyndrom als Teil von Long-Covid herangezogen.

> *„Unabhängig von der Schwere des COVID-19-Verlaufs leiden manche Betroffene später unter einem Zustand der Erschöpfung, der sie lahmlegen kann, dem Chronischen Fatigue-Syndrom, auch ME/CFS oder CFS genannt",*

heißt es beispielsweise beim NDR. Man hat zwar bisher keinerlei Erkenntnisse über „Long Covid", kann auch gar keine haben, weil man von dieser Krankheit doch erst seit kurzem weiß. Trotzdem wird so getan, als könne man weit in die Zukunft blicken. Zudem ist „tiefe Erschöpfung" auch nach einer ganz „normalen"

Grippe oder auch Impfung durchaus an der Tagesordnung und es gibt sehr viele Fälle aus der Vergangenheit, die das belegen.

Erste Welle

Den Zeitraum von Januar bis Mitte Juni 2020 bezeichnet das Robert-Koch-Institut (RKI) als erste COVID-19-Welle. Von den sogenannten „gemeldeten Fällen" entfallen laut RKI genau 190.816 auf die besagte Zeitspanne. Zu einer Welle gehören die entsprechenden Definitionen, Maßnahmen und Sprachregelungen. Bereits kurz nach dem „Auftreten" von SARS-CoV-2 wurden sogenannte „Tests" durchgeführt. Sehr wohl von „falsch positiven Testergebnissen" wissend, wurde und werden diese Maßnahmen weiterhin eingesetzt. Zum ersten Mal überhaupt werden vollkommen gesunde Menschen „überprüft" und zum ersten Mal gibt es nun die „asymptomatisch Erkrankten" – ein Oxymoron, das seinesgleichen sucht. Übersetzt man den Begriff „asymptomatisch erkrankt" ins Deutsche, muss man auf Begriffe aus der Vergangenheit zurückgreifen, wo man dazu noch „gesund" sagte.

Erstimpfung

Medizinisch bedeutet Erstimpfung die erste in einer Reihe von Impfgaben gegen einen bestimmten Krankheitserreger. Im Zusammenhang mit SARS-CoV-2 wurde in einer Art Salamitaktik zunächst von einer Erst- und Zweitimpfung gesprochen. Später kamen weitere Impfungen in Folgejahren hinzu – noch später dann wurden die Zeiträume zwischen den „Impfungen" und „Boosterungen" immer kürzer.

Ertesten

Siehe auch „Erste Welle". Erstmals in der Geschichte der Menschheit bricht eine Krankheit nicht aus, sondern sie wird „ertestet". An vielerlei Orten im jeweiligen Land entstehen sogenannte „Teststationen", in denen Menschen überprüfen lassen können, ob sie ggfs. durch Corona „infiziert" sind, oder nicht. Die Ursache für eine Überprüfung kann vielfältig sein. Das geht von Tests wegen Erkältungssymptomen bis hin zu einer möglichen Verpflichtung für ein „Zertifikat" zum Einkaufen oder Essen gehen, das nach der jeweiligen „Corona-Verordnung" gerade gültig ist. In diesem Zusammenhang tritt dann auch der Begriff „symptomlos krank" auf, ein physischer Zustand, der eigentlich früher als „gesund" bezeichnet wurde. Bei der Ermittlung sogenannter an Covid Erkrankter wurde und wird zwischen „symptomlos krank" und „symptomatisch krank" nicht oder nur im „Kleingedruckten" unterschieden. Warum das so war und ist, kann jeder für sich entscheiden. Jedenfalls können auf diese Weise gemeldete Zahlen drastisch nach oben gesteigert werden.

Ethikrat

Siehe „Deutscher Ethikrat".

evidenzbasiert

Das ist ein in der Wissenschaft, häufig auch in der Medizin und verwandten Bereichen gebrauchter Begriff, der bedeutet, dass man sich auf empirische Daten stützt und Aussagen auf wissenschaftlichen Erkenntnissen beruhen. So wird immer wieder gesagt, dass sich Regierungen mit „Wissenschaftlern" umgeben und immer auch in Bezug auf Corona deren Ratschläge umgesetzt werden. Alles ist, so erfährt man in den Medien, „evidenzbasiert", was bedeutet, dass es so zu sagen „alternativlos" ist. Gerade dadurch, dass immer dieselben „Wissenschaftler" herangezogen und kritische Stimmen fast ausnahmslos ausgeblendet werden, wird vorgetäuscht, „auf die Wissenschaft zu hören" und somit gar nicht im eigenen Antrieb, sondern auf „höheren" Rat und zum Schutz der Menschen zu handeln.

Existenzangst

Existenzangst ist, allgemein gesprochen, Angst vor dem Leben bzw. davor, den Anforderungen des Lebens nicht gewachsen zu sein. Es kann auch bedeuten, dass Menschen Angst vor dem Verlust der wirtschaftlichen oder materiellen Lebensgrundlagen haben. Besonders im Verlauf der Corona-Politik und der in enger Verbindung damit stehenden Maßnahmen, Lockdown- und anderen „Regeln" lässt sich eine deutliche Zunahme einer solchen Angst feststellen. Die Zahl der Menschen, die sich um sich, ihr Dasein, ihre Existenz sorgen, nimmt immer weiter zu, was nicht zuletzt auch mit der starken Einschränkung des öffentlichen Lebens (Gastronomie, Einzelhandel, körpernahe Dienstleistungen) erklärt werden kann. Psychologen sagen, Existenzangst kann und wird zu weitergehenden Erkrankungen bis hin zum Suizid führen.

Exit-Strategie

Eine Exit-Strategie ist, allgemein gesprochen, ein Plan zum Ausstieg aus einer bestimmten Situation. Das könnte, wirtschaftlich gesehen, eine Strategie mit dem Ziel des Ausstiegs aus einem Joint-Venture, einer Beteiligung, einem Konjunkturprogramm u.a. oder auch die Planung des Rückzugs von Erzeugnissen, Dienstleistungen oder ganzen Geschäftsbereichen vom Markt bedeuten. Im militärischen Bereich versteht man darunter meist eine Strategie für den geordneten Abzug eines Truppenkontingents aus dem Auslandseinsatz.

Eine zusätzliche, oft diskutierte Bedeutung bekommt der Begriff im Zusammenhang mit SARS-CoV-2, wo neben den geltenden Regeln über Wege zur „stufenweisen" „Lockerung" bzw. der Rücknahme von ergriffenen Maßnahmen zur Eindämmung bzw. Bekämpfung gesprochen wird.

explosionsartig

Von „explosionsartig" spricht man, wenn etwas schnell, plötzlich, mit großem Druck und sehr laut wie bei einer Explosion auftritt oder sich innerhalb ganz kurzer Zeit in sehr großer Menge oder mit sehr hoher Intensität zeigt. Dass dies bei der Diskussion um SARS-CoV-2 sehr häufig verwendet wird, hat vielfach den Grund, dass die Regierung und die Medien die Bevölkerung dafür „sensibilisieren" will, dass die Krankheit, gegen die wir nun kämpfen, sehr ansteckend und gefährlich ist.

Experten

Siehe auch „Erste Welle" und „ertesten". Politiker setzen sich besonders häufig mit „Experten" zusammen, womit politische „Entscheidungen" wissenschaftlich begründet werden sollen. Wie ein „Expertengremium" besetzt und durch wen es repräsentiert wird, kann man zwar ersehen, seine Auswahl lässt sich aber von außen wenig beeinflussen und vielfach erschließt sich die Entscheidung eines Politikers, diesen oder jenen Wissenschaftler zu berufen oder nicht zu berufen nur schwer. Die einen forschen an Therapien und Medikamenten oder entwickeln Modelle für den Verlauf der Pandemie. Die anderen stehen in Talkshows, Interviews und Podcasts der Öffentlichkeit Rede und Antwort. Viele von ihnen machen beides.

Exponentialfunktion

Siehe „exponentiell": Gemeint ist eine Funktion, in der die unabhängige Variable im Exponenten auftritt.

Exponentialkurve

Siehe „exponentiell": Eine Exponentialkurve ist die graphische Darstellung einer Exponentialfunktion.

Exponentiell

Das ist ein Begriff aus der Mathematik, der eine Kurve beschreibt, die näherungsweise durch eine Exponentialfunktion beschreibbar ist bzw. näherungsweise in der Art einer Exponentialfunktion verläuft. Sehr häufig wird der Begriff in der neuen Welt von COVID-19 verwendet. Abstand halten, Hygiene beachten, Maske tragen und testen lassen: Das soll dazu beitragen, die Infektionskurve des Coronavirus abzuflachen. Eine große Herausforderung der Pandemie ist das exponentielle Wachstum, also die Vervielfachung der Infektionsfälle in kurzer Zeit. Warum und wodurch es zu einer Häufung von COVID-19-Fällen kommt, steht mit dem Wort „exponentiell" nicht zur Diskussion. Vielmehr geht es dabei ausschließlich um Häufigkeit und schnelle Ausbreitung.

F

Face Shield

Siehe „Mund-Nase-Bedeckung". Beim Face-Shield handelt es sich um eine Sonderform der Mund-Nase-Bedeckung, bei der ein um die Stirn gebundenes, durchsichtiges Plastikschild die Ausbreitung von Aerosolen verhindern soll. Von Anfang an wurde darüber diskutiert, wie effektiv solch ein Schild sein kann. Sehr rasch wurde es dann auch wieder aus dem Verkehr gezogen, weil es den behaupteten Schutz nicht gewährleisten konnte. Sogenannte „Fact Checker" bemühen sich mittlerweile sehr darum, Behauptungen aus der Welt zu räumen, dass Karin Baumüller-Söder, die Ehefrau des bayerischen Ministerpräsidenten, und ihre Firma durch Herstellung und Verkauf von Schildern in beträchtlichem Maß an der Maskenpflicht verdient haben sollen. Tatsächlich hat ihre Firma über viele Monate hinweg diese Schilder produziert und vermarktet.

Fallzahl

Allgemein ist damit die Anzahl von Fällen in einer definierten Zeitperiode gemeint. In Bezug auf SARS-CoV-2 und andere ansteckende Erreger ist es die Anzahl erkrankter, infizierter oder verletzter Personen bzw. die Anzahl von Personen, die wegen einer Krankheit, Infektion oder Verletzung medizinisch behandelt werden müssen. Wie bereits in anderen Kapiteln besprochen, ist COVID-19 eine Krankheit, die man nicht zwingend an ihren Symptomen erkennt, sondern, die „ertestet" wird. Ohne Tests wäre die Zahl der „Infektionen" (= Fallzahl) weltweit sehr viel niedriger, als sie es zurzeit ist. Auch der Begriff „asymptomatisch krank" würde dann sehr wahrscheinlich verschwinden.

Faustcheck

Siehe „Ghettofaust", „Faustgruß" oder „Ellenbogengruß".

Faustgruß

Siehe „Ellenbogengruß", „Ghettofaust" oder „Faustgruß". Damit beschreibt man im Allgemeinen die Begrüßung durch Gegeneinanderstoßen der geballten (rechten) Hände. Während damit in früheren Zeiten Triumph oder Kampfbereitschaft signalisiert wurden, ist im Zusammenhang mit SARS-CoV-2 die Begrüßung durch die Faust an die Stelle des Handreichens oder der Umarmung gerückt.

Fernunterricht

Siehe auch „Alarmstufe", „Corona-Abitur", „Corona-Ferien", „Digitalsemester" u.a. In der Coronawelt wird damit eine Form des Unterrichts beschrieben, bei dem die Lernenden nicht an einem Ort mit dem Lehrer zusammenkommen, sondern jeweils zu Hause oder an anderen Orten mit Unterrichtsmaterialien oder internetgestützt lernen.

FFP2-Maske

Eine FFP2-Maske ist, allgemein gesprochen, eine Atemmaske mit hoher Schutzwirkung vor gesundheitsschädigenden Stoffen in der Luft. Der Einsatz einer FFP2-Maske steht eng im Zusammenhang mit den staatlich verordneten Maßnahmen gegen die Ausbreitung von COVID-19. Die FFP2-Maske löste im Verlauf der „Pandemie" alle anderen Gesichtsmasken ab, die zuvor mangels Verfügbarkeit, aus Verlegenheit oder aus anderen Gründen getragen werde mussten. Mittlerweile führt die FFP2-Maske bereits in einigen Bundesländern zur Ablösung von sogenannten OP-Masken, die bisher noch in geschlossenen Räumen und anderen definierten Orten zu tragen waren.

FFP2-Masken stammen eigentlich aus dem Bereich des Arbeitsschutzes. Während dort das Tragen solcher Masken strengen Reglements unterworfen und ihre Anwendung zu erlernen ist, wird auf diese üblichen Vorgehensweisen im politischen und öffentlichen Bereich vollständig verzichtet. Ein Beispiel: In bestimmten Fällen müssen im Bereich des Arbeitsschutzes Arbeitnehmer eine FFP2-Maske tragen. In solchen Fällen müssen die Arbeitgeber überwachen, wie lange diese Beschäftigten die Maske am Stück tragen können. Gibt es am Arbeitsplatz eine Tragepflicht für FFP2-Masken, muss es auch festgelegte Trage- und Erholungszeiten geben. Eine solche „Überprüfung" findet in der Welt von Corona nicht statt. So müssen dort die Masken beispielsweise auch bei Langstreckenflügen während der gesamten Dauer eines Fluges getragen werden – und darüber hinaus.

Während sich sogenannte „Fakten-Checker" intensiv darum bemühen, die Tauglichkeit von FFP2-Masken zu belegen und dem Narrativ ihrer Untauglichkeit bei

Viren zu widersprechen, finden sich in viele Belege für das, was die „Checker"
eigentlich bekämpfen.

So schrieb beispielsweise die Zeitschrift „Focus" noch im Juni 2020:

> *„Selbst FFP-Masken reichen wohl nicht: Die große Corona-Unbe-*
> *kannte lässt Forscher rätseln".*

Weiter heißt es dort:

> *„Weil das Coronavirus nur rund 0,1 bis 0,14 Mikrometer groß sei,*
> *reichten nicht mal die sogenannten FFP-Masken. Die sind für grö-*
> *ßere Bakterien. Aber so kleine Teilchen lassen sich schlecht filtern.*
> *Schwebstofffilter seien wohl besser geeignet. Aber auch das sei noch*
> *zu erforschen."*

Die „Wissenschaftler" sind in dieser Hinsicht sehr unterschiedlicher Meinung.
Als sicher kann angenommen werden, dass FFP2-Masken nicht für den Gebrauch
gegen Viren entwickelt worden sind und dass dafür allenfalls FFP3-Masken tau-
gen, deren Tragen jedoch zu noch mehr Problemen und zu höheren Ausfaller-
scheinungen ihrer Träger führen würde.

flächendeckende Schließung

In der Corona-Welt ist damit eine Maßnahme von Bund oder Ländern gemeint,
mit der im gesamten Gebiet Deutschlands oder einzelner Bundesländer ganze Bereiche der Wirtschaft, des öffentlichen Lebens oder definierter Instanzen stillge-
legt werden. In aller Regel geschieht dies für einen bestimmten, festgelegten Zeitraum, der aber nach Gutdünken und nach Absprache verlängert werden kann.
Zum Beispiel berichtet über „flächendeckende Schließungen" die „Oldenburger
Onlinezeitung", Bund und Länder wollen auf ihrem gemeinsamen x-ten Corona-
Gipfel über bundesweit einheitliche, härtere Maßnahmen beraten, um die n-te
Corona-Welle zu brechen. Dabei sei auch eine flächendeckende Schließung von
Bars und Clubs im Gespräch… Solche oder ähnliche Beispiele finden sich bei
einer Recherche im Internet zuhauf.

freiimpfen

Politiker und Medien reglementieren das Verhalten der Bürger zunehmend. Was
früher eine freie Entscheidung war, wird nun durch Regeln und Maßnahmen festgelegt. Das Einhalten der Maßnahmen überwacht die Staatsgewalt und die

Missachtung von Regeln wird mit Strafmandaten belegt. Regeln und Vorschriften werden zudem am laufenden Band geändert und die Menschen müssen sich immer wieder neu orientieren. Restriktionen verhindern, dass sich Menschen über Anordnungen und Regeln hinwegsetzen.

Seit es sogenannte „Impfstoffe" gegen „COVID-19" gibt, werden die Bürger von den Politikern und Medien zunehmend gedrängt, sich diese (bisher nicht zugelassenen und im Versuchsstadion befindlichen Substanzen) verabreichen zu lassen. Durch Verschärfung von Regeln gelingt es, die Menschen zu „überzeugen", bei dem „Impfstoff"-Testprogramm mitzumachen. Dazu genügt es, „Ungeimpften", später auch „Geboosterten", den Zugang zu immer mehr Einrichtungen zu verwehren. Sie dürfen dann nur noch mit Tests in Schwimmbäder, Restaurants, Museen. In einem weiteren Schritt zählen dann auch Tests nicht mehr: Ungeimpft wird man vollkommen stigmatisiert und aus erheblichen Bereichen des öffentlichen Lebens ausgestoßen. Wollen die Menschen nun annähernd so leben, wie vor der „Pandemie", dann bleibt ihnen nichts anderes übrig, als an dem Impfprogramm teilzunehmen, sich „piksen" zu lassen und das zu tun, was die politischen und medialen Vorgaben verlangen. Der Versuch, durch Impfung die verlorene Freiheit zurückzuerhalten bzw. sein Grundrecht auf ein freies, selbstbestimmtes Leben durch devotes Verhalten wiederzugewinnen, nennt man „freiimpfen".

G

Gabenzaun

Auch dieser Begriff hat sich in der neuen Corona-Sprachwelt vor allem in städtischer Umgebung etabliert. Er bezeichnet in aller Regel einen Zaun an einem öffentlichen Platz, an dem Sachspenden für Bedürftige hinterlassen werden können, ohne dass man mit diesen in Berührung kommt. Menschen werden in Zeiten von Corona in erster Linie als potenzielle Überträger von Viren definiert, so dass auch im Bereich von Spenden und Wohltätigkeit nach Einschätzung der Verantwortlichen auf Distanz zu achten ist.

Geimpft

Siehe auch „Ungeimpft", „immunisiert" usw.

Hierzu heißt es in einer Dokumentation des Robert-Koch-Instituts (RKI), welche laufend „aktualisiert" wird:

> *„Menschen, die eine Impfung gegen COVID-19 erhalten, sollten vollständig geimpft werden, damit eine starke Immunantwort induziert werden kann. Ziel ist es, ein Immunescape der Viren, d.h. ein Umgehen der Immunantwort, und damit die Selektion von Escapemutanten, d.h. ein Entstehen von Virusmutanten mit neuen Fähigkeiten, zu verhindern. Die zeitgerecht verabreichte zweite Impfstoffdosis verringert die Wahrscheinlichkeit eines Immunescape wesentlich."*

Nach dem „Ausbruch" der Pandemie mit Corona hat sich eine ganze Reihe von Herstellern des Themas angenommen und damit begonnen, sogenannte „Impfstoffe" gegen das Virus zu entwickeln. Bereits nach weniger als einem Jahr war es dann soweit, und die ersten Pharmafirmen beantragten bei der Europäischen Arzneimittelbehörde EMA und an anderen Stellen die Zulassung ihrer Entwicklungen. Da es sich dabei um mRNA- und / oder Vektor-Impfstoffe handelte, deren Zulassung bisher weltweit gar nicht vorgesehen war, gibt es bis jetzt immer noch nur sogenannte Notzulassungen. Das bedeutet, dass die genannten Stoffe sich in einem Entwicklungs- oder Experimentierstadium befinden. Dass für die Bereitstellung eines neuen „Impfstoffs" in aller Regel 10 bis 15 Jahre benötigt werden, kommt erschwerend hinzu. Das dürfte auch der Grund dafür sein, dass weder die Impfstoffhersteller, noch Staatsführer, Behörden oder Ärzte die Verantwortung für die Wirkung oder die Nebenwirkungen dieser sogenannten „Vaccine" übernehmen wollen. Bevor also jemand, der sich einer „Impfung" mit einem der neuen Wirkstoffe unterziehen möchte, sich diese tatsächlich injizieren lassen kann, muss er eine Erklärung unterzeichnen, dass er jegliche Verantwortung übernimmt – bis hin zum Eintreten des eigenen Todes. Da es sich um ein mehrseitiges Merkblatt handelt, das zu unterschreiben ist, sind sich viele Menschen wahrscheinlich nicht ganz im Klaren darüber, was da unterschrieben wird bzw. in welchem Ausmaß sie sich an einem Humanexperiment beteiligen. Auf einem Informationsblatt unter „gesundheit.de" wird beispielsweise für den „Impfstoff" der Firma BioNTech/Pfizer geworben, welche in Europa als erstes Unternehmen eine Zulassung beantragt hat.

„Der Impfstoff Comirnaty® von BioNTech/Pfizer ist als erster Impfstoff in Deutschland zugelassen worden. Seit Dezember 2020 wird das Vakzin europaweit geimpft. Der Corona-Impfstoff ist für Personen ab zwölf Jahren im Einsatz. Die Wirksamkeit des mRNA-Impfstoffs beläuft sich in der Zulassungsstudie auf 95 Prozent."

Über die Anzahl der Spritzen, die zu verabreichen sind, wurden die „Impflinge" ebenfalls im Dunkeln gelassen – möglicherweise deshalb, weil es den verantwortlichen Protagonisten selbst nicht bewusst war. Möglicherweise war es aber auch Absicht. Augenblicklich ist das nicht abzuschätzen. Im Salami-Verfahren wurden dann die bereits gegebenen Versprechen relativiert. Während zu Beginn davon gesprochen wurde, dass nur zwei „Pikse" erforderlich seien, beim Einsatz des Mittels von Johnson & Johnson sogar nur einer, erfuhren die „Impflinge" mit der Zeit, dass die Wirkung der Seren „rasch nachlasse" und weitere Spritzen, sogenannte „Booster", erforderlich seien. Zudem sollen die Impfbescheinigungen ihre Gültigkeit verlieren, wenn die Folgeimpfungen nicht durchgeführt werden. Auch über die angebliche Wirksamkeit war man sich nicht einig. Während einerseits behauptet wird, alle Menschen müssten sich impfen, um eine sogenannte „Herdenimmunität" zu erreichen, erzeugt oder erhöht man mit jeder Impfung die Gefahr, dass das Virus mutiert und laufend neue „Varianten" generiert werden. Interessant ist die Angabe der Pharmafirmen, dass ein Impfstoff nur zu soundso viel Prozent wirksam sei. Wenn nun tatsächlich mal wieder der Fall eintritt, dass es nicht funktioniert, kann man sich nicht nur auf die „nachlassende Wirksamkeit" berufen, sondern auch auf die restlichen Prozent.

Geistergastronomie

Von Geistergastronomie spricht man, wenn die Gastronomie sich durch Verordnungen zu einem reinen Abhol- und Lieferservice degeneriert hat, der leere Restaurants trotz laufendem Betrieb entstehen lässt. Verantwortlich für solche Zustände waren und sind die Lockdowns, bei denen den Gasthäusern verboten wurde, Gäste zu empfangen und zu bewirten.

Geisterspiel

Siehe auch „Geistergastronomie". Die Ursachen sind vergleichbar mit denen der „Geistergastronomie". Im Zusammenhang mit Corona wurden Mannschaftssport oder Mannschaftsspiele wie beispielsweise Fußball zunächst ganz eingestellt. In einem weiteren Schritt wurde dann durch die Politik erlaubt, dass Mannschaftsspiele im leeren Stadion unter Ausschluss der Öffentlichkeit und vor leeren Zuschauerrängen ausgetragen werden. Während man früher mit diesem Begriff Sportveranstaltung bezeichnete, die von ungewöhnlich wenigen Zuschauern verfolgt werden, ist jetzt, unter Coronabedingungen, ein Spiel ohne Publikum ein „Geisterspiel".

gemeindescharf

Dieser Begriff bekam im Zusammenhang mit öffentlichen Entschädigungszahlungen an betroffene Opfer von verordneten COVID-19-Maßnahmen eine neue Bedeutung. Zuvor wurde damit eine genaue Berichterstattung von Gemeinden an die übergeordneten Behörden bezeichnet – beispielsweise dann, wenn es um Fördergelder ging. Mit Corona schuf die Bundesregierung das COV19GewStAusglG. So heißt es dort:

> *„Die Länder berichten dem Bundesministerium der Finanzen bis spätestens Ende März 2021 gemeindescharf über die erfolgte Weitergabe der Bundes- und Landesmittel an die Gemeinden, ihr Vorgehen bei der Verteilung der Mittel und insbesondere über die jeweilige Höhe der ihnen bekannten Gewerbesteuereinnahmen und die jeweilige Höhe der ihnen bekannten Gewerbesteuerstundungen gemeindescharf für 2020. Ausgleichszahlungen für krisenbedingt entgangene Gewerbesteuereinnahmen, die Länder an ihre Gemeinden im Jahr 2020 bereits vor Erhalt der Bundesbeiträge geleistet haben, werden nach Darlegung durch das Land gegenüber dem Bundesministerium*

gemeindescharfe Infektionszahlen

Siehe „gemeindescharf".

Genesene

Siehe auch 2G und 2G+.

Offiziell sind „Genesene" Menschen, deren Gesundheit wiederhergestellt ist bzw.
die nicht mehr infektiös sind. Auch Personen, die nach einer durch Krankheit hervorgerufenen Schwächung wieder zu Kräften gekommen sind, nennt man Genesene. Tatsächlich wird dieser Begriff im Zusammenhang mit Corona zur Einstu-
fung von Personen verwendet. Der Begriff „Genesene" erhielt im Verlauf der
„Pandemie" eine sich mehrfach ändernde Bedeutung mit ebenfalls geänderten
Konsequenzen. Bis vor kurzem galt in Deutschland, dass Menschen dann als „genesen" gelten, wenn diese eine „Corona"-Infektion überstanden haben und, wenn
mehr als 6 Monate vergangen sind, sich haben „impfen" lassen. Dies muss durch
einen Eintrag in die entsprechende App belegt werden. Mittlerweile wurde diese
Frist vom RKI eigenmächtig auf drei Monate verkürzt – womit sich vermutlich
noch die Gerichte beschäftigen müssen.

Genesenennachweis

Siehe „Genesene". Den Status der Corona-„Impfung" muss man mittlerweile
nachweisen, beispielsweise um ein Café, Restaurant oder einen Laden zu betreten. Anfangs genügte die Bescheinigung eines Arztes. Später kam der Eintrag in
einem Impfbuch hinzu. Die gelbe Bescheinigung wird jetzt auch nicht mehr anerkannt. Man muss mittlerweile mit dem Impfbuch zur Apotheke gehen, wo man
im Gegenzug ein digitales Zertifikat erhält, dass dann vorgezeigt und in die Mo-
biltelefon-App aufgenommen wird.

Geruchsverlust

Gemeint ist der vollkommene oder teilweise Verlust der Fähigkeit, Gerüche wahrzunehmen. Dem Virus SARS-CoV-2 wird nachgesagt, dass der Geruchsverlust eines der Symptome ist, an dem die Krankheit „identifiziert" werden kann.

Gesangsverbot

Betroffen von einem solchen Verbot waren / sind in erster Linie Kirchen bzw. Messen, bei denen wortgottesdienstliche Teile durch Gesang unterbrochen werden. Durch das Virus SARS-CoV-2, so die Behauptung, bestehe weltweit bzw. deutschlandweit eine sehr dynamische und ernst zu nehmende Situation. Um die Ausbreitung zu verlangsamen und damit die Belastung für das Gesundheitswesen zu reduzieren und die medizinische Versorgung sicher zu stellen, wurden durch die Politik demnach Maßnahmen ergriffen, bei denen auch das Gesangsverbot eine wichtige Rolle spielt. So war es in bestimmten Lockdownphasen zwar wieder erlaubt, Gottesdienste abzuhalten. Trotzdem aber blieben Abstandsregelung, Maskenverordnung und andere Einschränkungen erhalten. Hierzu gehört auch das „Gesangsverbot". Später wurde diese äußerst rigorose Maßnahme umgewandelt in die Anweisung, beim Gesang in Gottesdiensten eine Maske zu tragen und Abstand zu halten.

Geschmacksverlust

Siehe „Geruchsverlust". Gemeint ist ein vollständiger oder teilweiser Verlust der Fähigkeit, Geschmack wahrzunehmen.

Gesichtskondom

Siehe „Mund-Nase-Bedeckung".

Gesichtsmaske

Siehe „Mund-Nase-Bedeckung".

Gesichtsschild

Siehe auch Face-Shield

Der Ausdruck wird synonym zu „Visier" verwendet. Es handelt sich dabei um eine Sonderform der Mund-Nase-Bedeckung. Das Schild wird an der Stirn befestigt und besteht in aller Regel aus durchsichtigem Plastik. Es „verbirgt" das gesamte Gesicht, ohne es zu berühren. Inzwischen gehört das Gesichtsschild n Deutschland nicht mehr zu den zugelassenen Mund-Nase-Bedeckungen.

Gesichtsschutz

Siehe auch „Mund-Nase-Bedeckung". Gemeint ist, ganz allgemein gesprochen, ein das Gesicht oder auch eine Gesichtspartie abdeckender Gegenstand, der zur Verhinderung oder Reduzierung schädlicher Einflüsse getragen wird. In der Arbeitswelt, dem Sport oder dem Gesundheitswesen ist dies ein Teil der Arbeitskleidung oder der Schutzausrüstung, also ein vor Verletzungen des Gesichts und der Augen schützender Teil der Arbeitsschutzkleidung. Der Begriff wurde aus diesen Bereichen wie selbstverständlich in die neue COVID-19-Sprachwelt übernommen – mit all seinen Bedeutungen und zudem mit all seiner Untauglichkeit für die angeblich neue Anwendungsform. Über Sinn oder Unsinn solcher Mund-Nase-Bedeckungen, die überhaupt nicht in der Lage sind, Viren aufzuhalten, denn hierfür bedürfte es nicht einer FFP2- sondern einer FFP3-Maske, (von allen anderen ganz zu schweigen) kann diskutiert werden.

Gesichtsvisier

Siehe „Gesichtsschild".

Gesichtswindel

Siehe „Mund-Nase-Bedeckung". Gesichtswindel ist ein eindeutig abwertender Ausdruck.

Gesundheitsamt

Allgemein ist ein Gesundheitsamt eine Behörde, die den öffentlichen Gesundheitsdienst und damit die Maßnahmen zur Erhaltung und Förderung der Gesundheit, zur Kontrolle und Beratung der Bevölkerung in Gesundheitsfragen koordiniert und durchführt.

Im Zusammenhang mit Corona kommt den Gesundheitsämtern eine besondere, erweiterte Bedeutung und Funktion zu: Die Überwachung. Die jeweils zuständigen Gesundheitsämter vor Ort melden die „gemessenen bzw. ertesteten" Zahlen der „Infizierten" an die Landesgesundheitsämter, wo diese gebündelt und an das Robert-Koch-Institut weitergemeldet werden. Außerdem gibt jedes

Landesgesundheitsamt täglich die ermittelten Werte weiter an die Gesundheitsministerien sowie an weitere Behörden im jeweiligen Land und verschickt den
täglichen Corona-Bericht auch an die Presse. Es wird behauptet, dass auf diese
Weise „transparent" informiert werde. Kritiker dieser Vorgehensweise behaupten, dass die Gesundheitsämter auf diesem Weg eine manipulative Funktion erhalten. Durch „ertestete" Zahlen, die nicht exakt zwischen krank und gesund
(symptomlos) unterscheiden, schüren die Behörden die Angst der Menschen in
zunehmendem Maße.

Gesundheitsministerium

Siehe auch „Gesundheitsamt". Eine solche Instanz gibt es in jedem deutschen
Bundesland. Von hier aus werden die Entscheidungen in Zusammenarbeit mit den
jeweiligen Ministerpräsidenten und der (geschaffenen aber nirgendwo definierten) Ministerpräsidentenkonferenz getroffen. Mit hinzugezogen zu Entscheidungen werden sogenannte „Wissenschaftler" – wobei die Auswahl derselben subjektiv erfolgt und in keinem Zusammenhang mit dem Wissen der Gesamtheit der
Wissenschaft steht.

Gesundheitszeugnis

Siehe „Genesenennachweis".

Ghettofaust

Siehe „Faustgruß" und „Faustcheck".

Grenzkontrolle

Offiziell wird hiermit eine amtliche Kontrolle des Verkehrs an der Landesgrenze
zwischen zwei Staaten definiert, bei der die Ausweispapiere von Personen überprüft werden. Auch ein Bereich, in dem Grenzkontrollen durchgeführt werden,
kann damit gemeint sein.

Während im Sinne eines „gemeinsamen Europa" (EU) nahezu vollständig auf
Grenzkontrollen verzichtet worden ist, wurden diese im Zusammenhang mit
Corona wieder eingeführt. Diese Änderung führte bis hin zu temporären Grenzschließungen – zumindest für bestimmte Personenkreise. Für das Überschreiten
von Grenzen haben die Regierungen Regeln definiert. Hingegen hatte wenige
Jahre zuvor die frühere Bundeskanzlerin Angela Merkel noch im Zusammenhang

millionenfacher Migration, vor allen aus Nahost und Afrika, noch die Ansicht vertreten, dass die Grenzen unseres Landes nicht hinreichend geschützt werden könnten. Nun, nach „Auftauchen" des Virus SARS-CoV-2 wurde erstaunlicherweise dies alles wieder möglich – und noch mehr. All dies im Namen des Gesundheitsschutzes. „Deutschland schließt Grenzen wegen Corona-Pandemie. Deutschland wird ab Montag die Grenzen zu fünf Nachbarländern größtenteils dicht machen." So, und so ähnlich war es insbesondere im Jahr 2020 und auch im frühen Jahr 2021 in vielen Zeitungen zu lesen. Die Zeit der freien Grenzübertritte war vorbei, ein gemeinsames Europa für die Bürger Makulatur.

Grenzschließung

Siehe „Grenzkontrolle".

Grundrechte

Grundrechte sind in der Verfassung (Grundgesetz) kodierte Rechte, die jedem Bürger dieses Landes gehören. Wie der Name sagt, sind diese Rechte unveräußerlich. Man kann sie auch nicht durch Wohlverhalten oder Regierungstreue verdienen oder sie gar „erimpfen", wie sehr viele Menschen derzeit glauben. Es ist interessant zu beobachten, in welchem Ausmaß die Bürger dieses Landes die zahlreichen Grundrechtseinschränkungen und Grundrechtsverstöße hingenommen haben, die unsere Politiker sich mit Hinweis auf die Corona-Pandemie herausgenommen haben. Hätte man früher, in den Tagen vor der Ausrufung der Pandemie, lautstark protestiert, war davon im Schatten der erzeugten Angst und unter Einfluss einer zumindest hochgradig unkritischen Presse nichts dergleichen zu vernehmen. Anstatt, die gekaperten Rechte zurückzufordern, meinten viele Menschen, dass die Regierung durch Gehorsam, Gefügigkeit und Subordination des Volkes dazu gebracht werden könnte, freiwillig wieder herzugeben, was sie anscheinend nur temporär außer Kraft gesetzt hat. Die Angst war im Volk so groß, dass es keine Widerstände gab – und die Mehrheit scheint sich mittlerweile daran gewöhnt zu haben, dass die Rechte weg sind und dass man sich diese nicht einmal „zurückimpfen" kann.

Einige Artikel, die sich auf die Grundrechte beziehen, stehen unter Gesetzesvorbehalt. Das bedeutet, dass diese aus wichtigem Grund temporär eingeschränkt oder außer Kraft gesetzt werden können. Dauerhaft ist dies jedoch nicht möglich und es muss sehr gut begründet sein, dass eine Notlage besteht. Ob eine

„Pandemie" des Ausmaßes, wie sie sich mittlerweile darstellt, einen Grund dafür bietet, ist sehr zweifelhaft. Die „epidemische Lage von Nationaler Tragweite" wurde am 24.11.2021 beendet und alle Maßnahmen sollen (einmalig um drei Monate verlängerbar) zum 19.03.2022 beendet werden.

Vollkommen befreit von einem Gesetzesvorbehalt ist zudem die unantastbare Würde des Menschen, die in Artikel 1 der Verfassung kodiert ist. Da diese beispielsweise durch eine Impfpflicht erheblich tangiert wäre, kann eine solche nach Einschätzung vieler Juristen überhaupt nicht verfassungskonform sein. Normalerweise müsste ein Vorhaben wie die „Impfpflicht" beim Bundesverfassungsgericht alle Alarmglocken klingeln lassen. Tatsächlich aber hält dieses still. Einer der Gründe dafür dürfte die Tatsache sein, dass die vorige Regierung unter Führung von Angela Merkel ihr langjähriges und treues Parteimitglied Stephan Harbarth zum Präsidenten dieses hohen Hauses gemacht hat. Besonders erschwerend kommt hinzu, dass dieser von der Kanzlerin ausgerechnet vor einem besonders wichtigen Richterspruch bezüglich der Coronapolitik zum Diner eingeladen worden ist – was nicht gerade seine Integrität und Unabhängigkeit unterstreicht.

Grundrechte aufheben

Zur Eindämmung der Corona-Pandemie wurden die Grundrechte in Deutschland Schritt für Schritt immer stärker eingeschränkt. Um nur ein paar Beispiele zu nennen: Die häusliche Isolation, also die sogenannte Quarantäne, beschränkt die **Fortbewegungsfreiheit**. Sie ist dafür verantwortlich, dass man bestimmte Orte nicht verlassen darf. Weitergehend wird das Grundrecht der **Freiheit der Meinungsäußerung** eingeschränkt, indem die Regierungen Demonstrationen mit der Begründung verbietet, sie seien nicht mit der Sicherheit der Anwohner vereinbar. In besonderem Maße sind die Grundrechte der **körperlichen Unversehrtheit und der Würde des Menschen** tangiert, indem inzwischen offen über Impfpflicht und Impfzwang gesprochen werden darf. Dies sind Themen, mit denen sich sicherlich auch die Gerichte beschäftigen müssen.

Seit 1968 sind im Grundgesetz (GG) eine ganze Reihe von Artikeln für einen Notstand spezifiziert. Zum einen dienen diese zur Abwehr einer drohenden Gefahr von innen – also für den Bestand oder die freiheitlich-demokratische Grundordnung des Bundes oder eines Bundeslandes (Artikel 91 GG). Bei einem bewaffneten Angriff von außen (Artikel 115a GG) kann der Verteidigungsfall festgestellt werden. Beide Artikel sind unter dem Eindruck des 1968 beginnenden

Terrors der RAF entstanden und gelten in einer Pandemiesituation nicht. So greift allenfalls Artikel 35 Abs. 2 und 3 GG, wo es heißt, dass wenn eine Naturkatastrophe oder ein Unglücksfall das Gebiet von mehr als einem Bundesland gefährdet, kann die Bundesregierung die Landesregierungen anweisen, anderen Bundesländern ihre Polizeikräfte zur Verfügung zu stellen. Außerdem kann sie ggf. auch die Bundeswehr in begrenztem Umfang einsetzen. Neben diesen Notstandsbefugnissen gibt es noch das Katastrophenschutzrecht, das allerdings reine Ländersache ist. Ruft ein Bundesland den Katastrophenzustand aus (siehe Bayern oder Sachsen), dann ist nicht mehr der einzelne Landrat zur Katastrophenbekämpfung befugt, sondern die jeweilige Landesregierung, sofern das erforderlich ist.

Grundvermehrungsrate

Siehe „Basisreproduktionszahl" und „R_0-Wert".

H

Hamsterkauf

Ein Hamsterkauf ist ein Einkauf von weit über den unmittelbaren Bedarf hinausgehenden Mengen von Waren zur Schaffung eines Vorrats, zu dem es insbesondere bei drohender oder befürchteter Verknappung oder Verteuerung bestimmter Waren und Güter des täglichen Bedarfs, besonders von Lebensmitteln, kommen kann. Nach Beginn der Corona-Pandemie war der Einzelhandel teilweise überfordert, weil viele Menschen sich mit Alltagsartikeln weit über die tagesüblichen Mengen hin versorgt haben. Dazu gehörten beispielsweise Toilettenpapier, Hefe, Mehl, Nudeln usw. Wie in früheren Mangelzeiten standen aus diesem Grund viele Menschen vor leeren Regalen oder sind gar nicht mehr in bestimmte Abteilungen gegangen. Die Lage in der Frühzeit der „Pandemie" wurde teilweise so absurd, dass Supermärkte die Zuteilung von Toilettenpapier rationieren mussten oder dass in einzelnen Tankstellen eine Rolle dieses gefragten Artikels für ganze 15 Euro angeboten wurde. Die Versorgungskrise dauerte glücklicherweise nur einige Wochen und relativ rasch war ein „normaler" Versorgungszustand wieder hergestellt.

Schuld an dieser existenzbedrohenden Situation hatte bei weitem nicht nur der individuale Instinkt der Menschen oder immer häufiger zu findende Listen für Produkte des täglichen Bedarfs, die man sich für den Notfall zulegen sollte. Auch die Regierung der Bundesrepublik Deutschland und das untergeordnete Amt für Katastrophenschutz trifft in diesem Zusammenhang ein hohes Maß an Schuld, weil auch sie die Bürger aufgefordert hatten, sich zu bevorraten. Man kann sich durchaus die Frage stellen, ob dies nicht sogar Teil des eigentlichen Planes war, ein Maximum an Angst und Panik in der Bevölkerung zu erzeugen, um weiterführende Aktionen durchführen zu können. Das Bundesamt für Bevölkerungsschutz und Katastrophenhilfe hat zwar keine gesonderte Planung für Maßnahmen bei einer Ausbreitung des Coronavirus entwickelt. Das Bundesamt verweist aber auf Anfrage auf die generelle Checkliste für die private Notfallvorsorge, die immer gelte. Darin ist definiert, welche Vorräte in welchem Umfang angelegt werden sollen. Auch gegen Ende des Jahres 2021 hat dieses Amt erneut auf die dafür geltende Liste verwiesen.

Die Behörde empfiehlt darin, ebenso wie die Bundesanstalt für Landwirtschaft und Ernährung, auch dies eine Bundesbehörde, einen privaten Notvorrat an

Nahrungsmitteln für zehn Tage. „Bürger werden angehalten, sich einen individuellen Vorrat an Lebensmitteln für einen Zeitraum von zehn Tagen anzulegen",
heißt es in dem schon seit Jahren gültigen Zivilschutzkonzept. Das Bundesamt
hat einen Ratgeber für richtiges Handeln in Notsituationen herausgegeben, der
neben empfohlenen Lebensmitteln auch eine Checkliste für weitere Gegenstände
wie beispielsweise Hausapotheke, Hygieneartikel, Notgepäck sowie Notfall-
Nummern umfasst. Keine Frage, dass sich darin auch Hefe, Nudeln, Mehl und
das bereits diskutierte Toilettenpapier finden.

hamstern

Siehe „Hamsterkauf". „Hamstern" ist ein über den üblichen oder momentanen
Bedarf hinausgehenden Vorrat anlegen oder das übermäßige Lagern von Gütern
des allgemeinen Bedarfs. Es bezeichnet auch das Sammeln möglichst großer Vorräte der nötigsten Lebensmittel oder Medikamente aus Angst vor Knappheit in
Notsituationen.

Handdesinfektionsmittel

Siehe auch „Desinfektion". Das Handdesinfektionsmittel ist eine für die Desinfektion der Hände besonders geeignete Substanz, meist eine Flüssigkeit oder Lo-
tion.

Händedesinfektion

Siehe auch „Desinfektion". Händedesinfektion bedeutet Desinfizieren oder Sterilisieren der Hände durch Einreiben oder Einsprühen mit einem Desinfektionsmittel.

Handhygiene

Siehe auch „Desinfektion". Es geht, wie der Name sagt, um das Reinhalten der
Hände durch Waschen oder Desinfizieren zum Zweck der Entfernung von
Schmutz, Keimen und Krankheitserregern.

Handytracking

Die Protokollierung und Auswertung von Daten, die durch Nutzung von Mobil-
telefonen entstehen und Aufschluss über das Nutzerverhalten geben können (z. B.
Standort, Bewegungsprofil, Klickverhalten), nennt man auch Handytracking.

Durch die zunehmende Verwendung so genannter „Smartphones" rückt auch das Thema Überwachung und Kontrolle immer mehr in den Vordergrund. Kritische Stimmen raten schon jetzt, bei bestimmten Unternehmungen den „Flugmodus" zu aktivieren oder ganz auf die Mitnahme eines solchen Geräts zu verzichten.

harter Lockdown

Siehe „Lockdown".

Hausrecht

Im Zusammenhang mit Corona weisen Regierungen und Medien zunehmend darauf hin, dass ein sogenanntes „Hausrecht" gelte und dass dieses über den gesetzlichen Regelungen stehe. Beispielsweise kann ein Bäcker oder Einzelhändler das Bedienen von Menschen mit Attest gegen Mund-Nase-Bedeckungen verweigern, wenn sein Hausrecht dies vorsieht. Es ist jedoch klarzustellen, dass im Rahmen der derzeitigen Hausrechtsregelung immer nur von einer **Verschärfung** geltender Regelungen ausgegangen werden kann. Eine lockernde Regelung ist nicht vorgesehen. So ist es beispielsweise nicht möglich, ein Restaurant für alle Menschen zu öffnen, wenn die Regelung 2G (siehe dort) vorschreibt.

haushaltsangehörige Person

Eine „haushaltsangehörige Person" ist jede Person, die mit der positiv getesteten Person (Primärfall) in einer faktischen Wohngemeinschaft zusammenlebt.

Hausstand

Allgemein ist damit eine Wohn- und Wirtschaftseinheit gemeint, die aus einer oder mehreren Personen besteht. In Corona-Zeiten greift auch die Reglementierung durch Regierungen immer deutlicher, was auch den „Hausstand" immer mehr in den Vordergrund rückt. Ein „Hausstand" ist nun auch eine Kontakteinheit, was bei der Anzahl möglicher Treffen von Personen eine Rolle spielt. Beispielsweise sollten sich an Weihnachts- oder anderen Feiertagen nur „n" Personen von „m" Hausständen treffen können. Ein Hausstand wird in so einem Fall wie eine Einzelperson behandelt.

Heimisolierung

Hier treffen wir wieder auf das Phänomen, dass es sich bei COVID-19 um eine Krankheit handelt, die insbesondere durch „Tests" ermittelt wird und die man nur in der wesentlich kleineren Zahl von Fällen aufgrund auftretender Symptome feststellt. Heimisolierung ist eine besondere Form von Quarantäne – hier nach der Feststellung einer Erkrankung an SARS-CoV-2. Immer wieder kommt es durch solche Tests zu sogenannten Corona-Neuinfektionen, von denen viele allerdings nur auf dem Papier bestehen, weil gar keine Symptome auftreten. Viele Menschen und ihre Kontakte müssen sich nach einem „positiven Test" in Quarantäne oder Isolation begeben. Zuhause bleiben und „Social Distancing" (siehe dort) werden von Regierung und Medien als wichtige Maßnahmen im Kampf gegen die Corona-Pandemie angegeben. Um die Verbreitung des Coronavirus zu verhindern oder einzudämmen, kann ein Gesundheitsamt eine solche Quarantäne oder Isolation anordnen. Beides wird oft synonym verwendet, doch es gibt klare Unterschiede. Das Robert Koch-Institut (RKI) grenzt beide Begriffe voneinander ab: Demnach versteht man unter Quarantäne „die unverzügliche, strikte und zeitlich befristete Isolation von Menschen, die sich (potenziell) mit einer hochansteckenden Krankheit infiziert haben." In Bezug auf die „Corona-Pandemie" handelt es sich dabei meist um Kontaktpersonen von COVID-19-Erkrankten bzw. -Infizierten.

Herdenimmunität

Herdenimmunität ist ein Begriff aus der Medizin, der den Schutz vor einer Infektion beschreibt, den Individuen genießen, wenn ein großer Teil der Population resistent gegen den entsprechenden Krankheitserreger ist. In Zeiten der neuen Sprachformen gibt es für eine sogenannte Herdenimmunität keine einheitliche Regelung – und immer neue Definitionen dienen nicht gerade dazu, mehr Licht ins vorhandene Dunkel zu bringen. Eine „Pandemie", wie beispielsweise die derzeitige „Corona-Pandemie", könnte theoretisch zu natürlicher Herdenimmunität führen. Das bedeutet, dass mit dem Virus infizierte Personen einige Zeit lang ansteckend bleiben, sich dann erholen, gesunden und sich anschließend für einen noch nicht bekannten Zeitraum gegen eine erneute Infektion immunisieren. Geradezu lächerlich sind in diesem Zusammenhang Forderungen nach prozentualer Immunisierung oder mRNA-„Impfungen" mit sich immer weiter nach oben bewegenden Zahlen. Mittlerweile fordert der neue Gesundheitsminister Karl Lauterbach eine zumindest 95-prozentige Impfquote, damit eine Herdenimmunität hergestellt werden kann. Dabei wird nicht berücksichtigt, dass laufend neue „Mutationen" des ursprünglichen Virus entstehen und damit überhaupt gar keine Herdenimmunität möglich ist. Auch über fehlende Wirksamkeit von Impfungen, über immer kürzere Impfperioden und die Tatsache, dass ein Mutant in aller Regel zwar ansteckender als der Vorgänger, zugleich aber weniger gefährlich in den Symptomen ist, wird nicht hinreichend nachgedacht bzw. nicht offen gesprochen. Insgesamt ist das Erreichen einer solchen Quote ohnehin Illusion, wenn man beispielsweise berücksichtigt, dass es in diesem Land auch Kleinkinder gibt, die überhaupt nicht geimpft werden können.

herunterfahren

Der Begriff bezeichnet eigentlich eine Fahrt nach unten, aber auch einen Übergang von einem normalen Zustand zu einem Ruhezustand. In der Informations- und Telekommunikationstechnik beschreibt es, wie der Betrieb eines Rechners beendet und das Gerät ausgeschaltet wird.

In Zeiten von Corona erhält „herunterfahren" eine weitere Bedeutung. Es bezeichnet das Einschränken des Normalzustandes, des öffentlichen Lebens, der Produktionsmittel mit dem Ziel, eine zeitlich begrenzte Krise zu überwinden oder auch eine Einschränkung zum Zweck der Bewältigung einer zeitlich begrenzten Krise.

hochfahren

Siehe „herunterfahren". Gemeint ist das Gegenteil von „herunterfahren", nämlich das Überführen bzw. den Übergang in den Normalbetrieb.

Hochinzidenzgebiet

Allgemein ist das ein Land oder ein Landesteil, in dem eine besonders hohe Inzidenz (siehe dort) einer Infektionskrankheit herrscht, weshalb besondere Maßnahmen ergriffen werden müssen. Die Definitionen für Hochinzidenzgebiete werden in regelmäßigen Abständen geändert. An die Bewertung des jeweiligen Gebiets werden dann die Entscheidungen gekoppelt. Hierbei ist zu entscheiden, ob es betreten werden darf und wenn ja, von wem, wie lange, mit welchen Regeln und unter welchen Voraussetzungen.

Homeoffice

Grundsätzlich ist das eine Arbeitsform, bei der ein Arbeitnehmer in der eigenen Wohnung (meist ausgestattet mit Computer und anderen Geräten) seine Arbeitsleistung erbringt. Homeoffice als Arbeitsform gab es schon vor der „Pandemie", aber mit Corona hat das Thema eine ganz neue Dynamik erfahren. So gab und gibt es nun Zeitspannen, in denen Homeoffice nicht nur empfohlen, sondern dringend angeraten wurde bzw. wird. Vorher wurde dieses Thema oft noch mit großer Skepsis betrachtet – insbesondere von den Vorgesetzten. Das hatte unmittelbar zur Folge, dass mit dem „Ausbruch der Pandemie" sehr oft nicht genügend VPN-Arbeitsplätze zur Verfügung standen und dass auch die nötige Netz-Bandbreite nicht gegeben war. Mittlerweile scheinen diese Themen bei einer großen Zahl der Unternehmen gelöst zu sein und es ist eher so, dass viele Menschen, die nun von zuhause arbeiten, das direkte Gespräch mit Kollegen und Vorgesetzten vermissen. Alternativen werden immer weniger, denn mittlerweile ist es so, dass Mitarbeiter von Unternehmen sich täglich vor Arbeitsbeginn testen lassen müssen – teilweise auf eigene Kosten. Hinzu kommen Berufe, in denen unsere Regierungen bereits einen „Impfzwang" beschlossen haben, z.B. im Gesundheits- und Pflegesektor.

Homeschooling

Siehe auch „Homeoffice". Gemeint ist der Unterricht von Kindern im Schulalter, der auf Wunsch der Erziehungsberechtigten oder der Behörden im eigenen Elternhaus stattfindet. Im Zusammenhang mit Corona hat dieses Thema ebenfalls zusätzliche Dynamik erhalten. Ganze Unterrichtseinheiten werden über das Internet digital übertragen und Präsenzunterricht ist phasenweise überhaupt nicht erlaubt. Teilweise ist es jedoch so, dass es Familien gibt, in denen Kinder über keinen eigenen PC verfügen und somit gar nicht am Unterricht teilnehmen können. Vieles kann dann gar nicht durchgeführt werden und die Kinder fallen immer mehr zurück. Ganz zu schweigen von der fehlenden direkten Kommunikation.

Home Workout

Siehe „Homeoffice" und „Homeschooling". Es geht hier darum, dass man auch seinen sportlichen Aktivitäten in der gewohnten Umgebung nicht mehr nachgehen kann und diese zunehmend auf das eigene Heim verlagert werden. In ländlichen Gegenden gewinnen dabei auch das Wandern, das Joggen in der Natur oder das Radfahren an Bedeutung.

Hospitalisierung

Der Begriff beschreibt eigentlich den Anteil der Erkrankten an der Gesamtbevölkerung, der wegen einer bestimmten Krankheit im Krankenhaus behandelt werden muss. Analog ist der Ausdruck „Hospitalisierungsrate" zu bewerten. Insbesondere hat dieser Ausdruck die Auslastung der sogenannten Intensiv-Betten der Krankenhäuser im Blick. Doch auch diese Festlegung ist ungenau. So wurde gegen Ende des Jahres 2020 in einer Novelle des Infektionsschutzgesetzes durch die Bundesregierung festgelegt, dass Menschen, die auf einer Intensivstation liegen, einen höheren staatlichen Zuschuss erhalten, als andere Patienten. Zudem erhalten Krankenhäuser eine höhere Kompensation, wenn sie über der staatlich festgelegten Belegungsgrenze ihres Hauses von 75 Prozent liegen. Natürlich kann man nun darüber diskutieren, wie ehrlich und integer die Menschen sind, die in der Verwaltung der Krankenhäuser arbeiten. Jedenfalls fällt sehr eindeutig auf, dass die Statistiken und daraus ableitbaren Grafiken sich ab dem Zeitpunkt der „Neubewertung" verändert haben. Öffentlich-Rechtliche Medien wie beispielsweise der BR oder der SWR haben gleich ein ganzes Heer von „Faktenfindern" wie den „Faktenfuchs" losgeschickt, um zu belegen, dass es sich bei solchen Behauptungen um verquere Theorien von bösen „Querdenkern" handelt und dass sich sehr deutlich und transparent zeigt, dass das alles Falschbehauptungen seien. Tatsächlich aber mussten bereits Wochen später auch private Medien eingestehen, dass die Meldungen über Manipulationen in den Krankenhäusern richtig sind. Leider wurden Falschmeldungen der „Faktenfinder" (wie so oft) nicht berichtigt, weshalb sie noch immer in den Suchmaschinen des Internet angezeigt und geglaubt werden.

Hospitalisierungsinzidenz

Siehe „Hospitalisierung". Im Zusammenhang mit der Hospitalisierung wurde in den Bundesländern die sogenannten Corona-Ampel (siehe dort) geschaffen, an der sich die Länder orientieren müssen, wenn bestimmte Regelungen eintreten sollen.

„Nun brauchen wir im Einzelnen keine politische Entscheidung mehr. Das Überschreiten der festgelegten Werte führt nun

So und so ähnlich jubelten beispielsweise in Baden-Württemberg Gesundheitsminister Lucha und dessen ebenfalls grüner Ministerpräsident Kretschmann im Spätsommer 2021 – wohl wissend, dass die Farben sich in bevorstehenden Herbst und Winter sowieso immer in deren Sinne ändern werden. Solange die Werte sich in die gewünschte Richtung bewegten, wurde auch strikt an der Vorgabe festgehalten. Mittlerweile, Anfang Januar 2022 sieht es allerdings so aus, dass die „Ampel" die Rot-Richtlinien deutlich unterschreitet, die Regierung sich jedoch vehement weigert, etwas an den „Maßnahmen" zu ändern. Schließlich sei das Land und die Welt einmal mehr von einer „gefährlichen" Mutation bedroht. In diesem Fall ist die „Omikron-Variante" gemeint, die sich weitgehend in leichtem Fieber, laufender Nase, Husten und nächtlichen Schweißausbrüchen äußert – was aber angeblich noch nicht bis an die Spitze der Landesregierung durchgedrungen ist. Erst auf gerichtlichem Weg konnte die Regierung in Baden-Württemberg bewegt werden, ihr Fehlverhalten zu korrigieren.

Hospitalisierungsrate

Siehe „Hospitalisierungsinzidenz".

Hotspot

Allgemein beschreibt man mit „Hotspot" einen Zugriffspunkt, einen Erhitzungspunkt, Schwerpunkt, Brennpunkt oder Ort erhöhter Aktivität, ein Zentrum einer bestimmten erhöhten Aktivität oder auch schützenswertes Gebiet mit ausgeprägter Biodiversität.

In der neuen Corona-Sprachwelt spricht man von einem „Hotspot" vielmehr als einem Zentrum erhöhter Aktivität oder der erhöhten Ausbreitung eines Virus. Damit können bestimmte Lokalitäten wie eine Bar, eine Disko oder Sauna gemeint sein – oder aber ganze Regionen, Länder oder Kontinente. Der Begriff Hotspot hat in diesem Zusammenhang auch immer wieder seine Bedeutung geändert und wurde angepasst an neue Bedingungen. Festzuhalten ist der denunziatorische Effekt des Begriffs: Im Verlauf der „Pandemie" hat man damit immer auf Orte erhöhter Ansteckung oder Ansteckungsgefahr hingewiesen. Sei es aus dem Grund, dass die Menschen bestimmte Länder oder Gebiete nicht bereisen sollten, sei es, weil man auf bestimmte Personen hinweisen wollte, die andere Personen mit ihrer

Anwesenheit gefährden. Karten wurde entwickelt und täglich veröffentlicht, anhand derer die Menschen sich selbst ein Bild davon machen konnten oder sollten, wie die aktuelle Lage der Gefährdung im Land und der Welt ist. Dass sich daraus auch das Ausmaß an Furcht und Schrecken der Rezipienten ableitete, ist verständlich. Die Verantwortung dafür wird aber von deren Erstellern in Abrede gestellt. Im Zusammenhang mit dem „Hotspot" stehen auch die Begriffe „Schallmauer" und „Welle".

Hust- und Niesetikette

Siehe „Hustenetikette".

Hustenetikette

Allgemein ist das die Gesamtheit allgemeingültiger Verhaltensregeln beim Husten (oder Niesen) zur Vermeidung einer Übertragung von Krankheitserregern. Dieses Thema hat nun in demselben Maße an Bedeutung gewonnen, wie die „Pandemie" sich entwickelt hat – oder besser gesagt: Das Ausmaß an Angst und Panik in der Bevölkerung hat auch die Bedeutung der Hustenetikette beeinflusst. Durch Husten und Niesen konnte tatsächlich eine Situation eintreten, in der die Menschen trotz Maske und Abstandsregeln noch weiter auf Distanz zu einer Person gingen bzw. gehen, die niesen oder husten musste. Das alles aus Angst, sich mit Corona anzustecken oder gar daran zu sterben.

Hybridunterricht

Siehe „Fernunterricht" und „Homeschooling". Hybridunterricht ist eine Unterrichtsform, bei der jeweils ein Teil der Schüler einer Klasse Fernunterricht erhält und ein Teil in der Schule unterrichtet wird. Damit wollte bzw. will man versuchen, die Anzahl physisch präsenter Schüler oder Studenten einzuschränken und trotzdem nicht auf einen richtigen Unterricht zu verzichten.

Hygiene

Medizinisch gesehen ist das die Lehre von der Gesunderhaltung des Einzelnen und der Allgemeinheit, der Vorbeugung gegen Infektionen, andere Krankheiten und Gesundheitsschäden und der Schaffung eines der Gesundheit förderlichen Umfeldes. Allgemein ist es die Gesamtheit der öffentlichen und privaten Maßnahmen in den verschiedensten Bereichen zur Erhaltung und Verbesserung der

Gesundheit und des Wohlbefindens sowie zur Vermeidung und Bekämpfung von Infektionskrankheiten und Epidemien, aber auch der Beachtung, Wahrung und Durchsetzung der als grundlegend erachteten Grundsätze im politischen Handeln und gesellschaftlichen Leben.

Hygiene ist ein wichtiger Begriff im Zusammenhang mit COVID-19. Einfache Hygienemaßnahmen, so wurde kommuniziert, tragen dazu bei, sich und andere vor einer Ansteckung mit dem Coronavirus SARS-CoV-2 zu schützen. Ein Beispiel: Auf den einschlägigen Hygiene-Seiten im Internet finden sich solche Einträge:

„Achten Sie auf Hygiene beim Husten und Niesen: Husten oder niesen Sie in ein Taschentuch und wenden Sie sich dabei von anderen ab. Einmaltaschentücher sollten Sie anschließend in einem Mülleimer entsorgen, Stofftaschentücher bei 60° C waschen. Ist kein Taschentuch griffbereit, halten Sie die Armbeuge vor Mund und Nase."

Auch das Waschen der Hände oder Hygiene im Alltag sind damit gemeint und in den Regelwerken beschrieben. Regeln zur Hygiene wurden von der Regierung bzw. den Regierungen erlassen und immer wieder neu modifiziert. Mit beteiligt an der Erarbeitung solcher Regeln waren bzw. sind immer auch beigeordnete Institutionen wie das Robert-Koch-Institut (RKI), das Paul-Ehrlich-Institut (PEI), der Ethikrat und ausgewählte Wissenschaftler. Zu erkennen waren erste Regeln daran, dass in den Läden Hindernisse, Plakate, Geräte zur Desinfektion oder auf dem Boden gezogene Linien nicht zu übersehen waren. Auch die Anzahl zugelassener Kunden je Quadratmeter Verkaufsfläche wurde limitiert.

Hygienedemo

Eine Hygienedemo ist, umgangssprachlich, eine Kundgebung, deren Teilnehmer gegen die geltenden Maßnahmen zur Eindämmung der COVID-19-Pandemie sowie weitere geplante oder erwartete bzw. befürchtete Einschränkungen protestieren.

Hygienekonzept

Siehe „Hygiene". Im Detail ist das ein Plan von ineinandergreifenden hygienischen Maßnahmen zur Verhinderung von Ansteckungen, Schädlingsbefall,

Verunreinigungen. In der neuen Sprachwelt ist damit ein Plan oder Konzept von Maßnahmen gemeint, mit denen das Ansteckungsrisiko verringert werden soll.

Hygienemaßnahme

Siehe „Hygiene“. Allgemein ist das eine Maßnahme zur Erhaltung der Gesundheit, der Vermeidung von Krankheiten durch Infektion oder der Bekämpfung von Krankheitserregern. Insbesondere beim Thema „Corona“ kann eine Regierung Maßnahmen und Beschlüsse hinter dem Begriff „Hygienemaßnahme“ zurückhalten, um damit auch Unbequemes hinter einer scheinbaren Notwendigkeit oder gar einer wie auch immer begründeten „Alternativlosigkeit“ zu verbergen.

Hygieneregel

Siehe „Hygiene“.

I

Immunantwort

Ein Begriff aus der Medizin. Gemeint ist damit die Reaktion des Immunsystems auf eine Infektion mit Bakterien, Parasiten, Pilzen, Viren, Allergene oder körperfremde Zellen. Insbesondere ist dieses Thema bei Corona aktuell. Eine starke Immunantwort, so heißt es auf einschlägigen Regierungsseiten, verringere das Risiko, sich mit COVID-19 zu infizieren und schütze – im Falle einer Infektion mit dem Coronavirus – vor einem schweren Verlauf. Das war im Anfangsstadium der „Entwicklung" von sogenannten „Impfstoffen". Mit der Zeit wurde diese Behauptung immer weiter modifiziert und auch die Anzahl der „Impfungen" sowie die dazwischen liegenden Zeiträume haben sich verändert. Medien sprechen jetzt auch nicht mehr davon, dass die „Impfungen" schützen, sondern es heißt, dass sie „einen gewissen Schutz" bieten. Vielerorts hört man Befürworter der Maßnahmen sagen, es schütze zwar fast nicht und nütze auch fast nichts, aber irgendwas müsse die Regierung ja machen.

Immundefizienz

Gemeint ist damit ein krankhafter Zustand des Immunsystems, in dem es den Körper nicht mehr ausreichend vor Infektionen durch Viren, Bakterien oder Pilze schützen kann. Insbesondere in der Diskussion um COVID-19 gewinnt dieses Thema immer mehr an Bedeutung. Zum einen gehen die Befürworter von „Impfungen" gegen das SARS-CoV-2-Virus davon aus, dass der menschliche Körper des Schutzes durch eine „Impfung" bedarf, weil er in vielen Fällen nicht in der Lage ist, sich selbst gegen solch eine Infektion hinreichend zu wehren. Kritiker der vorbehaltlosen Befürworter sehen das sehr anders. Zum einen weisen junge und jüngere Menschen, die mit dem SARS-CoV-2-Virus in Kontakt kamen, keine bzw. sehr milde Symptome auf. Zum anderen zeigt sich mittlerweile immer mehr, dass „ungeimpfte" Menschen, die sich von einer Ansteckung durch SARS-CoV-2 erholt haben, und das sind die meisten, weitaus besser gegen eine weitere Ansteckung durch das Virus geschützt sind. Belege hierfür liefert zum einen die Omikron-Variante, die hauptsächlich bei „geimpften" Personen auftritt und gegen die alle anderen eine natürliche Resistenz aufweisen. Zum anderen müssen mittlerweile auch die vorbehaltlosen Befürworter der „Impfung" zugeben, dass die

Schutzwirkung der „Impfung" nur sehr kurz anhält und in immer geringeren Abständen nachgeimpft werden muss.

Immuninsuffizienz

Siehe „Immundefizienz".

immunisieren

Allgemein im nichtjuristischen Sinne beschreibt man damit etwas, das immun gemacht wird. Gemeint ist eine Maßnahme, durch die jemand gegen eine Krankheit unempfänglich für bzw. unempfindlich gegen bestimmte Krankheitserreger gemacht wird. Der Begriff „immunisieren" wird sehr häufig im Zusammenhang mit einer „Impfung" gegen COVID-19 verwendet. Sich gegen das Virus zu immunisieren geht demnach mittel- bis langfristig nur über die „Impfung". Selbst bei Personen, die von dem hierfür verantwortlichen Virus SARS-CoV-2 angesteckt worden und mittlerweile wieder geheilt sind, wird die Heilung nur noch drei Monate lang anerkennt. Danach gilt man wieder als komplett ungeimpft. Das bedeutet, dass man sich trotz körpereigener Immunität die Spritze verabreichen lassen muss, um weiterhin am gesellschaftlichen Leben in vollem Umfang teilhaben zu können. Betrachtet man das Thema „immunisieren" kritisch, wird deutlich, dass von führenden Stellen mit Vehemenz für die „Impfung" eingetreten, geworben bzw. massiv Druck ausgeübt wird.

Nach einer Modellrechnung von Leipziger Forschern müsste die Immunisierung der Bevölkerung in Deutschland bereits bei über 80 Prozent liegen. Die Zahl sei höher, da es neben den Geimpften auch etwa vier Millionen genesene Menschen in Deutschland gebe. Nach Angaben der Forscher würde aber selbst eine Immunisierungsquote von 80 Prozent noch nicht ausreichen, um die Pandemie in den Griff zu bekommen. Soweit die Medien und die Politiker. Der Grad der Immunisierung, der angeblich die Herdenimmunität gegen ein Virus herstellen soll, das am laufenden Band neue Mutationen entwickelt, wird von Politik und Medien permanent erhöht. Dies obwohl mittlerweile klar ist, dass selbst eine Quote von 100 Prozent keine Gewähr dafür bieten kann. Dabei sollte man sich beispielsweise die Insel Gibraltar anschauen, wo die Impfquote der Bevölkerung bei 100 % liegt, die Inzidenz ebenso wie die Hospitalisierung aber an der europäischen Spitzenposition liegt. Spätestens an dieser Stelle sollte klar werden, dass das, was die Medien lautstark verkünden, mit der Realität nichts zu tun hat.

Immunisierung

Siehe „immunisieren".

Immunität

Siehe „immunisieren". Gemeint ist, dass ein Mensch oder Tier unempfindlich gegen bestimmte Krankheitserreger ist oder gemacht wird.

Immunitätsausweis

Siehe „immunisieren". In der neuen Sprachwelt müssen Menschen, die „immunisiert" sind, diese Immunität nachweisen. Mit dem Corona-Immunitätsausweis bekommt man nach überstandener Infektion oder hinreichender Impfung gegen das neuartige Coronavirus SARS-CoV-2 (die Zahl der Impfungen wird, je nach dem Erscheinen einer Mutation, immer weiter erhöht) eine Bescheinigung über ihre Immunität. Damit soll es Erleichterungen im Alltag und auf Reisen geben (Freiheit erimpfen). Am 14. Juni 2021 wurde dann der digitale Corona-Immunitätsausweis in Deutschland eingeführt. Der digitale Impfnachweis wird in einer Arztpraxis oder in einem Impfzentrum ausgestellt. Mittlerweile werden von Geschäften, Cafés, Restaurants usw. nur noch die digitalen Zertifikate anerkannt. Wer kein Smartphone besitzt, der kann den digitalen Code auf einem Papier vorzeigen, welcher in aller Regel ebenfalls anerkannt wird, wenn gleichzeitig ein Personalausweis vorgelegt werden kann.

Immunogenität

Die Eigenschaft eines Stoffes, im menschlichen Körper eine als Immunantwort bezeichnete Reaktion des Immunsystems auszulösen.

Immunreaktion

Gemeint ist die Reaktion des Immunsystems auf Infektionen, Allergene oder als fremd identifizierte Zellen.

Immunschwäche

Siehe auch „Immundefizienz". Hier wird ein krankhafter Zustand des Immunsystems definiert, in dem der Körper nicht ausreichend vor Infektionen durch Viren, Bakterien, Pilze usw. geschützt werden kann. Konkret ist hier gemeint, dass der

Körper nicht in der Lage ist, eigene Abwehrkräfte gegen ein Virus aufzubauen und zu genesen und dass in diesem Fall von außen (Impfung, Medikamente) nachgeholfen werden muss. Bei dem besprochenen und avisierten „Impfzwang" bzw. der „Impfpflicht" würde man hingegen davon ausgehen, dass alle Menschen unter solch einer „Immunschwäche" leiden oder dass Menschen generell nicht in der Lage sind, eigene Abwehrstoffe zu generieren – was natürlich nicht der Fall ist.

Immunsystem

Begriff aus der Medizin, der beschreibt wie der Körper auf natürlichem Wege Krankheitserreger oder deren Gifte abwehrt um gesund zu bleiben. Während der menschliche Körper bei ausgewogener Ernährung, ausreichender Bewegung und frischer Luft eigenständig in der Lage ist ein starkes Immunsystem aufzubauen, versuchen die Regierungen und Gesundheitsbehörden der verschiedenen Länder, die Menschen davon zu überzeugen, dass man COVID-19 ausschließlich durch wiederholtes Impfen bekämpfen und besiegen kann.

Impfaktionen

„Deutschlandweite Impfaktionen: Eine Übersicht. Zur Eindämmung der COVID-19-Pandemie und der Entlastung des Gesundheitssystems spielen Impfungen eine entscheidende Rolle. Doch wo können Impfangebote aktuell wahrgenommen werden? Eine Übersicht regionaler Impfstandorte."

So wirbt die Apothekenumschau am 13.12.2021. Mit sogenannten Impfaktionen soll den Menschen, die sich eher den Weg zu einem Impfzentrum sparen möchten, „den Piks" schmackhaft gemacht werden. Die Politik und die Medien versuchen, möglichst viele Menschen davon zu „überzeugen", dass sie sich impfen oder boostern lassen sollen. Es geht vor allem darum, den Prozentsatz der „Geimpften" zu erhöhen. Aus diesem Grund wird jetzt auch in Fußgängerzonen, am Eingang zu Supermärkten usw. angeboten, sich „kostenlos" (also steuer- und abgabenfinanziert) „impfen" zu lassen. Zu den „Impfaktionen" zählen zudem eher fragwürdige Initiativen, in denen zusätzliche Boni, Prämien oder auch kleine Extras bis hin zu einer Bratwurst angeboten werden, um „Impfunwillige" zu „überzeugen".

Impfangebote

Der Ausdruck steht in engem Zusammenhang mit den „Impfaktionen". Allerdings umfassen Angebote die gesamte Palette der Impfmöglichkeiten, auf die man zugreifen kann, während Aktionen nur die „besonderen", temporär verfügbaren Alternativen umfassen.

Impfaufholbedarf

Damit meint man Gemeinden, die im Durchschnitt mit den „Impfungen" gegen COVID-19 noch im Rückstand sind.

Impfausweis

Siehe „Impfpass" und „Impfbereitschaft".

Impfbereitschaft

De facto ist damit gemeint, dass und wie sehr man gewillt ist, sich impfen zu lassen. Im Gegensatz zu dieser allgemeinen Definition spielt in der neuen Covid-Welt auch der öffentliche Druck durch Politik, Medien und Gesellschaft mit. Dies allein schon deshalb, weil man von Bereitschaft spricht, obwohl die Menschen mehr oder weniger genötigt werden, „freiwillig" nicht vollständig zugelassene „Impfstoffe" eines bisher hochgradig angezweifelten Verfahrens (mRNA) zu testen und alle Risiken, die eigentlich bei den Herstellern oder dem Staat liegen, selbst zu tragen. Durch die zunehmende Einschränkung des öffentlichen Lebens für „Ungeimpfte", soll die „Impfbereitschaft" der Menschen gesteigert werden. Hier spielt dann wieder der Zwang eine Rolle, sich „freiimpfen" zu lassen und sich seine bürgerlichen Freiheiten, die durch Grundrechtseinschränkungen entzogen werden, durch Fügsamkeit und Wohlverhalten zurückzuholen. In diesem Zusammenhang kann dann, will man das realistisch bewerten, auch nicht in vollem Umfang von einer „Bereitschaft" gesprochen werden, denn über der „Impfbereitschaft" stehen Zwang und Strafe.

Impfbescheinigung

Nach der Corona-„Impfung" im Impfzentrum oder beim Hausarzt bekommt jeder Geimpfte – zusätzlich zur Bestätigung im gelben Impfpass – einen QR-Code als Ausdruck oder digital, um diesen dann in der CovPass-App, der Corona-Warn-App oder Vergleichbarem, einzuscannen oder zu verwalten. Die Codes geben u.a.

Auskunft über Impfzeitpunkt und Impfstoff. Seit Mitte Juni 2021 gibt es den digitalen Nachweis über erhaltene Corona-Impfungen. Apotheken und Ärzte geben die QR-Codes aus. Diese prüfen auch die Echtheit eines solchen Zertifikats.

> *„Der digitale Impfnachweis darf nur von autorisierten Personen in Impfzentren, Arztpraxen, Apotheken und Krankenhäusern ausgestellt werden. Bei der Überprüfung von digitalen Impfnachweisen ist ergänzend ein Lichtbildausweis vorzulegen. Der digitale Impfnachweis ist kryptographisch vor Veränderungen geschützt" (Bundesgesundheitsministerium).*

Wenn man bei einem Impftermin für die „Corona-Impfung" keinen Impfpass vorlegen kann, wird alternativ eine Ersatzbescheinigung ausgestellt.

Auf den Seiten der Bundesregierung heißt es hierzu:

> *„Zu Beginn des Jahres 2021 wurde durch den Europäischen Rat beschlossen, einen interoperablen und standardisierten Impfnachweis auf den Weg zu bringen. Das digitale COVID-Zertifikat der EU soll den freien Personenverkehr innerhalb der EU erleichtern. Mit dem CovPass hat Deutschland diese europäische Entscheidung umgesetzt. Das digitale COVID-Zertifikat der EU bildet den Rechtsrahmen für die Lösungen der Mitgliedsstaaten. "*

Damit ist das „freie Europa ohne Grenzen" Geschichte. Nun steht Überwachung im Vordergrund. Im Zentrum dieser Überwachung steht nun der digitale Impfnachweis.

Impfbooster

Siehe „Auffrischungsimpfung" und „Booster".

Impfbuch

Siehe „Impfpass" und „Impfbereitschaft". Das bisherige gelbe „Impfbuch" wird nun zunehmend durch digitale Versionen abgelöst. In aller Regel werden jetzt nur noch digitale Nachweise anerkannt. Neben der einfacheren Lesbarkeit spielen hier sicher auch einfachere Überwachung und Lenkung eine nicht unwesentliche Rolle.

Impfdokumentation

Siehe „Impfpass" und „Impfbereitschaft".

Impfdosis

Die „Impfdosis" ist die bestimmte Menge eines Impfstoffes, die bei einer Impfung verwendet wird.

Impfdurchbruch

Offiziell gilt nun die Feststellung, dass trotz Impfung eine Infektion oder Erkrankung, gegen die man eigentlich geimpft worden ist, möglich ist. Wäre man hier vollständig offen, ohne etwas verschleiern zu wollen, müsste man den bisherigen Begriff „Impfversagen" verwenden. Tatsächlich ist es mittlerweile so, dass Menschen sich mit einer (notzugelassenen) Substanz spritzen lassen, die gar nicht hält, was sie verspricht. So müssen mittlerweile auch staatliche Stellen und deren medizinische Berater immer wieder ihre Aussagen relativieren. Anfänglich wurde noch davon gesprochen, dass eine „Erst- und Zweitimpfung" für den Rest des Lebens reichen. Später kam die „Boosterimpfung" hinzu und mittlerweile ist klar, dass es ohne weitere, regelmäßige „Nachimpfungen" nicht gehen werde, wenn man einmal damit angefangen hat. Auch die Behauptung, es gäbe eine „Pandemie der Ungeimpften", ist hinfällig. Dass in den Krankenhäusern mehr „vollständig Geimpfte" liegen, als „Ungeimpfte", liegt sicherlich nicht nur daran, dass die Mehrheit der Bevölkerung sich zu einer „Impfung" entschlossen und diese durchführen lassen hat. Vielmehr ist es so, dass die sogenannten „Impfdurchbrüche" in einem Maß zur Regel geworden ist, dass viele Menschen nicht mehr verstehen, warum eine „Impfung" nebst „Boosterung" von Politikern überhaupt noch als einziger „Weg aus der Pandemie" angepriesen wird. Sogar über eine „Impfpflicht" spricht die Politik und führt diese bereits für bestimmte Berufsgruppen ein – offensichtlich ganz, ohne das Thema „Impfdurchbruch" zu besprechen. Immer mehr Wissenschaftler stellen zudem zeitliche Korrelationen zwischen Impfkampagnen und gesteigerten Krankheits- und Todeszahlen fest – was eigentlich zu intensivsten Untersuchungen führen sollte und womit Impfen, und Impfpflicht zusätzlich in Frage gestellt werden.

Impfgegner

Siehe auch „Querdenker". Impfgegner, das ist eigentlich jemand, der Impfungen vollständig ablehnt. Neutral betrachtet ist das eine ganz klare Definition. Tatsächlich aber wird das Wort mittlerweile fast nur noch diffamierend gegen Kritiker der COVID-19-Impfungen verwendet – sowohl von Politik und Medien, als auch von jenen Teilen der Gesellschaft, die mehr oder weniger kritiklos folgen. „Impfgegner sind eine relativ kleine, aber sehr laute Gruppe", so heißt es beispielsweise in einer Berliner Zeitung. Impfgegner werden nun in der neuen Sprachwelt alle Menschen genannt, die kritisch mit dem Thema COVID-19-Impfungen und COVID-19-Maßnahmen generell umgehen oder offizielle Stellungnahmen, Behauptungen und Forderungen hinterfragen – egal, ob sie (gegen was auch immer) schon einmal geimpft sind, oder nicht. Synonym werden nun auch weitere abwertende Bezeichnungen wie „radikale Gegner der Maßnahmen" oder gar noch schlimmer verwendet. Kritik an den „Impfmaßnahmen" wird in zunehmendem Maße als Unterstellung und Lüge verunglimpft.

Impfgerechtigkeit

Ein Begriff aus der Zeit, als noch nicht oder noch nicht ausreichend „Impfstoffe" zur Verfügung standen. Der Begriff bezeichnet eine faire Verteilung eines Impfstoffes, wenn dieser noch nicht für alle Impfwilligen zur Verfügung steht. Dies kann sowohl national als auch weltweit gesehen werden. Das bedeutet, dass sowohl innerhalb eines Landes als auch zwischen Ländern und Kontinenten nach Priorität zu verfahren ist.

Impfkampagne

Von einer „Impfkampagne" spricht man bei einer groß angelegten Werbeaktion für die Impfung einer großen Zahl an Menschen (oder ggf. auch Tieren). Im Zusammenhang mit Corona ziehen Politik und nachgelagerte Medien alle Register, um die Menschen ihres Landes für die „Impfung" mit mRNA-Impfstoffen sowie die unerlässlichen Folgeimpfungen zu motivieren. Die Werbekampagne ist flankiert von Mahnungen und auch Drohungen gegenüber „Ungeimpften" sowie einschränkenden Maßnahmen, bei denen Menschen ohne „Impfung" weitgehend aus dem öffentlichen Leben ausgeschlossen werden. Inwieweit das dann noch als „Kampagne" bezeichnet werden kann, ist fraglich. Auf jeden Fall gehört aber dazu, dass neben der „Impfung" mit zusätzlichen „Boni" und Geschenken, bis hin zu Fußball-Freitickets zu Spielen des SC Freiburg, geworben wird – obwohl das offiziell verboten ist. Mit Recht und Gesetz nehmen die Regierenden es seit der Ausrufung der Pandemie ohnehin nicht mehr so genau. Aber wehe, wenn zwei Menschen auf der Parkbank sitzen und die 1,5 m Abstandsregel nicht einhalten!

Impfkommission

Offizielle ist das ein Expertengremium, das Empfehlungen für Schutzimpfungen erarbeitet und herausgibt. Wie seriös eine „Kommission" ist, deren Zusammensetzung in hohem Maße von denen beeinflusst wird, welche die Regeln vorgeben, würde ich gern zur Diskussion stellen. Die Ständige Impfkommission (STIKO) ist organisatorisch beim Robert-Koch-Institut (RKI) angesiedelt. Ihre Entscheidungen nimmt die Regierung als Grundlage für eigene Entscheidungen. Dass die STIKO das liefert, was von ihr erwartet wird, wird offiziell bestritten. Tatsächlich aber legen vor allem deren Empfehlungen im Zusammenhang mit Minderjährigen die Vermutung nah, dass es sich bei ihren Verlautbarungen durchaus um Gefälligkeiten handelt. Zumindest wird es für die STIKO immer schwieriger, solche Vorwürfe vollkommen auszuräumen.

Impfmüdigkeit

Gemeint ist damit eine Abneigung dagegen, sich impfen zu lassen. Insbesondere seit Politik und Medien feststellen, dass eine Impf- oder Boosterquote, wie sie es sich vorgestellt haben, nicht erreicht wird, hört man häufig diesen Ausdruck. Viele Menschen haben die Erst- und Zweitimpfung noch mitgemacht, andere auch den sogenannten „Booster shot". Mittlerweile verkürzen sich aber die Abstände weiterer Impfungen und man kann durchaus von einem Impf-Abonnement sprechen. Keine Frage, dass mittlerweile immer mehr Menschen die Konzepte der Herrschenden in Frage stellen. Genau das ist mit „Impfmüdigkeit" gemeint. Man findet mittlerweile auch unter der Gruppe von Impfkritikern immer häufiger Personen, die doppelt geimpft und vielleicht noch mehr sind, die angesichts starker Nebenwirkungen oder auch der immer dreister werdenden Forderungen der Politik das Lager gewechselt haben und sich selbstkritisch die Frage stellen, ob sie richtig gehandelt haben.

Impfnachweis

Siehe „Impfpass" und „Impfbereitschaft". Ein Impfnachweis ist ein Dokument, das belegt, dass sein Inhaber einfach oder mehrfach gegen einen oder mehrere Krankheitserreger geimpft wurde.

Impfpass

Ein Impfpass ist ein Dokument, in dem bereits verabreichte Impfungen nachgewiesen werden und in dem die Notwendigkeit und Fälligkeit weiterer Impfungen vermerkt wird. An die Stelle des gedruckten, gelben Impfpasses ist bei COVID-19 mittlerweile die digitale Version getreten. Anfangs sollte der gelbe Nachweis einer Impfung in das „Impfbuch" eingeheftet werden. Seit Ausrufung der Pandemie wird, wenn man von Impfung spricht, fast nur noch über die mRNA-Impfungen gegen dieses Virus gesprochen. Die rechtzeitige Gabe wirksamer Medikamente wird tunlichst vermieden. Um die Daten der Impfung in die neuen, digitalen Systeme zu überführen, müssen die Daten einer Impfung in einer Apotheke oder bei einem Arzt vorgelegt werden, der aus diesen nach der Prüfung auf Korrektheit ein digitales Zertifikat als QR-Code erstellt. Dieser computerlesbare Code kann dann in eine anerkannte Smartphone-App übernommen werden, sofern vorhanden. Menschen, die nicht über ein Smartphone verfügen, können bei Kontrollen das digitale Zertifikat des Arztes oder Apothekers zusammen mit einem Ausweisdokument vorweisen. Für diese Menschen wird ein entsprechendes Ersatzdokument ausgestellt. Zahlreiche Angebote des öffentlichen Lebens sind ohne Impfpass derzeit nicht mehr möglich. Insbesondere Menschen, die sich keiner Impfung gegen Corona unterziehen lassen wollen, verfügen nicht über ein solches Dokument und bleiben deshalb ausgesperrt. Der digitale Impfpass kann den „Geimpften" nach dieser Definition als Beleg bei gelockerten Corona-Beschränkungen dienen und soll auch Reisen erleichtern. Für Dienstleister, die den Impfstatus überprüfen möchten, gibt es eine Prüf-App ("CovPassCheck-App"). Damit kann der Impfstatus ähnlich wie ein Barcode eines Flug- oder Bahntickets gescannt werden. Bei einer Überprüfung des QR-Codes werden in der CovPassCheck-App nur der Status des Zertifikats, Vorname, Nachname und das Geburtsdatum angezeigt. Welche Vorteile sich damit im Einzelnen ergeben, legen die Bundesländer fest.

Impfpflicht

Eine Impfpflicht ist eine meist durch Androhung von Sanktionen durchgesetzte Anordnung, sich impfen zu lassen. Eine Impfpflicht gibt es derzeit vor allem in autoritären Staaten wie Kasachstan oder Kirgistan. Auch in Österreich soll eine generelle Impfpflicht im Februar 2022 eingeführt werden, in Deutschland ist ein Beschluss zu einer solchen in der Diskussion bzw. in Arbeit. Impfpflicht bedeutet, dass ein Mensch, der zur Impfung aufgefordert wird, dieser Aufforderung nachkommen muss. Leistet er dieser Aufforderung nicht Folge, muss er sich der Entrichtung eines Bußgeldes unterwerfen. Das Bußgeld entbindet den Aufgeforderten nicht von seiner Verpflichtung und grundsätzlich muss mit weiteren Aufforderungen und Bußgeldbescheiden gerechnet werden. Wird das Bußgeld nicht bezahlt, dürfte mit einer Haftstrafe zu rechnen sein. Eine „begrenzte" Impfpflicht ist auch in der BRD bereits beschlossen (Impfpräventionsgesetz): Mitarbeiter von Gesundheits- und Pflegeberufen müssen bis spätestens 15. März 2022 geimpft sein, um in dieser Branche weiter beschäftigt zu werden. Welche Konsequenzen dies für den ohnehin unter Personalmangel leidenden Gesundheitssektor haben wird, muss sich zeigen. Jedenfalls erscheint ein solches Gesetz insbesondere dann abenteuerlich, wenn es stimmt, dass im Kranken- und Pflegbereich ohnehin ein Personalnotstand herrscht. Hier muss man dann auch noch einmal die Frage nach den in der Pandemiezeit vernichteten Intensivbetten und der Schließung von 21 Kliniken aufwerfen.

Aus medizinischer Sicht wird behauptet, nur mit einer Impfpflicht könne die gegenwärtige Pandemie überwunden werden. Nur auf diesem Weg könne eine „Herdenimmunität" erreicht und damit das „neue" Virus ausgerottet werden. Dies könnte möglicherweise dann funktionieren, wenn die Impfung einmalig wäre und funktionieren würde. Nun ist es aber einerseits so, dass zu dem SARS-CoV-2-Virus ständig neue Mutationen auftauchen und dass man sich gegen diese nur durch sogenannte Nachimpfungen „schützen" kann. Ebenso problematisch ist es, dass die Wirkung der Impfungen entgegen früheren Angaben nicht besteht oder bereits nach kurzer Zeit nachlässt und man sich danach Booster- und Superbooster-Impfungen unterziehen muss, um den erforderlichen Impfstandard zu erhalten. Die Perioden für Impfung und Booster werden immer kürzer und die bisherigen Versprechungen können nicht eingehalten werden. So muss immer mehr zugegeben werden, dass auch die erwartete Wirkung der Impfung nicht vorhanden ist. Dies geht mittlerweile sogar so weit, dass bestimmte Impfseren, wie beispielsweise das von Johnson & Johnson, einfach aus dem Verkehr gezogen werden, ohne dass man sich bei Menschen, die sich damit haben impfen lassen, zu entschuldigen. Dass das Verfallsdatum von Impfzertifikaten ebenfalls zu einer Verringerung der Glaubwürdigkeit der Vertreter einer Impfpflicht führt, sollte nicht verwundern und es erstaunt, dass es immer noch so viele Menschen gibt, welche die offiziellen Narrative nicht in Frage stellen. An die Stelle einer Impfung müsste in diesem Fall nun gleich ein ganzes „Impfabonnement" treten. Auch die Frage der Haftung und der Verantwortungsübernahme muss gestellt werden. Möglicherweise kann man Menschen zwingen, sich einen „Piks" verabreichen zu lassen. Zu einer Unterschrift hingegen kann niemand gezwungen werden.

Sehr wahrscheinlich werden sich auch die Gerichte mit einer Impfpflicht, sei sie begrenzt oder global, beschäftigen müssen, weil dadurch gleich eine ganze Reihe von Grundrechten infrage gestellt bzw. ausgehebelt werden. Dazu gehören das Recht auf freie Berufsausübung, das Recht auf körperliche Unversehrtheit und in jedem Fall der Artikel 1 der Verfassung, die Würde des Menschen. Indem Politiker wie beispielsweise der neue Bundeskanzler Scholz, sein Gesundheitsminister Karl Lauterbach und viele andere ihre Wahlversprechen gebrochen haben und sich mittlerweile für die Durchsetzung einer Impfpflicht für alle Bürger stark machen, setzen diese sich eindeutig über geltendes Recht ebenso wie über die freiheitlich demokratische Grundordnung unseres Landes hinweg. Wir sprechen hier von einem für dieses Land bisher einmaligen Rechtsbruch und man darf gespannt sein, ob die juristischen Instanzen noch in der Lage sein werden, eine solch dreiste Anmaßung zu stoppen. Letztlich wären bei der Durchsetzung einer Impfpflicht nicht nur die Grundfesten einer liberalen Demokratie weit überspannt, weil von einer Verhältnismäßigkeit nicht mehr gesprochen werden kann. Es stellt sich dann auch die Frage, ob Bürger und Exekutive überhaupt noch staatlichen Anweisungen Folge leisten müssen, denn für genau solch eine Situation ruft die Verfassung die Menschen zu Widerstand auf – das ist der Artikel 20.

Impfquote

Das ist die Anzahl der Geimpften einer Gruppe oder eines Landes im Verhältnis zur Gesamtgröße der Gruppe oder des Landes.

Impfserum

Ein Impfserum ist in aller Regel ein Impfstoff, der aus dem Blut von Menschen oder Säugetieren gewonnen wird, die bereits gegen eine Krankheit immun sind und welcher die erforderlichen Antikörper gegen diese Krankheit enthält. Im Zusammenhang mit Corona werden „Impfseren" eingesetzt, für die es bisher keine Zulassung gab und gegenwärtig in Europa auch nur eine Notzulassung gibt. Allen Impfstoffen gemeinsam ist, dass sie den Körper zur Bildung von Antikörpern gegen Bestandteile des Coronavirus Sars-CoV-2 anregen sollen. Dies geschieht, indem Baupläne des Virus für bestimmte Eiweißbestandteile, die sogenannten Spike-Proteine, in die menschliche Zelle eingeschleust werden. Die menschliche Zelle präsentiert dann diese Bestandteile (Antigene), welche von der Immunabwehr als fremd erkannt werden, sodass der Körper mit der Produktion von passenden Antikörpern und bestimmten Immunzellen (T-Zellen) gegen das Virus beginnt. Diese so gebildeten Antikörper und Immunzellen können dann im Falle einer echten Infektion mit SARS-CoV-2 schnell reagieren und eine weitere Vermehrung unterbinden.

Auf welche Art und Weise die Information über die Spike-Proteine in die menschliche Zelle transportiert wird, ist verschieden. Bei den mRNA-Impfstoffen werden kleine Fettteilchen (Liposomen) als „Transportmittel" zum Einschleusen der mRNA verwendet. Bei den Vektor-Impfungen wird ein verändertes, angeblich harmloses Virus mit Erbmaterial des Corona-Virus verwendet.

Die Impfstoffe von AstraZeneca und Johnson & Johnson sind sogenannte Vektorimpfstoffe. Sie brauchen als Grundlage ein Virus, um Informationen in den Körper zu schleusen. Als „Träger-Virus" (Vektor-Virus) wird ein unschädlich gemachtes Erkältungsvirus (Adenovirus) verwendet. Bei Johnson & Johnson ist es ein verändertes menschliches Erkältungsvirus (Adenovirus 26), bei AstraZeneca ein Adenovirus, welches bei Schimpansen Atemwegsinfekte hervorrufen kann, für den Menschen aber ungefährlich ist (Adenovirus ChAdOx1). Die genetisch veränderten Vektor-Viren können sich nicht im menschlichen Körper vermehren. Sie enthalten das Gen, also Erbgut, für die Herstellung der bestimmter Oberflächeneiweiße von SARS-CoV-2, die sogenannten Spike-Proteine. Die Vektor-Viren werden vom menschlichen Immunsystem nach kurzer Zeit abgebaut. Vektor-Impfstoffe kommen auch bei anderen Impfungen (zum Beispiel bei Ebola) bereits zum Einsatz.

Die Präparate von BioNTech/Pfizer und Moderna dagegen sind sogenannte mRNA-Impfstoffe. "m" steht für Messenger (Bote), "RNA" für Ribonukleinsäure. Hier ist die mRNA die Bauanleitung für einen Bestandteil des COVID-19-Erregers (das Spikeprotein). Die Boten-RNA gelangt mithilfe winziger

Fettteilchen in die Körperzellen. Diese stellen dann ebenfalls das Viruseiweiß her, gegen das der Körper seine Immunantwort entwickelt.

Hinzu kommen Totimpfstoffe, die in Europa noch nicht zugelassen sind. Corona-Vac ist nicht der einzige Totimpfstoff gegen das Coronavirus. Mit BBIBP-CorV und WIBP-CorV von Sinopharm sind derzeit bereits zwei weitere Impfstoffe aus China in verschiedenen Ländern im Einsatz.

Impfskeptiker

Jemand, der den Nutzen einer Schutzimpfung anzweifelt bzw. die Risiken einer solchen Impfung für größer hält als deren Nutzen.

Impfstatus

Das ist die Eigenschaft einer Person, gegen einen bestimmten Krankheitserreger geimpft oder ungeimpft zu sein, oder nicht. Wer derzeit über den Impfstatus eines Menschen entscheidet, der entscheidet zwischen Gut und Böse. Impfstatus ist in der neuen Sprachwelt kein neutraler Begriff mehr. Der Impfstatus entscheidet in diesen Tagen darüber, ob jemand am öffentlichen Leben teilnehmen darf, oder nicht. Die Bewertung des Impfstatus hängt davon ab, was in der digitalen Impf-ID steht und vor allem, wie es die aktuelle Definition der Regierung des Bundes oder der Regierungen der Länder vorsieht. Das kann sich täglich, ja stündlich, ändern.

Impfstoff

Siehe „Impfserum". Gemeint ist ein zur vorbeugenden Immunisierung gegen Infektionskrankheiten eingesetzter Wirkstoff.

Impfstoffnationalismus

Impfstoffnationalismus ist ein ganz neues Wort. Gemeint ist eine politische Strategie, die sich auf die Bereitstellung eines knappen Impfstoffes bezieht. So soll die eigene Bevölkerung bevorzugt werden. Leittragend sind in diesem Zusammenhang alle Staaten gleichermaßen.

Impfstopp

Das Aussetzen einer Impfkampagne.

Impfstraße

In der Ergänzung zu den Impfzentren wurden während der „Corona-Pandemie"
wegen der anfangs großen Nachfrage sogenannte „Impfstraßen" entwickelt und
aufgebaut. Prinzipiell unterscheiden diese sich durch die Organisation und Logis-
tik, durch welche die Reihenfolge (Aufklärung, Unterschrift, Piks usw.) festgelegt
war.

Impfstrategie

Das ist der Plan, welche Impfstoffe sinnvollerweise unter welchen Bedingungen
oder in welchen zeitlichen Abständen an welche Gruppen verabreicht werden sollen, um eine Krankheit, Epidemie o. Ä. bestmöglich zu bekämpfen bzw. ein Vorgehen, das einem solchen Plan folgt.

Impfuhr

Dabei handelt es sich um Grafiken und sogenannten Dash-Boards, wo Menschen
den gegenwärtigen Stand der Impfaktivitäten des jeweiligen Landes ablesen können. So kann man in verschiedenen Apps jederzeit abfragen, welche Anzahl und
welcher Prozentsatz der Gesamtbevölkerung eines Landes teilweise oder vollständig „geimpft" sind.

Impfung

Medizinisch betrachtet handelt es sich dabei um das Verabreichen oder Injizieren
eines Impfstoffes, um Immunität gegen eine Krankheit zu erzeugen. In der neuen
Welt von Corona ist „Impfung" mehr oder weniger gleichzusetzen mit einer
„Impfung" gegen COVID-19. Die offizielle Doktrin des Gesundheitsministeri-
ums lautet:

> *„Wer sich gegen das Coronavirus impfen lässt, schützt sich selbst*
> *und andere: seine Familie, Freunde und Kollegen."*

Das würde bedeuten, dass man nach einer „Impfung" gegen das Coronavirus
selbst nicht mehr ansteckend wäre. Mittlerweile ist aber klar und auch von den
Ministerien nicht mehr bestritten, dass dies nicht der Fall ist. Somit ist eine „Impfung" gegen das Coronavirus ohne Aussicht auf Erfolg.

Impfunwillige

Das ist eine Person, die eine empfohlene oder vorgeschriebene Schutzimpfung nicht durchführen lassen will.

Impfverschwörung

Der Begriff „Verschwörung" wird seit dem Ausrufen der „Pandemie" auffallend häufig und auffallend inflationär gebraucht. Jegliche Kritik am Vorgehen der Regierenden wurde und wird sehr konsequent durch die Verwendung des Begriffs „Verschwörung" und „Verschwörungstheorie" abqualifiziert und entwertet. Synonym werden Negativ-Assoziationen und Worte wie „Aluhut", „Leugner", „Verschwörungsmythologe" bis hin zum Totschlagargument „Nazi" zur Diffamierung eingesetzt. Das, was vor Kurzem noch als Kritik galt, ist mittlerweile „Verschwörung". Vieles jedoch, was in diesen Bereich fällt und das bis vor wenigen Tagen oder Wochen noch als Verschwörungstheorie oder Verschwörungsmythos angeprangert worden ist, stellt sich schon sehr bald als wahr heraus, so dass die sogenannten „Verschwörer" sich häufig als deutlich weitsichtiger erweisen, als deren Kritiker. Ein Beispiel wäre etwa das Versprechen der Regierung, dass die Pandemie beendet sei, wenn jedem Menschen im Land ein Impfversprechen gemacht werden könne. Es gibt zahllose Beispiele. Deshalb nur noch ein weiteres: Vor der Bundestagswahl haben alle Parteien ausnahmslos versprochen, dass es im Land keine Impfpflicht geben werde. Kritiker haben das in Frage gestellt und wurden mit Verschwörungsvorwürfen regelrecht übersät. Schon bald nach der Wahl haben dann, wie die „Aluhüte" es prognostiziert hatten, alle gewählten Parteien mit Ausnahme der AfD ihre „Wahlversprechen" gebrochen und eine breite Debatte über die Notwendigkeit einer solchen „Pflicht" angestimmt und geführt – Verfassung hin, Grundrechte her.

Impfversprechen

Die Zusage der Verantwortlichen, dass ein Mensch, der sich für die „Impfung" gegen COVID-19 interessiert oder bewirbt, diese auch erhält. Dabei sollen Impfstoff, Datum, Uhrzeit und Ort der Impfung festgeschrieben sein.

Impfverweigerer

Siehe „Impfunwillige".

impfwillig

Siehe „Impfbereitschaft". Impfwillig bedeutet, bereit zu sein, sich gegen eine bestimmte Krankheit, hier COVID-19, impfen zu lassen.

Impfwilligkeit

Siehe „Impfbereitschaft".

Impfzentrum

Impfzentren sind Räumlichkeiten, in denen eine große Zahl von Menschen geimpft wird bzw. wo Forschungen oder Beratungen zu Impfstoffen und dem Impfen durchgeführt werden. Das ist die allgemeine Definition. Die „Corona-Pandemie" hat sogenannte „Impfzentren" massenhaft wie Pilze aus dem Boden schie-
ßen lassen. Das Entstehen von Impfzentren steht in engem Zusammenhang mit
der Entwicklung und der Freigabe von Impfstoffen gegen COVID-19. Über die
ganze Republik verteilt sind solche Zentren aufgebaut worden – meist in requi-
rierten oder leerstehenden Räumlichkeiten und Hallen, oft auch in neu errichteten
Zeltsystemen. Mittlerweile haben Impfstoffe von verschiedenen Anbietern eine
EU-Not-Zulassung (die Betonung auf „Not" wird oft weggelassen) erhalten. Seit
Dezember 2020 läuft in Deutschland eine weitreichende Werbekampagne zur
Impfung, durch die zumindest dem Großteil der Bevölkerung, ein Impfangebot
unterbreitet werden kann – so zumindest die ursprüngliche Absicht. In diesem
Zusammenhang wurde zu Beginn auch betont, dass nach Erreichen dieses Ziels
die Pandemie beendet sei. Im Zentrum dieser „Bemühungen" standen eigens hierfür ins Leben gerufene Impfzentren: Dort werden alle zur Impfung zugelassenen
Menschen aufgeklärt, geimpft und betreut. Bis zum Ende des Jahres 2021 sollten
idealerweise die meisten Einwohner Deutschlands diesen Prozess durchlaufen haben.

> *„Hier ist es nicht mit einem einzigen Pikser getan, denn die Immuni-*
> *sierung gegen das Coronavirus sieht eine Erstimpfung sowie eine*
> *anschließende Zweitimpfung vor, welche je nach Hersteller etwa*
> *drei bis zwölf Wochen später stattfindet. "*

So warb zu Beginn des Jahres noch die Regierung in Gemeinschaft mit den ihr
nachgelagerten Medien. Das Thema „Booster", Verfallsdatum des Impfpasses,
immer kürzere Nachimpffristen usw. kamen erst im Laufe des Jahres auf die

Tagesordnung. Geplant war, dass die Anzahl an verabreichten Impfdosen hierzulande im dreistelligen Millionenbereich liegen. Das wurde auch erreicht. Um diese gewaltige Arbeitslast stemmen zu können, wurde entsprechendes Personal benötigt. So entstanden, über das ganze Land verteilt um die 450 „Impfzentren". Nicht jeder Person ist es allerdings möglich, sich in ein Impfzentrum zu begeben, wie es etwa dann der Fall ist, wenn altersbedingte Mobilitätseinschränkungen vorliegen. Daher wurden in den meisten Bundesländern zusätzlich mobile Impfteams gebildet: Diese besuchten Pflege- sowie Altenpflegeheime und impften deren Bewohner und Mitarbeiter vor Ort. Das Personal setzte sich also aus freiwilligen Helfern zusammen, die aufgrund der hohen Nachfrage in Schichten arbeiten mussten. Mittlerweile wurden die meisten dieser Zentren wieder geschlossen, denn die Mehrheit der Bevölkerung ist ja nun „geimpft". Da die beiden angekündigten Impfungen nicht ausreichen und sogenannte Boosterimpfungen erforderlich sein sollen, wurden mittlerweile eine ganze Reihe dieser Impfzentren wieder eröffnet.

Impfzertifikat

Siehe „Impfpass" und „Impfbereitschaft". Ein Impfzertifikat ist ein elektronischer Nachweis darüber, dass eine Impfung gegen einen bestimmten Krankheitserreger, nun insbesondere COVID-19, erfolgt ist.

Impfzusage

Siehe „Impfversprechen".

Impfzwang

Siehe „Impfpflicht". In Ergänzung zur Impfpflicht gilt beim Impfzwang nicht nur, dass Menschen, die der staatlich verordneten Pflicht nicht nachkommen, zu einer Ordnungsstrafe verurteilt werden. Hinzu kommt beim Zwang auch noch die physische Gewaltanwendung, mit der Menschen gezwungen werden, sich eine „Impfung" verabreichen zu lassen.

Infektiologe

Ein Infektiologe ist, allgemein formuliert, ein Arzt oder Wissenschaftler, der sich mit Infektionskrankheiten beschäftigt. Insbesondere im Zusammenhang mit der sogenannten Corona-Pandemie findet man den Infektiologen in vielerlei

Diskussionen und Talkshows. Infektiologen sitzen auch in Gremien, durch die sich die Regierungen in Bund und Ländern beraten lassen. In zunehmendem Maße fällt allerdings auf, dass bei der Auswahl dieser wie auch anderer Spezialisten äußerst subjektiv vorgegangen wird. Bei kritischem Hinschauen bekommt man zunehmend den Eindruck, dass die Regierenden sich nur solche „Spezialisten" in ihre Gremien holen, bei denen sie davon ausgehen können, dass diese nur gewünschte Ergebnisse liefern und eigene Theoreme und Forderungen unterstützen. Wissenschaftler, Professoren und Fachärzte mit abweichenden Ansichten werden in großer Regelmäßigkeit übergangen, ins Abseits geschoben, zwangsemeritiert oder gar diskriminiert und diffamiert. Bekannte Beispiele hierfür sind Prof. Dr. Sucharit Bhakdi, Prof. Dr. Klaus Püschel oder Dr. Wolfgang Wodarg – alle drei vor Corona häufig zitierte und höchst angesehene Wissenschaftler.

Infektiologie

Siehe „Infektiologe". Infektiologie ist die Wissenschaft, die sich mit der Erforschung, Verhütung und Behandlung von Infektionskrankheiten beschäftigt. Sie ist ein interdisziplinäres Spezialgebiet der Medizin und Pharmazie.

Infektion

Die medizinische Definition von Infektion bezeichnet den Zustand, der durch die Etablierung eines oder mehrerer Krankheitserreger oder Mikroorganismen (wie Bakterien, Viren, Protozoen oder Pilze) in oder auf dem Körper eines geeigneten Wirts verursacht wird. In der neuen Sprachwelt von Corona erhält der Begriff eine erweiterte Bedeutung. Er wird derzeit fast nur noch im Zusammenhang mit dem SARS-CoV-2-Virus genannt – so wie man insgesamt den Eindruck bekommt, dass es gar keine anderen Krankheiten oder Todesarten mehr gibt. Die durch das Coronavirus erzeugte Krankheit COVID-19 ist per Definition eine Infektionskrankheit, die durch das SARS-CoV-2-Virus verursacht wird. Die meisten Menschen, die mit dem Virus infiziert sind, erleiden leichte bis mittelschwere Atemwegserkrankungen und erholen sich ohne besondere Behandlung. Einige werden jedoch ernsthaft krank und benötigen ärztliche Hilfe und ein kleiner Prozentsatz erliegt der Krankheit – wie auch bei der echten Grippe, mit welcher COVID-19 oft verglichen wird.

Infektionsgeschehen

Gemeint ist die Gesamtheit der Vorgänge während einer Infektionswelle, vor allem in Bezug auf Ansteckungen.

Infektionslage

Siehe „Infektionsgeschehen".

Infektionskette

Das ist ein Begriff aus der Medizin, mit dem der Weg der Übertragung von Krankheitserregern von einem Menschen auf einen anderen beschrieben wird. Außer bei Menschen kann das natürlich auch bei anderen Lebewesen auftreten. Im Zentrum der Diskussion steht nun die „Nachverfolgung" solcher Infektionsketten. Bei der Eindämmung der Corona-Pandemie spielen die Gesundheitsämter eine wichtige Rolle. Sie ermitteln die sogenannten Infektionsketten. Durch eine konsequente Nachverfolgung der Infektionsketten hofft man, dass die Dynamik der Epidemie erheblich ausgebremst werden kann. Neben der offiziellen Nachverfolgung durch solche Stellen gibt es auch die persönliche Nachverfolgung. Hierzu gibt beispielsweise das Redaktionsnetzwerk Deutschland (RND) folgende Empfehlung: In einem Corona-Tagebuch notiert man, wen man an welchem Tag getroffen hat – und eventuell auch, wo und wie lange. Im Zweifel können diese Informationen den Behörden auf der Suche nach Infektionsketten helfen. Neben solchen analogen Möglichkeiten hat die Regierung auch sehr viel Steuergeld in die Hand genommen, um digitale Möglichkeiten zu schaffen. So hat beispielsweise SAP zusammen mit der Telekom 65 Millionen Euro erhalten, um eine App zu entwickeln, mit der angeblich Kontaktenachverfolgung möglich sein soll. Dass diese App sich später als unbrauchbar und untauglich erwiesen hat und das ausgegebene Geld verloren ist, wird bestenfalls später die Historiker interessieren.

Infektionsrate

Das ist das Maß für die Ausbreitung einer Krankheit, gemessen an der Zahl der Neuinfektionen in einem bestimmten Zeitabschnitt.

Infektionsschutzgesetz (IFG)

Die offizielle Definition des Ministeriums für Gesundheit: Das Infektionsschutzgesetz (IfSG) trat am 01.01.2001 in Kraft und stellte das System der meldepflichtigen Krankheiten in Deutschland auf eine neue Basis. Das IfSG regelt, welche Krankheiten bei Verdacht, Erkrankung oder Tod und welche labordiagnostischen Nachweise von Erregern meldepflichtig sind. Weiterhin legt das Gesetz fest, welche Angaben von den Meldepflichtigen gemacht und welche dieser Angaben vom Gesundheitsamt weiter übermittelt werden. Zusätzlich werden die Meldewege dargestellt. Muster der Meldebögen und Informationen über Belehrungen sind abrufbar. Mit der Einführung des IfSG wurden in Deutschland Falldefinitionen zur routinemäßigen Übermittlung der meldepflichtigen übertragbaren Krankheiten eingeführt.

Infektionswelle

Die schnelle Verbreitung einer Krankheit durch eine hohe Zahl von Infektionen nennt man Infektionswelle. Das Bild der Welle erzeugt in hohem Maße negative Assoziationen und auch Gefühle von Furcht und Wehrlosigkeit. Dies dürfte auch der Grund für dessen sehr häufige Verwendung sein, denn Angst und Schrecken waren sicherlich keine unbedeutenden Beweggründe der Bevölkerung, die Summe aller Maßnahmen der Herrschenden in Bezug auf die Bekämpfung eines Virus, von dem man so gut wie nichts, außer der angeblichen Gefahr, kannte, kritiklos und ohne zu murren hinzunehmen.

Infektionszahlen

Siehe „Fallzahl".

Influenza

Siehe „Grippe".

Infizierte

Wie bei den Fallzahlen geht es um die Anzahl von Ansteckungsfällen in einer definierten Zeitperiode.

Inkubationszeit

Das ist die Zeit zwischen der Ansteckung mit einem Krankheitserreger und dem Auftreten der ersten Krankheitssymptome. Dank Corona ist der Begriff in aller Munde. Nach Auswertung der vorliegenden Daten gehen offizielle Stellen davon aus, dass Patienten in aller Regel fünf Tage bis maximal elf lang weitgehend symptomfrei sind. Anfangs sprach man von fünf bis sieben Tagen. Zu den gemeldeten Symptomen gehören Entzündungen der Atemwege und damit verbunden Husten, Schnupfen und Fieber. Modifikationen der Symptome finden sich dann bei den jeweils neu „entdeckten" Mutationen.

Instrumentenkasten

Als Instrumentenkasten bezeichnet man in der neuen Sprachwelt die Summe aller Möglichkeiten der Herrschenden, gegen das „neuartige Virus" vorzugehen. Dazu gehören rechtliche Möglichkeiten wie auch neu geschaffene Gesetze im Rahmen des legal Möglichen bis hin zur Missachtung geltenden Rechts – was leider ebenfalls immer häufiger der Fall ist.

Intensivbett

Per Definition ist das ein für die intensive Pflege und ständige Überwachung eines schwerkranken, schwerverletzten oder frisch operierten Patienten verfügbares Bett in einer Klinik. Der Begriff ist im Zusammenhang mit Corona stark strapaziert und die rechtliche Basis wurde ebenfalls mehrfach geändert. Sehr stark kritisiert wurde, dass im Verlauf der ausgerufenen Corona-Pandemie mehr als 4500 sogenannter Intensivbetten abgebaut und 21 Kliniken geschlossen wurden. Darunter fiel auch die Schließung der Corona-Spezialklinik in Ingelheim inklusive der Vernichtung der dortigen Arbeitsplätze. Sehr negativ fiel zudem auf, dass mit der Novellierung der Infektionsschutzgesetzgebung vom November 2020 auch die vorhandenen Kliniken zu einer geänderten Strategie übergegangen sind. Die Regierung bezahlte ab dem Herbst dieses Jahres den Krankenhäusern eine ansehnliche Prämie, wenn die Auslastung der gemeldeten Intensivbetten den vorgegebenen Prozentsatz überschritt. Sehr viele Kliniken gingen nun natürlich dazu über, die Zahl der Intensivbetten stets so hoch oder niedrig zu halten, dass der vorgegebene Wert überschritten wurde und die Prämie gezahlt werden konnte. Zu ersehen war das an der laufend wechselnden Gesamtzahl von verfügbaren Intensivbetten je Klinik. Kritisiert wurde auch, dass entgegen der regierungs- und medienseitig verbreiteten Panik immer nur ein kleiner Teil der verfügbaren Intensivbetten mit echten Covid-Patienten belegt waren. Dass auch Menschen, die aus ganz anderem Grund als Corona in den Krankenhäusern auf „Intensiv" eingeliefert waren und lediglich „positiv" getestet worden sind (auch symptomlos), in die Covid-Intensivstationen verlegt worden sind, wäre an sich unbedenklich. Dass sie aber ebenfalls als Corona-Intensivpatienten gemeldet wurden, um an mögliche Prämien zu gelangen, verfälscht zunehmend die verfügbaren Werte.

Intensivbettenauslastung

Siehe „Intensivbetten". Konkret handelt es sich um die anteilige Belegung aller vorhandenen Intensivbetten durch Personengruppen einer bestimmten Krankheit – hier COVID-19. Die Angaben können sowohl prozentual als auch absolut sein.

Intensivpflege

Im medizinischen Sinne ist damit eine besonders aufwendige Pflege von Patienten, vor allem in Krankenhäusern oder Pflegeheimen, gemeint, die intensivmedizinisch versorgt werden müssen und / oder eine schwere Erkrankung haben.

Intensivpflegestation

Das ist der Ort bzw. die Station in einem Krankenhaus, wo die Intensivpflege (siehe dort) erfolgt. In Intensivpflegestationen finden sich Patienten, die wegen einer akut lebensgefährlichen Krankheit, schweren Verletzung oder kurz nach einer Operation besonders aufwendig gepflegt und ständig überwacht werden müssen.

Intensivplatz

Ein Intensivplatz ist das verfügbare Bett eines Intensivpatienten. Siehe auch „Intensivbett"

Intubation

Fachsprachlich ist das Einführen eines dünnen Rohrs meist durch die Nase oder den Mund in die Luftröhre gemeint. Auf diese Weise sollen Patienten künstlich beatmet werden. Dabei soll verhindert werden, dass Fremdkörper in die Luftröhre gelangen. Dass intubierte Patienten angeschnallt werden und viele diese Prozedur nicht lebend überstehen oder nach so einer Behandlung langfristig geschädigt bleiben, scheint wenig bekannt zu sein und ist vielen Menschen auch nicht bewusst. In Bezug auf COVID-19 wird mittlerweile auch zugegeben, dass man zu früh und zu häufig intubiert hat. Dies hat z. B. in der USA zu einer sehr hohen Anzahl von Todesfällen bei Intensivpatienten geführt. Zudem bringt es den

Krankenhäusern sehr viel Geld ein. Wenn man keine Patientenverfügung hat, kann man sich schwer gegen solch eine Behandlung wehren.

Inzidenz

Früher hatte man den Begriff zur Beschreibung von meist unangenehmen Ereignissen verwendet. In der neuen Corona-Welt kommt der Inzidenz eine ganz besondere Bedeutung zu. Die Begriffe Inzidenz und Inzidenzwert tauchten während der Corona-Pandemie 2020 verstärkt auch in den Medien auf und wurden zunehmend zu geistigem bzw. verbalem Allgemeingut. Inzidenz leitet sich vom lateinischen Wort „incidere" ab. Dies lässt sich mit „vorfallen" oder „sich ereignen" übersetzen. Inzidenz ist eigentlich ein Begriff aus der medizinischen Statistik. Bezeichnet werden nun nicht einfach nur „Vorfälle", sondern in Tests erzielte sogenannte „positive" Ergebnisse. Wie wir in anderen Beiträgen bereits sehen konnten, ist COVID-19 eine Krankheit, die nicht anhand auftretender Symptome erkannt, sondern „ertestet" wird. Mit „positiver Inzidenz" wird demnach ein Mensch bezeichnet, der durch einen Corona-Schnelltest, Corona-Antigentest oder PCR-Test als „erkrankt" indiziert werden konnte und dessen Daten an das Gesundheitsamt weitegegeben wurden – unabhängig davon, ob diese Person tatsächlich erkrankt ist, oder nicht. Nach einer positiven Inzidenz muss der positiv Getestete seine Quarantäne antreten und darf sich nicht frei bewegen. Betroffen von dieser „Absonderung" sind dann auch die jeweiligen Personen, die mit dem „Infizierten" in Kontakt getreten waren.

Inzidenzwert

Inzidenzen werden seit Beginn der Coronazeit in Form von Zahlen in allen Medien verbreitet. Ein Inzidenzwert bezeichnet die Anzahl „angesteckter" Menschen in Relation zu einer Gesamtzahl von 100.000. Das bedeutet beispielsweise, dass ein Inzidenzwert von 100 besagt, dass 100 von 100.000 Menschen betroffen sind – also 0,1 Prozent. Das ist ohnehin ein sehr kleiner Wert. Hinzu kommt, dass ein überwältigend großer Teil dieser Menschen gar nicht krank, sondern nur „positiv" getestet worden ist. Also, in der neuen Coronasprache: Asymptomatisch krank. Bei einer großen Anzahl der positiv getesteten Menschen tritt die Krankheit überhaupt nicht oder nur mit sehr milden Symptomen auf. Dazu kommt noch die unbestreitbare Tatsache, dass alle Tests eine Fehlerquote haben – immer aber eine „positive". Das bedeutet, dass es immer einen erheblichen Prozentsatz an „falsch Positiven" gibt. Der PCR-Test, der in Europa immer noch als der „Goldstandard"

bezeichnet wird, ist beispielsweise in den USA seit Beginn des Jahres 2022 verboten – u.a. deshalb, weil er gar nicht in der Lage ist, das Coronavirus korrekt zu
erkennen oder gar eine Unterscheidung zwischen Corona und herkömmlicher
Grippe festzustellen. Kein Wunder also, dass die „Influenza", also die konventi-
onelle „Grippe", seit Anfang des Jahres 2020 nahezu komplett von der Bildfläche
verschwunden ist.

K

Karl Lauterbach

Ein Politiker der SPD, der schon seit jeher umstritten war und der seine Chance erkannt und sich insbesondere in sogenannten Talkshows zu einem regelrechten Medienkönig hochgedient hat. Zu allem und jedem hatte er in der Zeit der sogenannten Pandemie etwas zu sagen – qualifiziert oder nicht, und war auf den gängigen Medien omnipräsent. Immer aber waren seine Aussagen gut dafür, die im Volk geschürte und vorhandene Panik anzuheizen und auf ein Maximum zu bringen. Auf diese Weise hat er sich ein Stammpublikum erarbeitet und ist mittlerweile gar der Gesundheitsminister der neuen Regierung. Gegenüber der Öffentlichkeit tritt er als „Infektiologe" oder gar „Virologe" auf, obwohl er in dieser Hinsicht überhaupt keine Qualifikation vorweisen kann. Seine „Qualifikation" ist insgesamt äußerst zweifelhaft: Fragt man nach seiner Promotion bei Harvard, dann ist dort von einem Essay die Rede und Fachleute stellen sich die Frage, ob das, was er vorgelegt hat, überhaupt als Promotion gewertet werden könne. Sehr ähnlich verhält es sich auch mit seiner Habilitation, die durchaus kritisch zu sehen ist, weil die hinreichende Zahl von Publikationen fehlt. Auf seine Vergangenheit, seinen medizinischen und auch politischen Werdegang einzugehen, würde jedoch den Rahmen dieses Buches sprengen.

Katastrophenfall

In aller Munde, selten definiert. Gemeint ist ein möglicher Umstand, unter dem eine Katastrophe eintritt. Mit COVID-19 denkt man vielmehr an einen staatlichen Ausnahmezustand, in dem „wichtige" Vorschriften zur Geltung kommen, mit denen die Folgen einer ausgerufenen Katastrophe möglichst geringgehalten werden sollen. Das Coronavirus, so die offizielle Doktrin, stellt Politik, Wirtschaft und Gesellschaft vor eine nie dagewesene Herausforderung, für die es daher aktuell keine Patentlösung gibt. Zudem kommen die mitunter namhaften regionalen Unterschiede. Bei einem Katastrophenfall, auch K-Fall genannt, handelt es sich um die behördliche Feststellung eines Ereignisses, welches eine unmittelbare Gefahr für das Leben bzw. die Gesundheit zahlreicher Menschen darstellt oder einen hohen Sachschaden verursacht. Durch den Ausruf des K-Falls findet das Katastrophenschutzgesetz, das in zivilen Zeiten keine Bedeutung hat, Anwendung. Grundsätzlich besteht die Möglichkeit, eine Pandemie wie Corona als Katastrophe zu werten. Im Einzelnen gilt es dabei allerdings, die Katastrophenschutzgesetze der einzelnen Bundesländer zu prüfen. Wird aufgrund einer „Infektionswelle" wie sie nun regelmäßig ausgerufen wird, oder durch eine andere Ursache der Katastrophenfall ausgerufen, erleichtert dies vor allem die Koordinierung von Behörden und Organisationen. Wann eine Katastrophe vorliegt und wann ein Katastrophenfall ausgerufen werden kann, ist grundsätzlich eine Angelegenheit der einzelnen Bundesländer. So verfügt jedes von ihnen über ein eigenes Katastrophenschutzgesetz, aus welchen sich Definitionen, Vorschriften und Zuständigkeit ergeben. So hat der Freistaat Bayern im Frühjahr sowie im Dezember 2020 den Katastrophenfall wegen Corona ausgerufen. Ein bemerkenswerter Vorgang, über den auch in Zukunft noch zu sprechen sein wird. Zudem erleichtert ein Katastrophenfall bei Corona die Beschränkung von Grundrechten, wie körperliche Unversehrtheit, Freiheit der Person, Versammlungsfreiheit, Freizügigkeit und die Unverletzlichkeit der Wohnung. Letzteres hat sich in Verlauf der "Pandemie" auch in Mecklenburg-Vorpommern als nützlich erwiesen. Insgesamt kann man sagen, dass der Katastrophenfall das "Durchregieren" fördert.

Kinderbonus

Der Kinderbonus 2021 in Höhe von 150 Euro war Teil des Dritten Corona-Steuerhilfegesetzes der Bundesregierung. Familien erhielten ihn als eine finanzielle Hilfe, da sie durch die Corona-Krise besonderen Belastungen ausgesetzt waren. Für das Jahr 2020 hatte die Bundesregierung erstmalig einen Kinderbonus in Höhe von insgesamt 300 Euro für jedes im Jahr 2020 kindergeldberechtigte Kind beschlossen. Die Auszahlung erfolgte in den Monaten September bis Dezember 2020 in 2 Raten. Der Kinderbonus war ein „Bonus-Kindergeld". Das bedeutet: Es handelte sich um eine Sonderzahlung, für die dieselben grundsätzlichen Voraussetzungen wie für das Kindergeld galten.

Kindergartenschließung

Siehe "Kita-Schließung".

Kita-Schließung

Eine Kita-Schließung ist eine durch eine Krisensituation bedingte zeitweilige Unterbrechung oder dauerhafte Beendigung des Betriebs einer oder mehrerer Kindertagesstätten. Zusammen mit Corona wurde, ohne jede wissenschaftliche

Grundlage, behauptet, kleine Kinder könnten das Virus bekommen und weiterverbreiten. Selbst Kleinstkinder wurden gezwungen und erzogen, Masken zu tragen und / oder zuhause zu bleiben. Das gleiche Prinzip wurde angewendet, wie bei Kindergärten und Schulen.

Klopapierhysterie

Siehe „Hamsterkauf". Toilettenpapier wurde mittlerweile zu einem Synonym für Mangelwirtschaft und nicht ausreichende Produkte.

Kontakt

Das ist die Berührung mit einem Lebewesen oder Gegenstand bzw. die unmittelbare Verbindung zwischen zwei Körperoberflächen. Medizinisch spricht man von einer unmittelbaren räumlichen Nähe oder körperlichen Berührung. In Coronazeiten meint man mit Kontakt alles, was im Zusammenhang mit einer "positiv" getesteten Person steht.

Kontaktbeschränkung

Das ist die Einschränkung des Kontaktes zu bestimmten Personen und Personengruppen oder auch zur Außenwelt, beispielsweise als Maßnahme, die die Ausbreitung von Viren oder Krankheiten bremsen oder verhindern sollte.

Kontaktdatenübermittlung

Was in den Tagen vor Corona noch in hohem Maße die „Datenschutzbeauftragten" beschäftigt hat, ist mittlerweile stillschweigend zum täglichen Usus geworden. Spricht man von Kontaktdaten und Kontaktdatenübermittlung, dann meint man damit meist die Gastronomie oder das Verhalten von sogenannten Smartphone-Apps. Gastronomen sind nun verpflichtet, die Daten der Kunden zu erheben und an die Gesundheitsämter weiterzuleiten. Es handelt sich dabei um Datum, Uhrzeit und Adresse. Allerdings dürfen Gastronomen keine Dokumente einsehen und sind somit auf die Ehrlichkeit der Gäste angewiesen. In der Bevölkerung ist zugleich die Furcht vor dem Coronavirus sehr hoch, sodass sehr viele Menschen von sich aus nicht nur wahre Angaben machen, sondern auch ein eigenes Interesse an einer korrekten Datenübermittlung haben. Aus diesem Grund tragen sie Smartphones mit konfigurierten Daten der sogenannten Luca-App oder der staatlich geförderten Telekom-App mit sich, durch die man sich identifizieren, anmelden und Kontaktüberschreitungen eigenständig erkennen kann.

Kontaktnachverfolgung

Kontaktnachverfolgung ist die Prüfung, mit welchen Personen ein sogenannter mit SARS-CoV-2-Infizierter kürzlich Kontakt hatte und die Warnung dieser Personen vor einer möglichen Ansteckung. Dabei geht man davon aus, dass es sich bei einem Menschen, der „positiv getestet" worden ist, tatsächlich um einen SARS-CoV-2-Infizierten handelt – auch dann, wenn er „asymptomatisch" krank ist, was in früheren Zeiten noch „gesund" hieß. Auch eine Falsch-Positiv-Quote von Tests, die mittlerweile ja zugegeben wird, ist dabei nicht berücksichtigt. Kontaktnachverfolgung ist in diesem Fall aber eine sehr fehleranfällige Vorgehensweise und de facto in hohem Maße hinterfragbar. Millionen Menschen werden in solchen Fällen fälschlich eingesperrt (in Quarantäne versetzt). Ganz besonders eklatant kommt dies nun zutage, weil selbst die angewendeten Test-Goldstandards (PCR-Tests) in den USA bereits wegen hoher Fehleranfälligkeit verboten und andernorts ebenfalls angezweifelt werden.

Kontaktperson

Damit sind alle Menschen gemeint, mit denen ein Mensch Kontakt hatte, der bei einem der gängigen Corona-Tests „positiv" getestet worden ist. Ein Mensch ist damit generell darauf reduziert, Virenträger zu sein und diese an Dritte weiterzugeben.

Kontaktsperre

Mit einer Kontaktsperre beschreibt man, ganz allgemein gesprochen, die Unterbindung oder ein Verbot jeglichen Kontakts mit einer Person oder einer Gruppe von Personen. Ursprünglich wurde der Begriff im Wesentlichen im juristischen Sinne gebraucht um damit Verbindungen von Strafgefangenen mit Dritten oder mit der Außenwelt zu beschreiben. In der neuen Corona-Sprachwelt verwendet man den Begriff zur Definition einer Maßnahme zur Eindämmung von Infektionskrankheiten, durch die der Bevölkerung oder Teilen der Bevölkerung Kontakte mit anderen möglicherweise Infizierten bzw. positiv Getesteten weitgehend verboten wird. Dies ist nicht nur auf Personenebene möglich, sondern kann sich auch auf ganze Regionen oder Staaten auswirken.

Kontaktverbot

Siehe „Kontaktsperre".

Kontamination

Allgemein steht der Begriff für Verunreinigung oder Verschmutzung und hat in früheren Zeiten häufig im Zusammenhang mit radioaktiver Verseuchung Anwendung gefunden. In der neuen Sprachwelt ist es ein Begriff, mit dem man das Ergebnis eines „positiven Corona-Tests" bei Menschen bezeichnet. Egal nun, ob ein Mensch wirklich krank ist oder Symptome der ermittelten Krankheit aufweist, oder nicht: Nach einem Positiv-Test gilt eine Person als kontaminiert. Sie muss abgesondert (siehe dort) und in Quarantäne gesteckt werden.

kostenlos

Mittlerweile ist „kostenlos" oder „gratis" ein geflügeltes Wort im Zusammenhang mit Corona. Tests sind kostenlos, Unterbringung in einer Quarantäne ist kostenlos, Impfgespräche und Impfungen sind kostenlos. Natürlich ist so eine Behauptung grober Unfug. Immer dann, wenn die Bereitstellung einer Sache Kosten verursacht, kann sie natürlich nicht kostenlos sein. Es stimmt, dass eine Person ggf. nicht bezahlen muss, wenn sie sich beispielsweise gegen Corona „impfen" lässt. Die Kosten entstehen aber trotzdem und werden dann letztlich entweder auf die Steuern abgewälzt, die zu bezahlen sind oder aber hinter der Mauer der Inflation versteckt.

Krankenhausinzidenz

Siehe auch „Inzidenz". Die sogenannte Hospitalisierungs- oder Krankenhausinzidenz gibt an, wie viele Menschen innerhalb von sieben Tagen pro 100 000 Einwohner wegen Corona ins Krankenhaus eingeliefert werden mussten. Waren es beispielsweise 10 von 100 000 Einwohnern, beträgt der Wert 10.

krankheitsverdächtige Person

Eine „krankheitsverdächtige Person" ist per Definition jede Person, die typische Symptome einer Infektion mit dem Coronavirus, insbesondere Atemnot, neu auftretender Husten, Fieber, Geruchs- oder Geschmacksverlust, aufweist und für die entweder das Gesundheitsamt einen PCR-Test auf SARS-CoV-2 angeordnet hat oder die sich aufgrund der typischen Symptome einer Infektion einem PCR-Test auf das Coronavirus unterzogen hat.

Kreisimpfzentrum

Siehe „Impfzentrum". Jeder Kreis im Bundesgebiet hat mindestens ein sogenanntes Kreisimpfzentrum, in dem Menschen sich über Impfungen informieren und / oder sich impfen lassen können.

Kreuzimpfung

Im Zusammenhang mit der Krankheit COVID-19 und den eiligst entwickelten und notzugelassenen „Impfungen" hat man der Bevölkerung zunächst mitgeteilt, dass zur Immunisierung in aller Regel zwei Impfungen erforderlich seien. Mittlerweile hat sich das aber geändert und es sind definitiv weitere sogenannte „Pikse" nötig. Entsprechende sogenannte Verschwörungstheorien haben sich bewahrheitet. Nach der ursprünglichen Definition sprach man von einer Kreuzimpfung, wenn die Zweitimpfung gegen COVID-19 mit einem anderen Impfstoff als bei der Erstimpfung durchgeführt wurde.

Krisenkabinett

Ein Krisenkabinett ist ein in Krisenzeiten beratender Teil einer Regierung oder Behörde, bestehend gewöhnlich aus dem Regierungschef bzw. Amtsleiter und den Ministern bzw. Leitern der besonders relevanten Ressorts.

Krisenmanagement

Offiziell ist das der Umgang mit Problemen in einer Krise, einem Konflikt oder einer Notsituation. Natürlich geht es auch hier wieder um Corona. „In der Corona-Krise muss das oberste Ziel der Kanzlerin die Vermeidung eines Kontrollverlustes sein", heißt es auf einer Seite der Bundesregierung. Tatsächlich sprechen wir von „Krisenmanagement" der Regierung, stellen aber fest, dass es sich dabei um ein Sammelsurium von Maßnahmen handelt, das sich am laufenden Band ändert und oft auch nicht zueinander passt. Zudem fällt auf, dass Krisenmanagement und Beachtung rechtlicher Rahmenbedingungen sehr häufig kollidieren und dass sehr oft von juristischer Seite Widerspruch eingelegt wird. Es wäre jedenfalls unangebracht, von einem koordinierten Vorgehen im Krisenmanagement zu sprechen.

Krisenmanager

Siehe „Krisenmanagement". Gemeint ist hier eine Führungskraft, die an verantwortlicher Stelle die Bewältigung einer Krise und ihrer Folgen lenkt.

Kurseinbruch

Von einem Kurseinbruch spricht man, wenn es ein plötzliches starkes Sinken des Börsenkurses von Wertpapieren, Devisen oder Rohstoffen gibt. Dies war in den Anfangszeiten nach Ausrufung der Corona-Pandemie nicht zu übersehen. Noch interessanter ist, was danach geschah: Die sogenannten Corona-Gewinner waren natürlich in erster Linie die Firmen, die sich erfolgreich mit den „Impfstoffen" befasst haben – sowie deren Zulieferer und Trittbrettfahrer. Auch alles, was im Zusammenhang mit Online-Bestellungen und -Lieferungen stand, zeigte nach oben – nicht zuletzt, weil lokale Geschäfte nur noch eingeschränkt handlungsfähig waren.

Kurzarbeit

Ursprünglich ist damit die wirtschaftlich durch Auftrags- oder Absatzrückgang, Zulieferprobleme o. Ä. bedingte, in der Regel mit Einkommenskürzungen einhergehende vorübergehende Verringerung der tariflich vereinbarten Wochenarbeitszeit in einem Unternehmen als Alternative zu einer betriebsbedingten Kündigung gemeint. Mittlerweile ist das leider ein Dauerthema geworden, weil die Corona-Maßnahmen der Regierenden in vielen Bereichen zu einer Situation geführt haben, dass nicht mehr richtig gewirtschaftet werden kann und dass dies die letzte Maßnahme einer Insolvenz ist, die jetzt ebenfalls immer häufiger eintritt.

Kurzarbeiter

Siehe „Kurzarbeit". Gemeint ist jemand, der von Kurzarbeit betroffen ist.

Kurzarbeitergeld

Siehe „Kurzarbeit". Gemeint ist hier die zeitlich befristete, staatliche Ersatzleistung für den aufgrund von Kurzarbeit entfallenden Teil des Einkommens. In Coronazeiten ist das leider ein Normalzustand geworden.

Kurzzeitlockdown

Zur Bewältigung der 2020 ausgerufenen Krise wurde immer mal wieder der Ruf laut, mit einem sogenannten Kurzzeitlockdown dafür zu sorgen, dass das Virus eingedämmt wird. Das hätte bedeutet, dass dadurch, dass man ein bis zwei Wochen lang so zu sagen die Uhr anhält und alles schließt, das Ende der sogenannten Pandemie erreicht sei. Aus Kurzzeitlockdown wurde aber regelmäßig ein Langzeitlockdown und statt einer Eingrenzung hat man entweder neue Mutanten gefunden oder andere Ausreden, um immer weiter zu machen. Letztlich wird hoffentlich das Volk darüber bestimmen, wie lange wir das noch ertragen müssen.

L

Laborarzt

Das ist ein Arzt, der überwiegend im Labor an der Schnittstelle zwischen Medizin und verschiedenen anderen naturwissenschaftlichen Disziplinen arbeitet und z. B. medizinische Befunde auswertet.

Lagebericht

Täglich kann man am Radio den Lagebericht zur aktuellen Situation um Corona abrufen. Auch über das Internet berichtet das RKI über die tagaktuelle Situation. Wie aussagekräftig solche Aussagen sind, sollte jeder für sich entscheiden.

Lagerkoller

Das ist eine vorübergehende starke psychische Belastung und das Verhalten von Personen, die in Gemeinschaftsunterkünften wie Lagern Gefängnissen oder Kasernen leben müssen oder gemeinsam unter Quarantäne stehen. In der Covid-Welt oder auch bei Migranten reden wir von einem Lagerkoller bei einer vorübergehenden starken psychischen Belastung und dem deshalb oft aggressiven Verhalten von Personen, die in ihrer Freizeit gemeinsam in einem Lager oder einer Gemeinschaftsunterkunft wohnen und viel Zeit miteinander verbringen. Menschen, die wegen einer COVID-19-Testung in so einem Lager Zeit zu verbringen haben, sind in besonderem Maße davon betroffen.

Leopoldina

Das ist die deutsche Akademie der Naturforscher Leopoldina e. V. – Nationale Akademie der Wissenschaften am Jägerberg 1 in 06108 Halle an der Saale. Einstweilen ist es still geworden um die vorher so einflussreiche Organisation. Ihr Wort war fast schon Gesetz. Ein einflussreicher Mitarbeiter der „Leopoldina", Angela Merkels Lebenspartner Joachim Sauer, hat offensichtlich dafür gesorgt, dass die damalige Regierung stets erst bei der Leopoldina angefragt und ihre Legitimation besorgt hat, bevor etwas entschieden wurde. Natürlich wurde bereits damals jegliche persönliche Beziehung dementiert und die Zusammenarbeit als rein zufällig definiert. Es fällt trotzdem auf, dass mit dem Verschwinden der einst allmächtigen und alternativlosen Kanzlerin auch die Leopoldina mehr oder weniger von der Covid-Bildfläche verschwunden ist.

Lieferdienst

Das ist ein Dienstleister, der Speisen oder Waren zum Kunden bringt bzw. nach Hause liefert. Da viele Geschäfte wegen Corona geschlossen sind oder nur von einem Teil der Kunden (2G, 3G…) frequentiert werden kann, haben Lieferdienste gute Konjunktur. Sie sind im Wesentlichen Profiteure der „Pandemie".

Lieferengpass

Ein Lieferengpass ist die zeitweise Verknappung eines Gutes aufgrund ausbleibender oder nicht hinreichender Lieferungen. Insbesondere bei Gütern des täglichen Bedarfs wie z.B. Toilettenpapier, Mehl, Nudeln, Hefe, wurde das in der Frühphase der ausgerufenen „Pandemie" deutlich.

Lockdown

Das ist ein vollkommen neuer Begriff, der erst mit der neuen Corona-Sprachwelt eingeführt worden ist. Zur Bekämpfung einer Pandemie wurde damals ein Bündel unterschiedlicher Maßnahmen zur Unterbrechung der Infektionsketten, bestehend aus Abstandsregeln, Kontakt- und Ausgangsbeschränkungen oder Schließung öffentlicher und privater Einrichtungen beschlossen. Der so hervorgerufene Zustand, in dem das öffentliche Leben stark eingeschränkt war, hielt stets für mehrere Monate an. Erreicht wurde das, was man beabsichtigte natürlich nicht, denn im Frühling und Sommer eines Jahres sind Erkältungskrankheiten ohnehin gering. Auch war es so, dass es zu **keiner Zeit** eine Überlastung des Gesundheitssystems gegeben hat. Nicht einmal annähernd. Ganz im Gegenteil: Während der sogenannten Pandemie hat man in Deutschland mehr als 4500 Intensivbetten abgebaut und 21 Kliniken geschlossen – mitten in der „Krise". Um zumindest teilweise für eine akzeptable Auslastung zu sorgen, wurden zudem Patienten aus dem Ausland nach Deutschland geholt. So sehr schlimm kann es demnach nicht gewesen sein. Festzuhalten ist, dass alle sogenannten Lockdowns wesentlich länger gedauert haben, als anfänglich versprochen. Bemerkenswert ist, dass Anfang Februar die renommierte Johns-Hopkins- Universität die Ergebnisse einer Metastudie über die Auswirkungen der Lockdowns veröffentlichte, in der belegt wurde, dass diese so gut wie keinen positiven Effekt auf die Anzahl der Todesfälle hatten.

Genau dies hatten hoch angesehen Ärzte und Wissenschaftler wie Prof. Dr. Sucharit Bhakdi und Dr. Wolfgang Wodarg schon lange vorausgesagt. Anstatt jedoch ihre Argumente aufzugreifen, wurden sie von der Politik und den hörigen Medien attackiert, herabqualifiziert und als Verschwörer diffamiert.

Lockerung

Unter Lockerung oder Lockerungen versteht man nun das Erleichtern von Erlassenen Regeln. In Krisenzeiten sind Erlasse, Gesetze und Regeln strikt, in Zeiten der Ruhe kann man „öffnen“. Das hat etwas mit den Jahreszeiten zu tun, sicher aber auch mit Begriffen wie „freiimpfen“ oder „der Regierung gehorchen“. An Stelle der Wiederherstellung bürgerlicher Freiheiten, die im Rahmen der ausgerufenen Pandemie kassiert wurden, bietet man dem Volk nun „Lockerungen“ an, die man sich meist auch noch durch Wohlverhalten, Impfung usw. verdienen muss.

Lollitest

Das ist vor allem ein für Schulkinder konzipierter einfacher PCR-Test, bei dem die Schüler ungefähr 30 Sekunden lang an einem Abstrichtupfer lutschen müssen und die Tupfer danach als anonyme Sammelprobe an ein Labor geschickt werden.

Long Covid

Offiziell ist das ein Syndrom langanhaltender gesundheitlicher Beschwerden und Einschränkungen nach einer Infektion durch SARS-CoV-2. Wie können überhaupt Menschen von Long Covid sprechen, wenn es noch gar keine Erfahrung geben kann, weil Langzeitstudien nun einmal nur in langer Zeit möglich sind? Ebenso wie von Long Covid könnte man auch von Long Vaccine sprechen. Das will aber niemand. Ganz im Gegenteil: Impfungen und deren Nebenwirkungen sind überhaupt kein Thema in den Medien, sehr wohl aber vorhanden. Die Vermutung, dass mit „Long Covid“ weiterhin viel Angst und Panik ins Volk gebracht werden sollen, liegt sehr nah.

Luca-App

Siehe „Ansteckungshotspot“ und „Kontaktdatenübermittlung“.

Lügenpresse

Teile der etablierten Medienwelt oder der Medienprodukte, die Lügen verbreiten und Tatsachen verdrehen, um die öffentliche Meinung zu manipulieren.

mangelnde Solidarität

Seit der Ausrufung der Corona-Pandemie ist in Deutschland und anderen Ländern der Begriff „mangelnde Solidarität" besonders häufig zu hören. Es komme jetzt darauf an, solidarisch zu handeln, so heißt es nun in Politiker- und Medienkreisen. Der Begriff besagt, dass Menschen bereit sein müssen, Tätigkeiten und Beschlüsse der „Allgemeinheit" mitzutragen. Es wird erwartet, dass man das Eigeninteresse zurückstellt und auch Nachteile in Kauf nimmt, damit etwas gemeinsam erreicht werden kann. Das kann nun bedeuten, dass Beschlüsse, die Coronamaßnahmen betreffen, wie beispielsweise Abstands- und Etikettenregeln, Ausgangssperren, Geschäfts- und Restaurantschließungen, respektiert werden müssen. Das kann sich bis zu einer partiellen oder vollständigen Impfpflicht, die aktuell diskutiert wird und in einigen Staaten bereits beschlossen ist, ausweiten. Kritik daran wird als mangelnde Solidarität bezeichnet und entsprechend abgewehrt.

Maske

Siehe „Mund-Nase-Bedeckung".

Maskenbefreiung

Maskenbefreit ist in aller Regel ein Mensch, der per Gesetz oder Anordnung davon ausgenommen ist, einen Mund-Nasen-Schutz zu tragen. Hierfür benötigt man hierzulande ein ärztliches Attest, in dem explizit darauf hingewiesen wird, dass das Tragen einer Maske aus gesundheitlichen bzw. medizinischen Gründen nicht zumutbar ist. Trotzdem können Ladenbetreiber sich darüber hinwegsetzen, mit Verweis auf das „Hausrecht" und Menschen mit einer Befreiung den Zutritt verwehren.

Maskendisziplin

Das ist der Grad der Bereitschaft der Bevölkerung, sich an Vorgaben, Erlasse und Gesetze zu halten, die von Regierungen oder Behörden für bestimmte Bereiche erlassen wurden und die sich auf die Pflicht zum Tragen einer Mund-Nase-Bedeckung beziehen.

Maskenmuffel

Das ist eine Person, die das Tragen eines Mund-Nasen-Schutzes oder einer anderen Art Maske aus persönlichen oder ideologischen Gründen ablehnt. Nicht gemeint sind damit Menschen, die ein ärztliches Attest besitzen, in dem darauf hingewiesen wird, dass das Tragen einer Maske aus gesundheitlichen Gründen nicht zumutbar ist. Der Begriff „Muffel" ist sehr negativ belegt, so dass man den Begriff Maskenmuffel nur als Schimpfwort interpretieren kann.

Maskenpflicht

Eigentlich ist das ein Begriff aus dem Karneval bzw. von Maskenbällen, bei denen es in früheren Zeiten vorgeschrieben war, nur mit bedecktem Gesicht teilzunehmen. In der neuen Corona-Welt ist auch das anders geworden. Nun gibt es Anordnungen und Vorschriften des Bundes und der Länder, dass an definierten Orten ein Mund-Nasen-Schutz zu tragen ist. Die Beschaffenheit des „Schutzes" ändert sich immer wieder – ebenso wie die Definition der Orte (Schule, Geschäft, Krankenhaus, Zug, Bus usw.). Ein ganz besonders bemerkenswertes doppeltes Oxymoron ergibt sich jetzt aus der neuen Omikron-Variante. So behaupten „führende" Virologen, dass eine rasche Durchseuchung mit Omikron sowieso nicht mehr zu vermeiden ist, weil es hochansteckend, zugleich aber in den Symptomen eher harmlos sein soll. Wenn nun also wirklich die Durchseuchung kommen soll und wenn sie unausweichlich ist, dann ist das der Beweis dafür, dass die ganzen Masken sinnlos und wirkungslos sind. Andererseits würden sie, wenn doch wirkungsvoll, die gewollte Durchseuchung behindern. Gerade in diesem Zusammenhang kann man die Absurdität der Maßnahmen in besonders anschaulichem Maße erkennen.

Maskenverweigerer

Das ist jemand, der sich nicht an Verordnungen und Erlasse zum Tragen von Mund-Nase-Bedeckungen hält bzw. sich weigert, solche Vorschriften anzuerkennen.

Maskenzwang

Die Verpflichtung, an bestimmten Orten und unter bestimmten Voraussetzungen eine Mund-Nase-Bedeckung zu tragen.

Massentest

Von einem Massentest spricht man, wenn an einer großen Zahl von Personen oder Objekten Untersuchungen und Tests durchgeführt werden. Wir haben gesehen, dass COVID-19 die erste Krankheit in der Geschichte der Menschheit ist, die man nicht nur an ihren Symptomen erkennt, sondern die man sich „ertestet". In diesem Zusammenhang sei auch noch einmal auf das Thema „falsch positiv" und auf „asymptomatisch krank" hingewiesen.

Maßnahmen

Die Summe dessen, was im Zusammenhang mit Corona von Regierung und Behörden verordnet wird und der Eindämmung der Verbreitung des SARS-CoV-2-Virus dienen soll, nennt man „Maßnahmen". Das sind generell Schritte, die festgeschrieben sind, an die man sich zu halten hat und gegen die man allenfalls juristisch vorgehen kann.

Mitigation

Eine Mitigation ist eine Maßnahme, mit der man die Ursachen oder Folgen von Problemen und Gefahren abschwächt oder verlangsamt bzw. konkret die Ausbreitung eines neuen Virus wie SARS-CoV-2 zu verlangsamen sucht. COVID-19, die Infektionskrankheit, die durch das SARS-CoV-2-Virus verursacht wird, soll auf diesem Weg eingedämmt werden – vordergründig, um eine Überlastung des Gesundheitssystems zu verhindern. Solch eine gemeinschaftliche Eindämmungsmaßnahme wird als unerlässlich betrachtet, solange nicht ein Impfstoff oder ein therapeutisches Medikament für alle Betroffenen zur Verfügung stehen. Dass Medikamente gerade deshalb verhindert werden, zeigt, wer am meisten von der ausgerufenen Pandemie profitiert.

Mindestabstandsregel

Eine Mindestabstandsregel ist eine von vielen Maßnahmen, mit denen die Regierung bzw. die Regierungen in die Belange und Freiheiten der Menschen eingreifen und diesen eine bestimmtes Verhalten aufzwingen. Konkret wird gefordert oder bestimmt, dass Menschen sich zu anderen Menschen nur bis zu einem bestimmten Punkt nähern dürfen. In aller Regel sind das 1,5 Meter. Wie unsinnig und undurchführbar so etwas ist, kann man täglich in Supermärkten, Straßenbahnen, Zügen usw. sehen, bei denen vielerorts solche Abstände überhaupt nicht möglich sind. Trotzdem versucht die Staatsmacht mit vielerlei Mitteln, die Vorgaben umzusetzen und man kann insbesondere in Städten öffentlichen Parks usw. häufig Polizei beobachten, die durch den Einsatz von Zollstöcken die Einhaltung der Regeln überwachen und gewährleisten sollen – während nebenan fröhlich mit harten Drogen gehandelt werden darf.

Ministerpräsidentenkonferenz

Im Rahmen der Ministerpräsidentenkonferenz (MPK) stimmen die Regierungschefinnen und Regierungschefs der Länder normalerweise regelmäßig ihre politischen Positionen zu aktuellen Themen untereinander ab und vertreten sie gegenüber dem Bund. Den Vorsitz in diesem Gremium hat der Bundeskanzler. Die Bewältigung der Folgen der ausgerufenen Corona-Pandemie zählt offiziell zu den großen gemeinsamen Herausforderungen der Länder, was angeblich das Zustandekommen einer solchen „Konferenz" rechtfertigt, für die es noch immer keine offizielle gesetzliche Legitimation gibt.

Ministerpräsidentenrunde

Siehe „Ministerpräsidentenkonferenz".

mittlerer Verlauf

Je nach Auswirkung einer Erkrankung stuft man die Verläufe derselben in leicht, mittel und schwer ein. Seit Corona sind solche Begriffe Usus. Ein mittlerer Verlauf führt dazu, dass der Betroffene in aller Regel das Haus nicht verlässt und das Bett hütet, aber nicht in ein Krankenhaus eingeliefert werden muss (was als schwerer Verlauf zu bewerten wäre). Im Zusammenhang mit Corona gilt nach einer Ansteckung mit dem Virus ohnehin eine Quarantänepflicht für die betroffene Person und die Kontaktpersonen (siehe dort).

Mobilarbeit

In der Regel ist das eine arbeitsvertraglich vereinbarte, häufig auch eine flexible Aufteilung der Arbeitszeit. Bei der Mobilarbeit ist der Fernzugriff auf die IT-Infrastruktur des Arbeitgebers gewährleistet und der Arbeitnehmer erbringt seine Arbeitsleistung außerhalb der Räumlichkeiten des Arbeitgebers. Im Gegensatz zum Homeoffice hat die Mobilarbeit keine Bindung an den häuslichen Arbeitsplatz. Beides, sowohl Mobilarbeit als auch Homeoffice wurden früher vor allem von Arbeitgebern und Vorgesetzten eher kritisch gesehen oder gar ganz unterbunden. In der neuen Coronawelt ist beides zur Selbstverständlichkeit geworden, weil es letztlich durch die staatlichen Reglementierungen zumindest zeitweilig kaum Alternativen dazu gab.

mobile Impfzentren

Mit der Entwicklung und partiellen Freigabe von Impfstoffen ergab sich die Notwendigkeit, feste wie auch mobile Zentren zu eröffnen, in denen „geimpft" und / oder über die Impfung aufgeklärt werden konnte. Ursache war in erster Linie die reine Notwendigkeit, denn Anfangs gab es sehr viel mehr „impfwillige" Menschen, als es Möglichkeiten zu einer Impfung gegeben hätte. Während die regulären Impfzentren in festen Gebäuden zu finden waren, wurden die mobilen Impfzentren in aller Regel in Zelten untergebracht, die sehr leicht auf- und später wieder abgebaut werden konnten.

mobile Teams

Wie bei den „mobilen Impfzentren" gibt es zur Verabreichung von „Impfungen" auch „mobile Teams", die man, wie der Name schon sagt, nicht aufsuchen muss, sondern die für ihren Einsatz mobil zur Verfügung stehen. „Geimpft" werden von diesen vor allem Menschen, die selbst nicht mobil sind, wie beispielsweise Alte, Bettlägerige und Demente. Mit mobilen Teams kann die Akzeptanz und Attraktivität der „Impfungen" zudem gesteigert werden, wenn diese als sogenannte Pop-Up-Events für einen bestimmten Zeitraum an einem bestimmten, stark frequentierten Ort erscheinen und dort „Impfungen" durchführen.

Moderna

Der Hersteller eines der bereits in der Anfangsphase der Covid-Impfungen verfügbaren und notzugelassenen „Impfstoffs" mit der Bezeichnung Spikevax®.

Mortalität

Ein Begriff, der einst nur selten verwendet wurde, nun aber in aller Munde ist. Gemeint ist damit das Verhältnis der Anzahl von Todesfällen von Menschen zum Gesamtumfang der untersuchten Gruppe in einem bestimmten Zeitraum.

Mortalitätsrate

Siehe „Mortalität", „Sterblichkeitsrate", „Sterberate".

mRNA

Definition: mRNA ist ein langes lineares Nukleotidpolymer, dass im Zellkern, aber hauptsächlich im Zytoplasma einer Zelle vorkommt, wo es mit Mikrosomen assoziiert ist. Es überträgt genetische Informationen von der DNA zum Zytoplasma und steuert bestimmte chemische Prozesse in der Zelle. Ribonukleinsäure ist das genetische Material einiger Viren. Bei viralen Vektoren, DNA-, RNA- und Untereinheitenimpfstoffen wird kein vollständiger Erreger zur Produktion verwendet, wodurch für die Produktionsstätte keine zusätzliche Zulassung notwendig ist, in Deutschland nach dem Infektionsschutzgesetz und der Biostoffverordnung. Die Herstellung von RNA-Impfstoffen per In-vitro-Transkription erfolgt zudem ohne eine Verwendung lebender Zellen.

Über Langzeitschäden der bereits millionenfach verabreichten mRNA-Corona-Vakzine gibt es aber bisher noch gar keine Untersuchungen. Es gab zuvor noch nie einen zugelassenen mRNA-Impfstoff in der Humanmedizin gegen eine Infektionskrankheit. Alle „Impfstoffe" kamen vor Ausrufung der COVID-19-Pandemie nicht über die frühe erste klinische Phase hinaus. Die sogenannten mRNA-Impfstoffe stellen eine völlig neue Technologie dar. Um einen einsetzbaren Impfstoff zu entwickeln, musste man bisher mindestens 13 Jahren lang entwickeln und dafür gut 5,5 Milliarden Euro veranschlagen. Impfungen mit mRNA-Impfstoffen erhöhen das Risiko, dass schwindende Ebenen von monoklonalen Antikörpern auf SARS-CoV-2 treffen und in einer schweren Erkrankung resultieren. Es ist sehr wichtig zu wissen, dass wenig über die langfristigen Folgen auf das angeborene und erworbene Immunsystem bekannt ist. Seriöse Forscher halten fest, dass man überhaupt nicht weiß, was eine mögliche Re- bzw. Umprogrammierung des angeborenen Immunsystems vor allem für Kinder lebenslang bedeuten könnte, deren Immunsystem sich noch in der Entwicklung befindet.

mRNA-Impfstoff

Siehe „mRNA". Ein mRNA-Impfstoff ist ein neuartiger Impfstoff, der die genetische Information des zu bekämpfenden Virus in Form von Boten-RNS enthält, die den körpereigenen Zellen als Bauplan dient, um ein Antigen zu produzieren.

Mund-Nase-Bedeckung

Die Definition: Maske ist eine umgangssprachliche Kurzform für eine Mund-Nase-Bedeckung, die mithelfen soll, die Verbreitung des SARS-CoV-2-Virus einzudämmen. Anfangs, zu Beginn der angeblichen Pandemie, war das Tragen einer Maske noch überhaupt kein Thema. Ganz im Gegenteil erklärten „anerkannte" Virologen die z.B. Dr. Drosten aus Berlin, die Auswirkungen des Virus seien sehr mild und niemand müsse sich Sorgen machen. Dass es zu diesem Zeitpunkt im Land noch fast gar keine Masken gab, wurde nur am Rande erwähnt. Dass dann sogenannte Alltagsmasken, die man sich gar häkeln konnte, verpflichtend eingeführt wurden, war einerseits eine Notlösung, andererseits zeigt eine solche Maßnahme, wie die Gesichtsmaske zu einem Symbol der erzeugten Angst und Panik geworden ist. Später mussten solche selbstgebastelten Masken den Gesichtsschildern und dann später den OP- und FFP2-Masken weichen. Wer daran verdiente, ist ein Thema, das den Rahmen dieser Betrachtung sprengen würde. Auch über Sinn und Zweck dieser Masken wurde viel gesprochen, zu wenig jedoch darüber, dass es sich insbesondere bei Mund-Nase-Bedeckung mit OP- und FFP2-Masken um Themen aus den Bereichen Arbeitsschutz handelt, für deren Verwendung eine besondere Schulung erforderlich ist. Eine solche Mund-Nase-Bedeckung darf man nämlich immer nur für kurze Zeit tragen und muss dann auch wieder maskenfreie Zeiten einbauen. Ebenfalls nahezu gar nicht erwähnt wird noch immer die Tatsache, dass diese Masken solch winzige Wesen wie Viren überhaupt nicht abhalten können und dass für solche Zwecke sogenannte FFP3-Masken erforderlich wären.

Mund-Nasen-Schutz

Siehe „Mund-Nase-Bedeckung". Ein flächig über Mund und Nase zu tragender, atmungsaktiver Schutz zur Verhinderung des Einatmens von Schadstoffen oder Krankheitserregern bzw. zur Verhinderung der Verbreitung bei eigener Infektion.

Mundschutz

Siehe „Mund-Nase-Bedeckung".

Mutant

Allgemein ist das ein durch Mutation entstandener Organismus. In Zeiten von Corona spricht man sehr häufig von Mutant oder Mutante. Das liegt nicht zuletzt daran, dass ein Virus, nachdem gegen dieses geimpft wurde, sich wehrt und im Resultat neue Versionen, sogenannte Mutanten, entstehen. In aller Regel ist es so, dass diese neuen Modifikationen stets ansteckender, zugleich aber in ihren Auswirkungen wesentlich weniger gefährlich sind als deren Vorgänger. Ob man nun die Corona-Mutanten erfunden hat oder ob man sie gefunden hat, soll hier nicht diskutiert werden. Wichtigste Vertreter der neu „entdeckten" Mutanten sind die Delta- und die Omikron-Variante. Besonders bei Omikron sagt man, dass dieser Mutant einerseits hoch ansteckend, zugleich aber in den Auswirkungen mit einem stärkeren Schnupfen vergleichbar sei: Laufende Nase, nächtlicher Schweiß, Husten, leichtes Fieber.

Mutante

Siehe „Mutant".

Mutation

Siehe „Mutant". Eine Mutation ist eine spontan auftretende oder durch ein Züchtungsverfahren ausgelöste Veränderung in den Erbanlagen eines Organismus – hier des SARS-CoV-2-Virus.

mutieren

Siehe „Mutant". Allgemein: Sich spontan hinsichtlich der Erbanlagen ändern.

mutwilliger Impfverweigerer

Verbale Attacken gegen Impfgegner führen zu einer überaus spalterischen Rhetorik, die in besonderem Maße von führenden Politikern und Medien aufgegriffen werden.

> *„Es könne nicht sein, dass mutwillige Impfverweigerer die Mehrheit der Bevölkerung in Geiselhaft nehmen". „Warum sollen Schülerinnen und Schüler solidarisch mit den Ungeimpften sein?"*

Solche und ähnliche Sätze machen immer häufiger die Runde. Ungeimpfte Menschen werden dabei zunehmend als asoziale Minderheit dargestellt. Dabei werden die tatsächlichen Machtverhältnisse auf den Kopf gestellt. Weltärztepräsident Frank Ulrich Montgomery spricht von einer

> *„Tyrannei der Ungeimpften".*

Niedersachsens Ministerpräsident Stephan Weil (SPD) meint, die 20 Prozent der Erwachsenen, die sich nicht impfen lassen wollen, reichten aus,

„um eine ganze Gesellschaft in Angst und Schrecken zu versetzen".

Und FDP-Vorstand Marie-Agnes Strack-Zimmermann sagt, Impfverweigerer sollten sich

„im Klaren darüber sein, dass sie nicht als Minderheit die Mehrheit terrorisieren dürfen".

Inzwischen sollte bekannt sein, dass Nichtgeimpfte ihre Entscheidungen aus sehr unterschiedlichen Gründen treffen. Das Bedürfnis, Mitbürger zu „terrorisieren" oder zu „tyrannisieren", dürfte dabei kaum eine Rolle spielen. Selbst die Berliner Zeitung TAZ schreibt in diesem Zusammenhang:

„Zu den Nichtgeimpften gehören auch Menschen, die als Pfleger die Krankenhäuser in Betrieb halten und als Supermarkt-Kassierer die öffentliche Versorgung aufrechterhalten. Es sind Menschen, die es nicht verdient haben, wegen einer fragwürdigen Entscheidung pauschal an den gesellschaftlichen Rand gedrängt zu werden. Darüber sollten im Übrigen vor allem jene nachdenken, die Antidiskriminierung zu ihrem politischen oder publizistischen Lebensinhalt gemacht haben." (TAZ, 17.11.2021)

Nach-Corona-Welt

Das ist ein Begriff der Zukunft. Noch ist nicht im Detail bekannt, wie weit und in welchem Maße Corona und die Corona-Maßnahmen die Welt zu verändern vermochten. Nicht zuletzt auch deshalb nicht, weil noch gar nicht abzusehen ist, welche Antriebsmechanismen es in den verantwortlichen Bereichen gibt und wer (neben den Steuerzahlern und produktiven Menschen) die desaströsen Maßnahmen finanziert. Dass es eine „Zeit danach" geben wird, ist wahrscheinlich. Solange die Welt existiert, wird es Veränderungen geben und nichts, aber auch gar nichts ist für die Ewigkeit. Die Zukunft wird zeigen, was kommt.

Nachtesten

Der Ausdruck kommt daher, dass es mittlerweile sogenannte Selbsttests gibt, die in noch höherem Grad fehleranfällig sind, als die übrigen Methoden. Wenn nun ein solcher Selbsttest, für den es ohnehin keine Anerkennung gibt, „positiv" ist, können betroffene Personen „nachtesten". Aus einem positiven Selbsttest ergeben sich zunächst noch keine Absonderungsverpflichtungen für die betroffenen Haushaltsangehörigen. Eine Pflicht zur Absonderung besteht für Ihre Haushaltsangehörigen erst ab dem Zeitpunkt, an dem ein positives PCR-Testergebnis oder ein positives Antigen-Testergebnis vorliegt.

nationale Teststrategie

Die nationale Teststrategie über Coronatests in Deutschland besagt, dass zu den wichtigsten Werkzeugen im Kampf gegen die Corona-Pandemie sogenannte „Tests" gehören. Wie bereits andernorts beschrieben, handelt es sich streng genommen nicht um eine Pandemie, sondern um eine „Testdemie". Es gibt mittlerweile viele Menschen, die den Eindruck haben, dass ohne das viele „Testen" Corona längst vorbei wäre. Deutschland hat schon zu Beginn der Pandemie Testkapazitäten sichtlich rasch aufgebaut und stetig erweitert. Tests, so sagen die Verantwortlichen, helfen dabei, Infektionsketten schneller zu erkennen und zu durchbrechen und sie können angeblich zusätzliche Sicherheit im Alltag geben. „Es können sich derzeit alle Bürgerinnen und Bürger – mit oder ohne Symptome – testen lassen", heißt es bei der Bundesregierung. „Je mehr Tests, desto besser" – so würde man die nationale Teststrategie am besten umschreiben.

Nationale Tragweite

Siehe „Epidemische Lage von nationaler Trageweite".

Nazi

Kurzform bzw. Schimpfwort für „Nationalsozialist". Es bezeichnet im negativen Sinne die Anhänger- oder Mitgliedschaft einer seit 1945 verbotenen Partei. In den letzten Jahren ist der Begriff wieder zunehmend, vor allem als extrem abwertendes Attribut in Mode gekommen. In neuester Zeit wird er besonders häufig zur Disqualifizierung von Menschen verwendet, die Kritik üben an den offiziellen Corona-Maßnahmen der Regierung. Ein Beispiel: Während erste Medienberichte über die Querdenker in Stuttgart eher positiv waren und man Bilder zeigte, in denen diese Menschen Verfassungstexte verteilten, wurden sehr rasch „Meldungen" lanciert, die besagten, dass sich in der Querdenker-„Szene" Nazis tummelten. Damit waren Querdenker in den offiziellen Medien und auch weitgehend in der Gesellschaft gebrandmarkt und so negativ belegt, dass nur noch wenige Menschen sich freiwillig dazu bekannten. Allgemein kann man sagen, dass „Nazi" ein klassisches Totschlagargument ohne Inhalt geworden ist.

Negativ getestet

Einer oder eine Auswahl der verfügbaren Corona-Nachweise waren „negativ". Das bedeutet, dass keine nachweisbaren Anzeichen des SARS-CoV-2-Virus in den Tests aufgetaucht sind.

Nettoreproduktionszahl

Dank Corona wurden auch in der allgemeinen Öffentlichkeit immer häufiger Begriffe aus der Wissenschaft diskutiert oder verwendet – auch dann, wenn die Bedeutung dieser Begriff nicht vollumfänglich verstanden werden konnte. Einer davon ist die Nettoreproduktionszahl, ein Wort aus der Infektionsepidemiologie, ein von der Basisreproduktionszahl abgeleiteter Wert, der angibt, wie viele Individuen ein infiziertes Individuum durchschnittlich ansteckt, wenn ein Teil der Population bereits immun ist bzw. Maßnahmen zur Eindämmung (z. B. Kontaktverbote usw.) ergriffen wurden. Die Nettoreproduktionszahl wurde als Kennwert gesetzt, der eine Prognose über den weiteren Verlauf der Ausbreitung einer übertragbaren Krankheit ermöglichte. Insbesondere in der Anfangszeit, als Menschen noch glaubten, die Regierungsmaßnahmen hätten einen nur vorübergehenden

Charakter, wurde diese Zahl von vielen Menschen mit Spannung verfolgt. Inzwischen ist dieser Wert weitgehend aus den Gesprächen der Menschen verschwunden und hat anderen Neologismen Platz gemacht.

Neue Normalität

Das ist einer der ersten Begriffe, die im Zusammenhang mit der Einführung der Corona-Welt und der Corona-Maßnahmen stehen. Er wurde, so hat es den Anschein, bewusst durch Politik und Medien gestreut: Einerseits, um ein möglichst hohes Maß and Angst und Panik vorzubereiten, andererseits, um klarzustellen, dass die Welt mit und nach Corona nichts mehr mit dem zu tun hat, was man gewohnt war. „Danach ist alles anders". Das sollte die Bevölkerung lernen. Für die Einen war das ein Auftakt zum Umdenken und zu einer neuen Form von Gehorsam gegenüber den Herrschenden. Einige Menschen verstanden aber sofort, dass man mit so einem Begriff Ordnung sucht und Folgsamkeit erzielen will.

So heißt es beispielsweise im Redaktionsnetzwerk Deutschland vom Mai 2020:

> *„Die Corona-Pandemie hat alles verändert. Nichts wird mehr sein wie vorher, sagen Virologen, Soziologen und Politiker. Alle sprechen jetzt stets von einer ‚neuen Normalität', die da kommen muss. Aber was heißt das eigentlich? Wann wird ein Ausnahmezustand zum Alltag? Wie soll diese Gesellschaft eigentlich aussehen?"*

Hingegen wird in den „Nachdenkseiten" der Umgang mit Corona als ein trojanisches Pferd bezeichnet, ein Mittel, um die Neue Normalität einzuführen. Demnach ist die Neue Normalität eine klassische totalitäre Bewegung mit dem Ziel jeder totalitären Bewegung, die Gesellschaft radikal und komplett zu verändern, um die Welt nach ihrem monströsen Abbild neu zu erschaffen. Wo die Wahrheit liegt, also beim RND oder bei den „Nachdenkseiten", zeigt sich leider immer deutlicher in der tristen „Neuen Normalität" des Jahres 2022.

Neuinfektion

Offiziell ist das eine neu hinzugekommene oder in Zukunft erwartbare weitere Infektion oder auch die wiederholte Infektion – hier mit dem SARS-CoV-2-Virus.

niedrigschwellige Angebote

Niedrigschwellige Angebote besagen, dass in der Urlaubszeit mobile Impfteams unterwegs sind, z.B. vor Einkaufszentren, an Stränden oder am Rande von Veranstaltungen. Dadurch, dass „Impfung" nicht nur nach Terminierung in Impfzentren möglich ist, sondern man diese sozusagen auch „nebenbei", z.B. beim Einkaufen oder in der Freizeit, wahrnehmen kann, soll deren Attraktivität und Akzeptanz gesteigert werden. „Niedrigschwellige Angebote" sind ein Teil der Kampagne, die um Impfung und Nachimpfung geführt wurden. Inzwischen, im Zusammenhang mit „Booster" und Nachimpfungen, haben diese Aktivitäten nachgelassen und es wird versucht, über den gesteigerten allgemeinen Druck, beispielsweise das Androhen und / oder Umsetzen eines Impfzwangs, die Menschen zur Nadel zu zwingen.

Niesetikette

Gemeint ist die Gesamtheit allgemeingültiger Verhaltensregeln beim Niesen zur Vermeidung einer Übertragung von Krankheitserregern – in besonderem Maße vom SARS-CoV-2-Virus. Besondere Angst und Panik konnte man erreichen, indem man in der Öffentlichkeit niesen oder husten musste – besonders dann, wenn man die „Regeln", also die offiziellen Anordnungen der Herrschenden nicht einhielt. Bis in den hintersten Privatbereich hat die Regierung bzw. haben die Regierungen versucht, sich in das Verhalten der Menschen einzumischen und damit offiziell die „Pandemie" einzudämmen. Einerseits wurde propagiert, dass Mund-Nase-Bedeckung schütze, andererseits sollte trotz Mund-Nase-Bedeckung nicht geniest werden.

Niesschutz

Siehe „Spuckschutz".

Ninjapass

Vor allem im geplagten Österreich ist das ein häufig verwendetes, geflügeltes Wort. Ein „Ninjapass" bezeichnet ein eine Woche lang gültiges Dokument für Schüler, das von österreichischen Schulen ausgestellt wird und das, mit Stickern vervollständigt, nachweist, dass der Schüler bei den dreimal pro Woche an der Schule durchzuführenden Antigen-Schnelltests auf Corona „negativ" getestet wurde.

Notbetten

Wer schwer an Corona erkrankt, muss auf einer Intensivstation betreut werden. Dafür bedarf es genügend freier Intensivbetten. Sind die Krankenhäuser jedoch überlastet und reicht die Zahl der standardmäßig vorhandenen Betten nicht aus, müssen sogenannte High-Care-Betten aktiviert werden, in denen erkrankte Menschen dann invasiv beatmet werden.

Notbetreuung

Durch die ganzen „Lockdowns", die im Rahmen der Corona-Maßnahmen angeordnet worden sind, kam es immer wieder zu schwerwiegenden Defiziten in der Betreuung von Menschen in einer Notsituation, ganz besonders von Kindern. So wurde eine eher notdürftige, nicht dem normalen oder gewünschten Umfang entsprechende Betreuung eingeführt.

Notbetrieb

Ebenfalls ein Begriff aus der neuen Corona-Welt, der bereits vorbelegt war. Er bezeichnete ganz allgemein den Betrieb von Maschinen, Anlagen oder Einrichtungen in Ausnahmesituationen mit vermindertem Einsatz von Mitteln oder Personal. In der neuen Sprachwelt hat er eine ähnliche Bedeutung. Auch hier werden die zu erbringenden Leistungen nur in limitierter Form durchgeführt.

Notbremse

Eine Notbremse ist im Allgemeinen eine Vorrichtung, die dazu dient, ein fahrendes Beförderungsmittel in Notfällen schnellstmöglich zu bremsen bzw. zum Stillstand zu bringen. Im übertragenen Sinn beschreibt es nun eine angeblich „alternativlose" Maßnahme, die eine negativ verlaufende, bedrohliche oder gefährliche Entwicklung aufhält oder beendet bzw. ein Maßnahmenpaket zur Eindämmung der Corona-Pandemie, das ab einer bestimmten Anzahl neuer Infektionen innerhalb eines begrenzten Zeitraums greift.

Notfallpatient

Das ist ein Mensch, der aufgrund seines kritischen oder lebensbedrohlichen Gesundheitszustands dringend notfallmedizinisch behandelt wird oder einer notfallmedizinischen Versorgung bedarf. Im Grunde hat der Begriff nichts mit Corona zu tun. Da aber außer Corona in der neuen Zeit fast alles bedeutungslos geworden ist, wird damit praktisch immer ein an COVID-19 erkrankter Mensch gemeint, der einen Intensivplatz in einem Krankenhaus benötigt.

Notprogramm

Das ist ein Plan oder eine Maßnahme, um die negativen Folgen einer Notlage zu vermindern oder zu überwinden. Dazu gibt es konkret ein Notkaufprogramm der Europäischen Zentralbank für Anleihen – das aber mittlerweile beendet worden ist.

Novemberhilfe

Im Zusammenhang mit Corona haben die Regierungen sehr viel Steuergeld in die Hand genommen, um Betroffene der Corona-Maßnahmen zu unterstützen. Zudem wurden dafür enorme Schulden gemacht und auch in Zukunft wird das vermutlich so fortgesetzt. Konkret ist die Novemberhilfe Geld, das vom deutschen Staat im November 2020 bewilligt und unter bestimmten Voraussetzungen an Betriebe, Unternehmen oder Soloselbstständige ausbezahlt wurde, um zu verhindern, dass diese während der Corona-Pandemie zahlungsunfähig werden. Die Novemberhilfe war lediglich ein Teil in einer ganzen Reihe von Maßnahmen – und trotzdem kam es im Zuge der Corona-Maßnahmen zu vielen Insolvenzen und das wird sich auch in Zukunft nicht vermeiden lassen. Selbst dann nicht, wenn nun alle Restriktionen der Regierenden zurückgenommen würden.

O

Öffnungsperspektive

Allgemein ist eine Öffnungsperspektive die Aussicht auf die zukünftige Verbesserung eines beschränkenden aktuellen Zustands. Man redet damit im Zusammenhang mit einem Zurückfahren von Maßnahmen und Vorschriften, die wegen Corona erlassen worden sind. Ein echtes Konzept bzw. eine klare Perspektive wurde der Bevölkerung immer noch nicht präsentiert und immer stärker verfestigt sich der Eindruck, dass die jetzige Situation erhalten bleibt und dass die Herrschenden sie weit eher dafür nützen, die eigene Machtbasis auszuweiten, anstatt eine transparente, zeitplangesteuerte Öffnungsperspektive zu präsentieren. Anstatt sich solchen Diskussionen gegenüber zu öffnen, bestärkt man die Menschen in dem Gedanken, dass man neue Ideen auf keinen Fall in das Gespräch und in die Entscheidungsfindung aufzunehmen gewillt ist.

Omikron

Omikron ist der 15. Buchstabe des griechischen Alphabets – nach dem nun eine Variante des Virus SARS-CoV-2 benannt worden ist. Böse Zungen sagen, dass man sich für Omikron entschieden hat, um den Buchstagen Xi zu vermeiden und in diesem Sinne den chinesischen Staatspräsidenten nicht zu kränken. Während man sich in Europa bereits im neuen Panikmodus zu Omikron befand, wusste man in dessen Ursprungsland Südafrika noch herzlich wenig darüber und auch in weiterer Folge des Geschehens hat der ganze afrikanische Kontinent wenig zur Bedeutung dieses Mutanten beigetragen. Nach Aussage verschiedener Wissenschaftler ist diese Version des SARS-CoV-2 ganz besonders ansteckend, erzeugt aber eher milde Symptome, die man mit einem Schnupfen oder einer leichten Grippe vergleichen könnte. Dazu gehören vorwiegend laufende Nase, Husten, nächtlicher Schweiß und leichtes Fieber – und all das soll in aller Regel bereits nach weniger als einer Woche deutlich abklingen. Trotzdem oder gerade deshalb hat man nun die eigentlich schon eingemottete „Inzidenz" wieder hervorgekramt. Omikron ist so ansteckend, dass man sich davor kaum schützen kann, so dass sehr viele Menschen davon erwischt werden. Eigentlich ist das ja positiv, weil die Verläufe mild sind. Durch die hohe Zahl an Infizierten ist natürlich auch die Zahl der Inzidenzen sehr hoch. Indem man diese nun täglich über die Medien verbreitet, werden Angst und Panik nicht nur aufrechterhalten, sondern sie bekommen neue

Nahrung – und das, obwohl die Belegung der Krankenhausbetten durch COVID-19-Patienten immer geringer wird.

Omikron-Variante

Siehe „Omikron".

OP-Maske

Eine OP-Maske ist eine der Mund-Nase-Bedeckungen, die im Verlauf der Corona-Maßnahmen der Regierungen vorgeschrieben worden sind. Es handelt sich dabei um eine aus mehreren Papier- oder Vliesschichten und einer Filterschicht (Schutz) bestehende Maske, die offiziell gegen die Verbreitung von Krankheitskeimen von medizinischem Personal im Operationssaal getragen werden muss. Tatsächlich kam sie aber, nachdem das Tragen von Alltagsmasken untersagt worden ist, auch gegen das SARS-CoV-2-Virus zum Einsatz – obschon von Anfang an klar war, dass eine solche Maske nicht in der Lage ist, das Virus zu stoppen. In einigen Bundesländern, z.B. Baden-Württemberg ab Jahresbeginn 2022, ist das Tragen der OP-Maske als Schutz gegen SARS-CoV-2 in Geschäften untersagt und von der ebenso untauglichen FFP2-Maske abgelöst worden.

Optionsmodell

Das ist ein Begriff aus der Corona-Verordnung der Regierung und bezieht sich auf die 2G- oder 3G-Vorgaben. So hatten bzw. haben wir in Kneipen, Restaurants und bei Veranstaltungen ein 2G-Optionsmodell. Die Eigentümer konnten wählen, für welche „Regeln" sie sich entschieden. Wenn nur Geimpfte und Genese Zugang haben, durften viele Schutzmaßnahmen entfallen. Mittlerweile ist auch das wieder überholt und in vielen Bereichen wird nun ein 2G+-Modell angewandt, nach dem auch geimpfte Menschen wieder zu testen sind. Damit wird offen zugegeben, dass Impfung nicht vor Ansteckung schützt. Darum auch die Maskenpflicht und andere Anordnungen.

Pandemie

Eine Pandemie ist eine sich weit ausbreitende, ganze Landstriche, Länder oder Kontinente erfassende Infektionskrankheit bzw. eine Epidemie großen Ausmaßes. Interessant ist, dass die WHO die Definition, was eine Pandemie ist, 2009 geändert hat. Im April 2009 hat die WHO diese Definition der Pandemie abgeschwächt und die Passage, in der eine „beträchtliche Zahl von Toten" vorausgesetzt wird, weggelassen. Der WHO geht es nun nur noch darum, dass eine flächenmäßig große Ausbreitung vorliegt. Mit dieser neuen Festlegung ist es sehr viel einfacher, eine „Pandemie" auszurufen. Auch bei SARS-CoV-2 stellt sich diese Frage, zumal sehr viel weniger Tote aufgetreten sind, als ursprünglich angenommen. Bemerkenswert ist zudem, dass nicht nur sogenannte Fakten-Checker, sondern sogar das RKI darum bemüht ist, diese offizielle WHO-Definition in Frage zu stellen oder zu verwässern.

Pandemieplan

Das ist ein Bündel von vorgeschriebenen oder vorgeschlagenen Maßnahmen, die im Falle des Ausbruchs einer Pandemie deren weitere Verbreitung eindämmen sollen. Siehe auch „Pandemie".

pandemiebedingt

Gemeint ist das, was die Ausrufung einer Pandemie voraussetzt.

Pandemie der Ungeimpften

Insbesondere gegen Ende des Jahres 2021 wurde von zahlreichen offiziellen Stellen erklärt, dass eine sogenannte Pandemie der Ungeimpften in Intensivabteilungen der Krankenhäuser vorliege. Diesen Behauptungen lagen keine stichhaltigen Zahlen zugrunde und mittlerweile zeigt sich immer deutlicher, dass ausgerechnet jene Menschen, die immer von „Fake News" Andersdenkender sprechen, selbst in hohem Maße zu Falschmeldungen und Verdrehung von Tatsachen beitragen. Tatsächlich war es so, dass die absolute Mehrheit der behaupteten „Ungeimpften" überhaupt keinen Impfstatus besaßen. Auf solchen Falschaussagen basierend wurden daraufhin von den Politikern Maßnahmen beschlossen. Es gilt festzuhalten, dass sehr viele geimpfte Menschen als „ungeimpft" eingestuft werden. Zu diesen gehören beispielsweise frisch geimpfte Personen, deren Impftermin weniger als zwei Wochen zurückliegt – unabhängig davon, ob ihr Impfstatus vor den Booster-Piks noch auf „geimpft" stand, oder nicht. Dass dies eine sehr erhebliche Zahl ist, liegt nah. Auch Menschen, die erst einmal geimpft sind oder deren Impftermin hinter dem Verfallstag liegt, erhalten den Status ungeimpft. Das sind nur einige von einer ganzen Reihe von Beispielen. Insgesamt kann man aber sagen, dass alle wichtigen Aussagen zur „Impfung" ad absurdum geführt worden sind: Impfen schützt nicht vor Ansteckung. Impfen schützt nicht vor schweren Verläufen, wie man auf den Intensivstationen der Krankenhäuser sehen kann. Impfen schützt auch nicht nur vor dem Tod – im Gegenteil ist es so, dass sehr viele Todesfälle, die zeitnah in Verbindung mit einer Impfung stehen, nicht hinreichend untersucht werden. Ganz zu schweigen von der Dunkelziffer nicht gemeldeter Fälle von Kranken und Toten. Insbesondere typische „Impfnebenwirkungen" wie Herzmuskelentzündung, oft auch bei gut trainierten Sportlern, werden von den offiziellen Medien stark aus dem Fokus genommen.

Pandemiemüdigkeit

Siehe auch „Impfmüdigkeit. Insgesamt kann man feststellen, dass immer mehr Menschen von dem Thema „Pandemie" nichts mehr hören wollen oder können. Dies nicht nur, weil die Medien übervoll davon sind, sondern auch, weil man (noch) nicht begreifen kann oder will, in welchem Maße die Unwahrheit präsentiert worden ist. Die Impfungen halten nicht, was sie versprechen, die Politiker noch viel weniger. Die „Impfzyklen" werden immer weiter verkürzt, die Maßnahmen greifen nicht und die Koordination ist chaotisch. Dennoch haben viele Menschen „ihren Frieden" mit dem Thema gemacht. Sie fügen sich in die Anordnungen der Regierenden, gehorchen und wollen nichts Kritisches hören.

Pandemieplan

Ein Pandemieplan ist ein Bündel von vorgeschriebenen oder vorgeschlagenen Maßnahmen, die im Falle des Ausbruchs einer Pandemie deren weitere Verbreitung eindämmen sollen.

pandemische Situation

Siehe „Pandemie".

Paul-Ehrlich-Institut

Das Paul-Ehrlich-Institut (PEI) ist ein Bundesinstitut im Geschäftsbereich des Bundesministeriums für Gesundheit. Es berichtet über die aus Deutschland gemeldeten Verdachtsfälle von Nebenwirkungen oder Impfkomplikationen im zeitlichen Zusammenhang mit der Impfung. Wissenschaftler des Paul-Ehrlich-Instituts gehen bereits im Juli 2021 davon aus, dass in Deutschland bisher offiziell 1028 Menschen im Zusammenhang mit einer Corona-Impfung verstorben sind. Das geht aus den Zahlen hervor, die zu diesem Zeitpunkt vorlagen. Das Institut spricht in dem Zusammenhang von sogenannten Verdachtsfällen, bei denen die Personen „in unterschiedlichem zeitlichem Abstand zur Impfung verstorben sind". Der Sicherheitsbericht betrachtet den Zeitraum vom Start der Impfkampagne in Deutschland am 27. Dezember 2020 bis zum 30. Juni 2021. Demnach wurden bis Ende Juni etwa 75 Millionen Corona-Impfungen in Deutschland verabreicht. In 106.835 Verdachtsfällen traten Nebenwirkungen und Impfkomplikationen auf. In 10.578 Verdachtsfällen traten in den Tagen nach einer Impfung schwerwiegende unerwünschte Reaktionen auf, sodass der Geimpfte ins Krankenhaus gebracht werden musste. Dazu zählen auch die Todesfälle. Trotz dieser sehr hohen Zahl erfolgte bisher von Seiten der Politik keine Maßnahme. Hinzu kommt, dass die Fälle lediglich als Verdachtsfälle eingestuft werden und eine vollständige Untersuchung weiterhin unterbleibt. Auch die deutliche Übersterblichkeit, die seit Beginn der „Impfungen" festgestellt wurde und die bisher nicht geklärt ist, sollte erwähnt werden. Es fällt auf, dass es auf der Seite der Regierung, die sich doch angeblich so sehr für die Gesundheit des Volkes engagiert, wenig Initiative gibt, dem Phänomen nachzugehen und für schnellstmögliche Aufklärung zu sorgen.

Das PEI führt zusätzlich eine vergleichende Bewertung von Antigen-Schnelltests im Labor durch. Wenn sich zeigt, dass ein Test diese Evaluierung besteht, wird er in der Liste "Vergleichende Evaluierung der Sensitivität von SARS-CoV-2 Antigenschnelltests" aufgeführt. Erfüllt ein Test diese Evaluierung nicht, wird er aus der Liste des Bundesinstituts für Arzneimittel und Medizinprodukte (BfArM) gestrichen.

PCR

Das ist ein auf dem Einsatz bestimmter Enzyme basierendes Verfahren zur Vervielfältigung genetischen Materials, unter anderem zur Bestimmung des genetischen Fingerabdrucks zum Nachweis von Krankheiten, das auch für Vaterschaftstests usw. einsetzbar ist. Der PCR-Test, in Europa der sogenannte Goldstandard, ist in den USA mittlerweile verboten, weil er nicht in der Lage ist, zwischen Grippe und COVID-19 zu unterscheiden. Deshalb siehe auch „PCR-Test“. PCR steht für Polymerasekettenreaktion.

PCR-Methode

Das ist die Verfahrensweise und Anwendung der Polymerase-Kettenreaktion (PCR-Kettenreaktion), die es ermöglicht DNA nahezu beliebig häufig zu vervielfältigen. Mit der Anzahl der zyklischen Wiederholungen, die in der Coronazeit sehr hoch angesetzt war, hat man bewusst Einfluss auf die Ergebnisse genommen. Je höher die Wiederholung umso häufiger wurde ein spezifischer DNA-Ausschnitt eines Coronavirus „entdeckt“, was zu einen positiven Testergebnis führte, das wiederum in die offiziell verbreiteten Statistiken einfließen konnte.

PCR-Test

Der PCR-Test ist ein medizinisches Untersuchungsverfahren unter Anwendung der Polymerase-Kettenreaktion, unter anderem zur Ermittlung von Erbkrankheiten oder zur Abklärung von Infektionskrankheiten, zur Einschätzung eines Erkrankungsrisikos, zur Erstellung eines Vaterschaftsnachweises. Der PCR-Test ist eines der gängigen bzw. das in Europa am meisten anerkannte Verfahren zur Feststellung, ob eine Person „corona-positiv“ ist, oder nicht. Bereits in anderen Kapiteln wurde über die Wirksamkeit der Methode diskutiert. Trotzdem wird der PCR-Test zur Verifikation anderer Tests herangezogen und er gilt in Deutschland nach wie vor als das zuverlässigste Verfahren, obwohl er seit Anfang Januar in den USA verboten wurde. Geht man davon aus, dass die COVID-19-Pandemie in großen Teilen „ertestet“ ist, dann liegt die Vermutung nah, dass ein PCR-Test besser dann angewendet würde, wenn bei einer Person bereits Symptome auftreten – anstatt einfach symptomlose Menschen ins Blaue hinein zu testen.

Personaldecke

Der Begriff wird sehr häufig im Gesundheitsbereich verwendet. Man will damit auf die dort herrschenden personellen Engpässe hinweisen. Gemeint ist die Gesamtheit der Personen, die einem Unternehmen oder einer Organisation für bestimmte Tätigkeiten zur Verfügung stehen. Mit dem Wissen, dass es im

Gesundheitssektor aus unterschiedlichen Gründen personelle Engpässe gibt, wurde nun beschlossen, dass ungeimpfte Personen ab dem 15. März nicht weiter beschäftigt werden dürfen (partielle Impfpflicht). Es wird so zu sagen billigend in Kauf genommen, dass sich die Personaldecke besonders in diesem scheinbar sensiblen Bereich weiter verringert. Zudem wurden im medizinischen Sektor mitten in der ausgerufenen Pandemie Tausende von Notbetten vernichtet und mindestens 21 Kliniken geschlossen – darunter sogar die Corona-Spezialklinik in Ingelheim.

Pharmaunternehmen

Allgemein ist ein Pharmaunternehmen ein Unternehmen, das vor allem Medikamente entwickelt, herstellt oder vermarktet. Nicht nur subjektiv kann man feststellen, dass dieser Bereich sich im Rahmen der ausgerufenen Corona-Pandemie äußerst vorteilhaft entwickelt hat – insbesondere dann, wenn es sich um Firmen handelte, deren Covid-Medikamente von den Behörden zugelassen bzw. notzugelassen wurden, oder solche, die mit diesen in Verbindung standen. Ein anschauliches Beispiel ist die Firma Merck, die mitten in der Krise mächtig expandieren konnte und deren Marktwert und deren Aktien sich sehr positiv entwickelt haben.

Piks

„Piks" ist ein stark verharmlosender Ausdruck für die Impfung oder Boosterung mit „Corona-Impfstoffen". Der Begriff wurde in ganz besonderem Maße von Politikern verwendet, später von den Medien und den Menschen adaptiert. Markus Söder hat „Piks" vermutlich als einer der ersten Prominenten versucht, öffentlich zu machen. Damit wollte er die „Impfung" anpreisen und allen zeigen, vor was für einer „lächerlichen Kleinigkeit" sich Menschen, die sich nicht impfen lassen wollen, fürchten.

Polymerasekettenreaktion

Siehe „PCR".

positiv getestet

Wie wir gesehen haben, reden wir in hohem Maße von einer Test-Demie, nicht von einer Pandemie. Millionenfach wurden Menschen, krank oder gesund, „getestet". Das heißt, dass eines der vorhandenen Testverfahren angewendet wurde.

War das Resultat, dass die Krankheit COVID-19 „erkannt“ werden konnte, dann galt bzw. gilt diese Person als „positiv getestet“ und muss sich absondern und in Quarantäne begeben.

Pop-Up-Radweg

Ein Pop-up-Radweg (auch Corona-Radweg) ist ein kurzfristig eingerichteter Radweg, der in einer akuten Gefahren- oder Krisensituation oder bei plötzlich veränderten Rahmenbedingungen im Straßenverkehr schnell für mehr Platz und Sicherheit im Straßenverkehr sorgen soll. Teilweise werden die neuen Radwege auch als ein Sprung in einer sich längerfristig vollziehenden Verkehrswende betrachtet.

Postcoronal

Im Jahr 2020 hat die internationale Staatengemeinschaft in bisher unvorstellbar geglaubter Geschwindigkeit gleichzeitig auf ein Problem globaler Größenordnung reagiert: Corona. Kaum jemand hätte es für möglich gehalten, dass der globale Handel, der internationale Flugverkehr und der damit verbundene CO2-Ausstoß, aber auch die persönlichen Freiheiten und die demokratische Rechtsstaatlichkeit in so kurzer Zeit so radikal minimiert werden können. In diesem Zusammenhang greift man nach den Sternen. Nach dem „Ende der Pandemie“ soll, so sagen es immer mehr Menschen, ein „bedingungsloses Grundeinkommen“ eingeführt, ein CO2-Regime installiert und die gesamte Welt umgestülpt werden. Der sich so geöffnete Möglichkeitshorizont zeigt gleichzeitig die hehrsten Utopien des politischen Aktivismus der letzten Jahre. Zugleich zeigt er auch die dystopischsten Befürchtungen als plötzlich unmittelbar reale Szenarien: Einerseits spricht man von einer Deglobalisierung der Produktion und einem radikalen ökonomischen wie kulturellen Umdenken. Zugleich machen die totalitären Überwachungstendenzen chinesischer Prägung überall auf der Welt Schule. Verfassungswidrige Einschnitte in die persönliche Freiheit und Unversehrtheit werden mit einem jovialen Achselzucken als leider notwendig durchgewunken und Kritiker werden selbst in sogenannten freien, demokratischen Gesellschaften immer wieder als „gefährlich für die Volksgesundheit“ diffamiert. Es ist nicht verwunderlich, dass vielfach darüber nachgedacht und die Frage gestellt wird, ob hier nicht längst ein vorgefertigter Plan zugrunde lag. Wer sich im Internet den dort immer noch offiziell abrufbaren Film zum „Event 201“ angesehen und eventuell Klaus Schwabs neuestes Buch durchgelesen hat, wird sicherlich in solchen Vermutungen weiter bestärkt. Wer jetzt von „postcoronal“ spricht, begibt sich in diese

Regionen und beginnt darüber nachzudenken, wie eine „neue Gesellschaft" entstehen kann. Siehe in diesem Zusammenhang auch den Begriff „Neue Normalität".

Präsenzunterricht

Präsenzunterricht ist das Gegenteil von Fernunterricht, Teleunterricht, Internetunterricht. Es handelt sich dabei um eine Veranstaltung, bei der die Lernenden an einem Ort, in einem Raum mit dem Lehrer zusammenkommen und nicht allein zu Hause mit Unterrichtsmaterialien oder über das Internet lernen.

Präsenzveranstaltung

Das Gleiche wie für den Präsenzunterricht gilt auch für die Präsenzveranstaltung. Eine Veranstaltung also, die nicht online stattfindet, sondern bei der die Teilnehmer an einem vereinbarten Ort zusammenkommen.

Prävalenz

Prävalenz ist die auf eine Personengruppe, meist die Gesamtbevölkerung, bezogene Anzahl der Krankheitsfälle zu einem bestimmten Zeitpunkt. Prävalenz ist eine weitere der häufig im Zusammenhang mit Corona diskutierte Kennzahl.

Präventionsmaßnahme

Das ist eine Maßnahme zur Verhütung einer drohenden Gefahr oder einer unerwünschten Situation. Hierzu gehören Hinweisschilder zu „Corona-Präventionsmaßnahmen". Um im Zuge der gestaffelten Rückkehr an einen Arbeitsplatz einer neuen Infektionswelle vorzubeugen, müssen auch in Unternehmen klare Regeln für den Infektionsschutz eingehalten werden. Die Definitionen hierfür werden von Staat und Behörden vorgegeben und in den Unternehmen umgesetzt. Ein ganzes Sammelsurium von Ideen kann auch im privaten Bereich als sogenannte Präventionsmaßnahme gesehen werden. Dabei hat der frühere Gesundheitsminister Spahn beispielsweise zum Gurgeln gegen Corona geraten. Auch das Händewaschen gehört dazu. Das empfiehlt auch die Gesellschaft für Krankenhaushygiene: „Gurgeln mit Mundspülung und anderen Hausmitteln kann die Viruslast senken", so heißt es dort. Als Prävention bezeichnet man jedenfalls Maßnahmen, die darauf abzielen, Risiken zu verringern oder die schädlichen Folgen von Katastrophen oder anderen unerwünschten Situationen abzuschwächen.

Präventionsparadox

Von einem solchen Paradox spricht man, wenn eine Präventionsmaßnahme so erfolgreich war, dass die damit abgewehrte Gefahr unterschätzt und die Aufrechterhaltung der Maßnahme in Frage gestellt wird. Verteidiger nicht eingetroffener Corona-Schreckensszenarien führen häufig eben dieses Präventionsparadox an. Demnach sei eine düstere Prognose nur deshalb nicht eingetreten, weil man eben vieles getan habe, um das Unheil abzuwenden. Natürlich ist das der blanke Unsinn. Als Beispiel zum besseren Verständnis: Häufig wird in Gesprächen darauf hingewiesen, dass es in den vergangenen zwei Jahren überhaupt keine Grippewelle gab, weil die Menschen sich so gut und gehorsam an die Masken- und Abstandsregeln gehalten haben. Dieselben Menschen behaupten dann, dass es zu extremen Coronaausbrüchen kam, weil die Menschen sich nicht an die Masken- und Abstandsregeln gehalten haben. Dieses dumm daher geplapperte Oxymoron wird in aller Regel und in vorauseilender Regimetreue gar nicht als solches erkannt, zumal die gängigen Masken weder die einen, noch die anderen Viren abzuwehren imstande sind. Gerade jetzt, in der neuen Covid-Sprachwelt, gibt es zum Präventionsparadox eine so große Anzahl von Beispielen, dass allein diese ein ganzes Buch füllen würden.

Präventionsparadoxon

Siehe „Präventionsparadox".

Primärfall

Der jetzige Gebrauch des Begriffs „Primärfall" stammt ebenfalls aus dem Bereich der neuen Corona-Sprachwelt. In Bezug auf Kontaktpersonen wird eine positiv getestete Person als „Primärfall" bezeichnet. Damit erklärt sich zugleich auch, was Sekundärfälle sind.

Priorisierung

Allgemein bedeutet Priorisierung einteilen oder eingeteilt werden in eine Gruppe, die bevorzugt ein knappes Gut oder eine rare Dienstleistung erhalten. Insbesondere in den ersten Monaten der „Impfung" gegen Corona war nur ein begrenzter Vorrat an „Impfstoff" verfügbar, so dass die Regierung entschieden hat, welche Gruppen in der Gesellschaft bevorzugt behandelt werden und welche zu warten haben. Zunächst wurden deshalb Pflegepersonal und Menschen in hohem Alter bevorzugt. Die Altersgruppen wurden sukzessive bedient, bis man dann an den Punkt kam, an dem die Nachfrage nachließ.

„Wenn jedem Deutschen ein Impfangebot gemacht werden kann, ist die Pandemie beendet",

sagte im Jahr 2021 noch der damals amtierende Kanzleramtsminister Helge Braun. Dass das Gegenteil eingetreten ist und mittlerweile gar von allen Parteien des neuen Parlaments außer der AfD offen von einer Impfpflicht gesprochen wird, zeigt die „Zuverlässigkeit" von Politikerworten. Mittlerweile ist eine „Priorisierung" Geschichte geworden. Bereits jetzt wurde auf Kosten der Steuerzahler sehr viel mehr „Impfserum" geordert, als es im Land Menschen gibt, die sich impfen lassen wollen. So ist man jetzt von einer Priorisierung übergegangen zu einer Diffamierung, Stigmatisierung und Entmenschlichung all jener, die, aus welchem Grund auch immer, sich nicht oder nicht weiter „impfen" lassen wollen.

Produktionseinbruch

Von einem „Produktionseinbruch" spricht man, wenn es einen signifikanten und abrupten Rückgang der Produktion in einem Unternehmen oder einem Industriezweig gibt.

In ganz besonderem Maße war in diesem Zusammenhang die Automobilindustrie betroffen, die zum Einen in hohem Maße auf Zulieferer angewiesen ist und sich zugleich in einer Phase der Neuorientierung befand. Bereits vor der Ausrufung der Coronapandemie wurde von der Schädlichkeit bisheriger Antriebstechnik und den großen „Vorteilen der batteriegetriebenen Autos" gesprochen. Dass es auch in vielen anderen Bereichen zu Einbrüchen kam, steht außer Zweifel und ist nicht zuletzt den „Lockdowns" geschuldet. Ganz zu schweigen von der Gastronomie und der Hotellerie, die monatelang komplett lahmgelegt wurden und wo man durchaus die Frage nach Willen und Absicht der Herrschenden stellen kann.

Q

Quarantäne

Unter Quarantäne versteht man eine zeitweilige Absonderung und Beobachtung von Menschen, die im Verdacht stehen, dass sie Infektionskrankheiten einschleppen oder verbreiten könnten. Die Begriffe Quarantäne und Isolation können durchaus gemeinsam verwendet werden. Der Ausdruck „Quarantäne" wurde mittlerweile zu einem geflügelten Wort, weil er im Zusammenhang mit COVID-19 in aller Munde ist. Wie wir gesehen haben, handelt es sich vielmehr um eine Plan- und Test-Demie als um eine Pandemie. Millionenfach werden Menschen auf das SARS-CoV-2-Virus getestet und wenn eine der vorhandenen Testmethoden die definierte Eiweißkette erkennt, dann gilt der „Getestete" als „Corona positiv" und wird abgesondert und in Quarantäne geschickt. Völlig unabhängig davon, ob er Symptome der Krankheit aufweist, oder nicht. Wie wir gesehen haben, wird nun an der Stelle des Begriffs „gesund" der Term „asymptomatisch krank" verwendet. Das ist der Grund, warum wir jetzt in einer Gesellschaft leben müssen, in der gesunde Menschen abgesondert in eine Quarantäne geschickt werden um die Kranken zu schützen – anstatt umgekehrt. Geschäfte, Kinos oder Kultureinrichtungen können dann für die vorgegebene Zeit nicht besucht werden, von der Reise in andere Regionen oder gar Länder ganz zu schweigen. Die Quarantänezeit war hierzulande auf zwei Wochen festgelegt, wird mittlerweile aber verkürzt. Länder wie China haben sich in besonderem Maße mit dem Argument der Quarantäne abgeriegelt. Wer derzeit das Reich der Mitte besuchen will, der muss, krank oder gesund, erst einmal für drei Wochen in ein eigens dafür eingerichtetes Quarantäne-Hotel und verbleibt dort unter Aufsicht für die gesamte definierte Zeit – auf eigene Kosten. Pro Tag sind umgerechnet ca. 50 US-Dollar zu entrichten.

Quarantänebrecher

Quarantänebrecher sind Personen, die positiv getestet wurden, sich aber nicht an die vorgegebene Quarantäne-Regeln halten. Insbesondere die Bundesländer wollen schärfer gegen hartnäckige Quarantäneverweigerer bzw. Quarantänebrecher vorgehen. Neben hohen Bußgeldern kommt es künftig im Extremfall zu Zwangseinweisungen an zentrale Stellen der Länder. Aufgrund richterlichen Beschlusses können sie bei wiederholtem Verstoß oder Weigerung für bestimmte Zeit unter Aufsicht untergebracht werden – was zunächst dezentral in den Kommunen erfolgt ist. Vorreiter war hier Baden-Württemberg, wo insbesondere auf Betreiben der CDU zwei besondere Krankenhäuser als zentrale Einrichtungen für Quarantänebrecher zur Verfügung standen bzw. stehen – darunter die Klinik in St. Blasien. Vermutlich war es den Politikern auch bewusst, dass hier eine neue Form von Gefängnis geschaffen worden ist, ohne dass für die Einweisung in ein solches eine richterliche Anordnung zu erfolgen hat.

Quarantänestation

Eine Quarantänestation ist eine Einrichtung zur Isolierung infektionsverdächtiger Personen. Es kann sich dabei um häusliche Isolation handeln. Infrage kommt aber auch ein staatlich oder behördlich zugewiesener Ort, wie er beispielsweise im Kapitel „Quarantäne" beschrieben wurde.

Querdenker

Ein Querdenker ist, allgemein gesprochen, eine Person, die eigenwillige und mit etablierten Positionen meist nicht vereinbare Ideen oder Ansichten vertritt, und deshalb oft auf Unverständnis oder Widerstand von Vertretern der Mehrheitsmeinung trifft. In der COVID-19-Welt wird in diesem Sinne nun von einer Person gesprochen, die die Coronamaßnahmen kritisiert und häufig für überzogen oder auch unverhältnismäßig hält. Querdenkern wird nun von den Vertretern der Mehrheitsmeinung vorgeworfen, sich zumindest teilweise auf wissenschaftliche Minderheitenmeinungen zu berufen oder solche anzuführen, um mit diesen wiederum den Mehrheitsmeinungen entgegenzutreten. Was nun Minderheit und was Mehrheit bedeuten, ist natürlich rein subjektiv und hängt von vielen Faktoren ab. Nicht zuletzt auch der Auswahl der „Experten", die in diesem Zusammenhang angeführt werden. Ebenso kritisch ist die Hoheit über die Mehrzahl der Medien zu sehen, durch die ein hohes Manipulationspotenzial gegeben ist. Subjektiv ist insbesondere der Begriff „Meinung". Selbst Fakten, die von Andersdenkenden angeführt werden, werden häufig als Meinung abgetan.

Dabei waren erste Berichte über die „Querdenker" durchaus positiv. Im Fernsehen wurden Bilder gezeigt, auf denen zu sehen war, wie sogenannte Querdenker in Stuttgarts Innenstadt gedruckte Ausgaben des deutschen Grundgesetzes verteilten und damit daran erinnerten, wie kostbar die dort beschriebenen Werte und Errungenschaften sind. Sehr rasch haben die Regierenden in Bund und Ländern erkannt, dass ihnen auf diesem Weg ein hohes Kritikpotenzial erwachsen könnte, so dass man sich daran machte, die Bewegung nicht nur zu kritisieren, sondern politisch und gesellschaftlich lahm zu legen. „Nazis" seien in der Bewegung gesichtet worden. Schwurbler (ein ganz neues, vernichtend diffamierendes Wort) hätten sich unter die Querdenker gemischt. Das war aber nur der Anfang. Schon bald war es gelungen, die Querdenker an sich in einen asozialen Bereich zu stellen und sie mit Schwurblern, Asozialen oder gar Rechtsradikalen bzw. Nazis gleichzusetzen. Somit war man die Querdenker weitgehend los und eine gesellschaftliche Auseinandersetzung mit deren Argumenten war obsolet. Dass sehr rasch auch andere Kritiker der Maßnahmen gegen das SARS-CoV-2-Virus unter diesem Stigma zu leiden hatten und dann auch in einem Atemzug mit den in Verruf gebrachten Querdenkern genannt wurden, war selbstverständlich. Querdenker war zu einem durch und durch negativen Begriff mutiert und, um das Erreichte noch weiter zu verstärken, sprachen Regierende und nachgelagerte Medien nun von einer Querdenker-Szene oder gar einem Querdenker-Milieu: Ganz in dem Sinne, dass sich hier nur der Abschaum der Gesellschaft aufhalte. Die Diffamierung war bzw. ist so perfekt gelungen, dass selbst Andersdenkende und Kritiker der Corona-Maßnahmen sich von dem Begriff distanzieren und sich selbst nicht als Querdenker bezeichnen möchten bzw. sich mit Vehemenz dagegen wehren, als Querdenker gesehen oder tituliert zu werden.

R

R-Zahl oder R-Wert

Siehe „Reproduktionszahl".

R_0 oder R_0-Wert

Siehe „Basisreproduktionszahl".

Regel

Eine Regel ist eine festgelegte Richtlinie. Mit „Regel" wird in der neuen Sprachwelt jede Maßnahme und Anordnung bezeichnet, die von den Menschen zu befolgen ist und bei deren Nichteinhaltung eine Ordnungswidrigkeit vorliegt, die bestraft werden kann bzw. soll. Regeln sind, so die gegenwärtigen Herrscher, vordergründig dazu da, Gefahren, die das SARS-CoV-2-Virus mit sich bringt, einzudämmen. Sie sollen den Menschen ein Verhalten aufzeigen, mit dem diese die Auflagen erfüllen und helfen können, die Ausbreitung zu verringern. Regeln wurden mittlerweile für nahezu alle denkbaren Bereiche nicht nur des öffentlichen, sondern auch des privaten Bereiches definiert, so dass die neue Coronawelt das gesamte Leben der Menschen durchdringt. Es ist möglicherweise nicht allen bewusst, aber die so geschaffene Regelwelt ist eine sehr neuartige, nie dagewesene Form einer Dystopie.

Regelung

Siehe auch „Regel". Eine Regelung definiert die Einhaltung von Anordnungen, Regeln, Vorschriften sowie deren Übertretung.

Regionaler Lockdown

Regionale Lockdowns sind angeblich dazu da, die Gesamtdauer von Beschränkungen zu verkürzen. Für den Erfolg eines regionalen Lockdowns sind, so die Definition, eine strikte lokale Eindämmung und eine geringe Anzahl überregionaler Infektionen entscheidend. Ein anschauliches Beispiel für regionale Lockdowns ist Bayern: Je nach Infektionsgeschehen wurden sogenannte regionale Lockdowns beschlossen, mit denen ganze Landkreise „geschlossen" werden konnten. Das hatte zur Folge, dass in diesen Kreisen das öffentliche Leben praktisch zum Erliegen gebracht worden ist. Die Landkreise Freyung-Grafenau und Weilheim-Schongau verdeutlichen dies. Erst am 14.12.2021 konnte hier der Bayerische Rundfunk melden, dass nun beide Kreise fünf Tage lang in Folge unter der 1.000er Inzidenzschwelle gefallen seien und damit der Teil-Lockdown beendet werden könne. Dies alles völlig ungeachtet der Tatsache, dass noch im Herbst 2021 von nahezu allen Politikern, einschließlich Markus Söder, der Inzidenzwert als obsolet bezeichnet worden ist und dass dieser nun gegen die sogenannte Krankenhausinzidenz ausgetauscht werden müsse.

Reisewarnung

Allgemein ist eine Reisewarnung die Warnung einer Behörde, Regierung oder Organisation vor Reisen in ein bestimmtes Land oder in eine bestimmte Region wegen einer aktuellen Gefahr für die persönliche Sicherheit oder die Gesundheit von Reisenden. Erweitert sind diese Warnungen jetzt durch die entsprechenden Corona-Verordnungen. Die Länder und Regionen sind nun eingeteilt in Risiko-, Hochrisiko- oder auch Virusvariantengebiete. Die zugehörigen Verordnungen und Regeln ändern sich laufend und werden nicht nur den dortigen Gegebenheiten, sondern auch der Situation im eignen Land angepasst. Hierbei gilt generell:

„Eine Reisewarnung für nicht notwendige, touristische Reisen gilt grundsätzlich für Länder, die von der Bundesregierung als Hochrisikogebiet oder als Virusvariantengebiet eingestuft sind. Für Reisen in andere Länder wird anlässlich der Pandemie zu besonderer Vorsicht geraten – soweit nicht eine sicherheitsrelevante strengere Empfehlung gilt."

Weiter heißt es dort:

„Ab Sonntag, den 01. August 2021, besteht bei der Einreise nach Deutschland grundsätzlich eine allgemeine Verpflichtung zum Mitführen eines COVID-19-Nachweises. Personen ab zwölf Jahren müssen dann bei der Einreise nach Deutschland über einen Testnachweis, einen Genesenennachweis oder einen Impfnachweis verfügen. Bei einer Einreise aus Virusvariantengebieten ist immer ein Testnachweis vorzulegen; ein Genesenen- oder Impfnachweis ist in diesem Fall nicht ausreichend. Auch gelten weiterhin eine Anmelde- und Quarantänepflicht bei der Einreise aus Hochrisiko- oder Virusvariantengebieten."

Die Frage ist naheliegend, ob Reisen in Drittländer in der neuen Coronawelt überhaupt noch gewollt sind. Auch ein Zusammenhang mit CO_2 lässt sich leicht herstellen. Allerdings wird auch hier wieder unterschieden zwischen „normalen" Menschen, die daheimbleiben müssen, und gewählten Politikern, Medienvertretern oder Wirtschaftsgrößen, die sich weitgehend frei in der Welt bewegen können.

Reproduktionsrate

In der Epidemiologie spricht man von Reproduktionsrate als einem numerischen Wert, der die Anzahl der Individuen angibt, die ein erkranktes Individuum durchschnittlich infiziert. Dass es sich in der neuen Coronawelt bei der Reproduktionsrate um einen fiktiven Wert handelt, der nur dazu da ist, Beschlüsse und Maßnahmen zu rechtfertigen sowie Angst und Schrecken zu verbreiten, ist mittlerweile so offensichtlich, dass dieser Wert in offiziellen Statistiken nur noch selten gebraucht wird. Allein schon das Problem, dass gängige Testverfahren massenhaft „falsch positiv" getestete Menschen ausweisen, zeigt deutlich, dass mit falschen Zahlen gerechnet wird. Dass die Testzahlen trotz dieses Mangels in den ersten Monaten immer weiter ausgeweitet und damit die Zahl „falsch Positiver" weiter erhöht wurden, verstärkt das Problem zunehmend. Besonders absurd wird der Wert dann, wenn man bedenkt, dass die überwältigende Mehrheit „positiv" getesteter Menschen als „asymptomatisch krank" eingestuft wurde. Asymptomatisch krank hieß, wie gesagt, vorher „gesund", und als gesund waren diese Menschen in großer Zahl auch einzustufen.

Reproduktionszahl

Siehe „Reproduktionsrate". Auch die Reproduktionszahl gibt an, mit welcher Rate ein erkranktes Individuum andere Individuen zu infizieren in der Lage ist.

resilient

Wer resilient ist, ist fähig, Belastungen und negativen Einflüssen zu widerstehen und sich von negativen Ereignissen wie schweren Erkrankungen und anderen Schicksalsschlägen wieder zu erholen. Ein passender deutscher Begriff wäre „widerstandsfähig". Besonders in der Coronazeit ist Resilienz ein besonders wichtiger Schutzfaktor. Es ist wichtig für die Menschen, ihr physisches und psychisches Immunsystem zu stärken. Resilienz ist eine wichtige Fähigkeit, gerade in der herrschenden Unsicherheit in Zeiten der Corona-Krise. Wichtige Elemente der Resilienz sind soziale Unterstützung durch andere Menschen, die Fähigkeit zur Achtsamkeit, Selbstwirksamkeit, Optimismus und Selbstvertrauen. Hinzu kommen Faktoren wie die Versorgung des Körpers mit ausreichend Vitaminen, mit Bewegung, mit Sauerstoff. Bewegung und gesundes Leben sind wichtig, ebenso aber auch die frühzeitige Erkennung von COVID-19 und die rechtzeitige Versorgung des Körpers mit unterstützenden Medikamenten. Besonders Letzteres ist in Europa sehr eingeschränkt möglich, worin man die oft beängstigende Marktmacht der Pharmazie und ihrer vorgelagerten Industrie erkennen kann.

Resilienz

Siehe "resilient".

Risikobewertung

Gemeint ist damit das Einschätzen von Gefahren, die von einem bestimmten Ereignis, einer bestimmten Handlung oder Maßnahme ausgehen können. Es ist das Robert Koch-Institut bzw. dessen Krisenstab, der kontinuierlich die aktuelle Lage im Land erfasst und das Risiko für die Bevölkerung einschätzt. Bei der Risikobewertung des RKI handelt es sich um eine reine Beschreibung und für die verwendeten Begriffe "gering", "mäßig", "hoch" oder "sehr hoch" liegen keine quantitativen Werte für eine Eintrittswahrscheinlichkeit oder das Schadensausmaß zugrunde. Stattdessen werden Kriterien und Indikatoren wie Übertragbarkeit, Schwereprofil und Ressourcenbelastung mit jeweils messbaren Größen beurteilt.

Risikogebiet

Siehe auch „Reisewarnung“. Ein Risikogebiet ist eine Region oder ein Land mit einem erhöhten Risiko für die Gesundheit, die persönliche Sicherheit oder für extreme Umweltereignisse. Länder und Regionen sind nun in Corona-Zeiten eingeteilt in Risiko-, Hochrisiko- oder auch Virusvariantengebiete.

Risikogruppe

Eine Risikogruppe ist ein Personenkreis, der besonders gefährdet ist, eine bestimmte Krankheit zu bekommen, an einer Infektion oder Operation zu sterben oder einen Unfall zu erleiden. Solche Personen werden entsprechend der Höhe eines Risikos gruppiert und kategorisiert. Menschen werden nun in der neuen

Welt danach gruppiert und klassifiziert, in welchem Ausmaß sie gefährdet sind, an dem Coronavirus zu erkranken. Sehr interessant ist, dass die Menschen mit zunehmendem Alter in immer gefährdetere Gruppen eingeordnet werden. Ist es aber nicht ohnehin so, dass man mit zunehmendem Alter stärker gefährdet ist, an einer Krankheit zu sterben, als in jungen Jahren? Menschen werden in dieser Welt kaum noch als Menschen wahrgenommen, sondern in erster Linie als Risikogruppen – die letztlich dazu da sind, besonders betroffene Personen in Angst und Panik zu versetzen. Man muss auch darüber reden, dass all jene Menschen einem erhöhten Risiko ausgesetzt sind, deren Abwehrkräfte geschwächt sind und dass gerade in dieser Betrachtungsweise deutlich wird, dass die von Politik und Behörden ergriffenen Maßnahmen eher das Gegenteil tun: Lockdown, Parks schließen, Fitness-Center schließen, nächtliche Ausgangssperren, Menschen auffordern, daheim zu bleiben, statt sich zu bewegen. Das zeigt ganz klar, dass es den Verantwortlichen nicht um die Gesundheit der Menschen geht und dass es sie überhaupt nicht interessiert, wie eine Stärkung der Abwehrkräfte und der Aufbau eines körpereignen Immunsystem funktionieren.

Risikoregion

Eine Risikoregion ist insbesondere nach Einschätzung der Verantwortlichen ein Gebiet oder Land, in dem ein erhöhtes Risiko für die Gesundheit, die persönliche Sicherheit oder extreme Umweltereignisse besteht. In dem konkreten Fall handelt es sich um Regionen, in denen man sich in besonderem Maße mit dem SARS-CoV-2-Virus infizieren kann. Das ist in aller Regel eine Region mit einer besonders hohen Zahl von Infizierten auf einem definierten Raum. Wegen besonders hoher Corona-Infektionszahlen hat beispielsweise die Bundesregierung zahlreiche Regionen im eigenen Land, aber auch externe Regionen oder Länder als Hochrisikogebiete eingestuft und verschärfte Einreiseregeln verhängt. Das Reisen in solche Länder wurde erheblich erschwert oder gar unmöglich gemacht.

RNA

Siehe „mRNA".

Robert-Koch-Institut (RKI)

Das Robert-Koch-Institut erfasst kontinuierlich die aktuelle COVID-19-Lage, bewertet alle Informationen und schätzt das Risiko für die Bevölkerung in

Deutschland ein. Darüber hinaus stellt das RKI umfassende Empfehlungen für die Fachöffentlichkeit zur Verfügung und gibt einen Überblick über eigene Forschungsvorhaben. Von Anfang an wurde das RKI zum Zentrum für die Erfassung aller wesentlichen Ereignisse im Zusammenhang mit dem SARS-CoV-2-Virus und zur Rechtfertigung aller politischen Schritte. Ganz von Anfang an wurde der Bevölkerung durch Politiker und Medien kommuniziert, dass das RKI eine hohe Bedeutung hat und dass sowohl die Politiker und Medien wie auch die Bevölkerung sich auf die Aussagen und Daten des RKI zu verlassen haben. „Glauben Sie nur den offiziellen Stellen", sagte Ex-Kanzlerin Angela Merkel ganz zu Beginn der „Pandemie". Damit wurden zugleich auch sehr viel Verlässlichkeit und auch Einfluss in diese Hand gegeben. Auf die Geschichte und die zahllosen Verstrickungen des RKI, auch im Dritten Reich, kann an dieser Stelle nicht eingegangen werden, weil dies den Umfang dieser Dokumentation erheblich sprengen würde. Die tatsächlichen Verknüpfungen und Verflechtungen des RKI und dessen Vorsitzendem mit der Politik und auch anderen nationalen und internationalen Organisationen wird sich in vollem Ausmaß ohnehin erst in der Zukunft zeigen.

Rückholaktion

Eine Rückholaktion ist eine Aktion, mit der jemand irgendwohin zurückgeholt wird bzw. in welcher die Bürger des eigenen Staates vor allem aus Krisengebieten im Ausland zurückgeholt werden. Konkret ging und geht es darum, Menschen, die aufgrund von Coronamaßnahmen im Ausland gestrandet waren, zurück nach Hause zu holen.

Rückkehr zur Normalität

Wie der Begriff schon sagt, gibt es derzeit eben keine „Normalität". Die Gesetze und Rechte der Menschen werden von den Politikern und Medien nach Gusto missachtet und ein Rückkehrszenario ist nicht vorhanden. Die Sehnsucht vieler Menschen nach der Zeit vor Ausrufung der „Pandemie" ist zwar groß, Politik, Medien und ausgewählte Mediziner verschließen sich aber weiterhin einer Wiederherstellung des Rechts in unserem Land – und dies unter fadenscheinigen Ausreden. Während man noch im Herbst 2021 erklärte, dass die sogenannte „Inzidenz" ausgedient habe und durch die Intensivbettenbelegung in den Krankenhäusern ersetzt werde, wird diese nun wieder hervorgekramt. Wohl wissend, dass der Wert hoch sein kann bzw. muss, weil die derzeit grassierende Omikron-Welle zwar hochansteckend, in seinen Auswirkungen aber in aller Regel nicht schlimmer als eine milde Grippe ist. Spätestens mit „Omikron" würde sich die Chance der Rückkehr zur Normalität bieten. Das bestätigen auch namhafte Virologen wie beispielsweise Dr. Hendrik Streeck. Tatsächlich passiert von Seiten der Politik aber das Gegenteil. Der Teufel wird beschworen, die „Nachrichten" propagieren zusammen mit den Politikern Angst und Panik und in den Parlamenten diskutiert man über Impfzwang, statt über eine mögliche Rückkehr zur Normalität und wie diese am besten zu realisieren wäre. Immer mehr bietet sich den Menschen das Bild von einer Betonkopfmentalität der Politiker... oder noch Schlimmeres.

Rückverfolgung

Dabei geht es um Infektionen und die Kontakte, die eine „infizierte" Person seit Beginn der Ansteckung hatte. Die „Kontakte" werden nach Identifikation ebenfalls untersucht, getestet und ggfs. in Quarantäne geschickt. Insbesondere der Einsatz von Apps ist sehr umstritten und wurde auch teilweise bereits missbraucht, so dass man sagen kann, dass Transparenz in Coronafragen höher eingestuft wird, als Datenschutz.

runterfahren

In der von uns diskutierten Sprachwelt geht es beim „runterfahren" um das Einschränken des Normalzustandes, des öffentlichen Lebens und der Produktion mit dem Ziel, eine Krise zu überwinden. COVID-19 wird, so zeigt sich das immer deutlicher, als Hebel benutzt, um Maßnahmen zu begründen.

S

Salamilockdown

So, wie die gesamte Politik der Regierungen auf einer Salamitaktik basiert, ist auch die Politik des Lockdowns davon geprägt, dass der Bevölkerung die Wahrheit immer nur scheibchenweise präsentiert werden sollte. Eigentlich hätte das der Glaubwürdigkeit Abbruch tun müssen. Tatsächlich aber waren und sind die Menschen in so einer tiefen Schockstarre, dass ihnen das nichts ausmacht und sie in aller Regel gar nicht bemerken, wie sie an der Nase herumgeführt werden. Insbesondere im Zusammenhang mit Schulen spricht man von Salamilockdown, indem man zu beschreiben sucht, wie sehr die Wahrheit häppchenweise serviert und die Lockdowns immer weiter verlängert wurden. Insgesamt durchzieht dieses Phänomen die gesamte Coronazeit, denn Politiker geben unangenehme Dinge immer nur scheibchenweise zu und andererseits funktioniert auch die Adaption auf diese Weise deutlich besser.

SARS-CoV-2

Das ist die offizielle Bezeichnung des Krankheitserregers, der seit Anfang 2020 in aller Munde ist. SARS-CoV-2 ist eine Variante des Coronavirus, welche die Atemwegserkrankung COVID-19 auslöst.

Sauerstoffbrille

Eine Sauerstoffbrille ist ein Schlauch, dessen Schlaufe ähnlich wie ein Brillenbügel von den Ohren zur Nase geführt wird und den Träger über zwei kurze, in die Nasenlöcher ragende Stutzen oder entsprechende Öffnungen mit konzentriertem Sauerstoff versorgt.

Schallmauer

Eine Schallmauer ist eine Grenze, die letztlich auch Respekt hervorrufen kann. Wer kann denn schon eine Schallmauer überwinden. Die Schallmauer, von der hier die Rede ist und mit der im Volk Angst und Schrecken erzeugt werden soll, das ist die Zahl der Toten und Infizierten, verursacht durch das SARS-CoV-2-Virus. Wie sehr es sich dabei um manipulierte Zahlen handelte und handelt, kann man mittlerweile nach und nach wahrnehmen. Ob das gesamte Ausmaß des

Betrugs eines Tages offenbar wird, ist sehr fraglich. Tatsache ist aber bereits jetzt, dass auf wunderbare Weise die Influenza seit der Ausrufung der „Pandemie" nahezu vollständig verschwunden ist. Sicher ist auch, dass im Verlauf der letzten zwei Jahre der Begriff "mit oder an" in Mode gekommen ist. Verwundert es, dass sich in sehr vielen Fällen gezeigt hat, dass Menschen als Corona-Tote registriert wurden, die de facto aus ganz anderen Gründen verstorben sind. Je weiter man jedoch die Zahlen aufblähte, desto häufiger konnte man fiktive Werte wie 1.000, 10.000 usw., die man zuvor als Schallmauer definiert hatte, erreichen und den Menschen auf diese Weise den gewünschten Respekt einflößen.

Schlafschaf

Menschen, die ihren Regierenden Wort für Wort glauben, nie etwas in Frage stellen und akribisch darauf bedacht sind, jede oktroyierte Maßnahme zu befolgen, werden von deren Kritikern oft als Schafe bezeichnet. Schafschaf ist eine Steigerung davon. Das Wort Schlafschaf wird von Politikern und Medien fast immer in den Zusammenhang mit Verschwörungstheorien, Verschwörungsmythen, Demonstrationen usw. gebracht, um diese Menschen verächtlich zu machen. So habe ich in einer Online-Zeitschrift folgenden Satz entdeckt:

> *„Sind wir alle nur Schlafschafe? – Verschwörungstheorien in Zeiten von Corona. Die Hygiene-Demonstrationen zeigen die realen Auswirkungen der seit Monaten virtuell kursierenden Falschmeldungen und Verschwörungserzählungen zu COVID-19."*

Natürlich richtet so ein Artikel sich nicht an die Kritiker der festgelegten und vorgegeben Maßnahmen, sondern an jene, die diesen kritiklos folgen. So wollen die Autoren suggerieren, auf der Seite der Guten zu stehen, während jene, die so einen Ausdruck wie „Schlafschaf" verwenden, durch und durch von der Macht des Bösen ergriffen sind.

Schließung

Der Begriff „Schließung" hängt eng mit dem Begriff Lockdown zusammen. Schließung bedeutete von Anfang an, dass beschlossene Maßnahmen der Regierung beinhalteten, dass wesentliche Bereiche des öffentlichen Lebens geschlossen wurden. Schließung wegen Corona betraf bzw. betrifft die Betreuung von Kindern und Jugendlichen in Kindergärten, Schulen und Universitäten, sie beeinträchtigt das Kaufverhalten und die Lebensgewohnheiten, sie hat auch

Auswirkungen auf die damit verbundenen Arbeitsplätze. Insbesondere die Gastronomie war in hohem Maße dadurch tangiert, aber auch kleine und mittelständische Unternehmen sowie Kultureinrichtungen. Einige von ihnen wurden mit öffentlichen Geldern oder aufgenommen Schulden gerettet, viele wurden in die Insolvenz getrieben. Wenn man an den Begriff „Schließung" denkt, erwartet man zunächst einmal eine kurze, vorübergehende Maßnahme und eine damit verbundene Öffnungsperspektive. All das war kaum wahrnehmbar und durch mehrfache Wiederholung von Schließungen und Anwendung der Salamitaktik wurde das Gefühl im Volk aufrechterhalten, dass es sich um einen ganz besonderen Ausnahmezustand handeln müsse. Hinzu kam bzw. kommt auch noch die finanzielle Seite: Ordnen Behörden coronabedingt die Schließung eines Betriebs an, hat der Mitarbeiter keinen Lohnanspruch. Es besteht für Arbeitgeber nicht die Pflicht, den Lohn fortzuzahlen. So begann die Willkür, die nach und nach alle Bereiche des Lebens durchzog und mit der die Herrschenden sich Stück für Stück vom Rechtsstaat verabschiedeten. Angst und Panik sorgten dafür, dass diese Willkür einer großen Zahl von Menschen verborgen geblieben ist und vielfach noch immer verborgen bleibt.

Schmierinfektion

Davon spricht man, wenn eine Infektion durch Verschmieren von Krankheitskeimen hervorgerufen wird. Dabei wird im Zusammenhang mit der Übertragung des Virus gesprochen, von der zu Beginn nicht sehr viel bekannt war. Bis heute glauben die Menschen, dass eine Übertragung durch Schmierinfektion über die Hände, die mit der Mund- oder Nasenschleimhaut sowie mit der Augenbindehaut in Kontakt gebracht werden, möglich ist. Dies wird allerdings von einem Teil der Virologen in Frage gestellt. Auch Prof. Dr. Hendrik Streeck hat frühzeitig erläutert, dass eine Schmierinfektion sehr unwahrscheinlich ist. Auch einige der Politiker stellten diese Eigenschaft immer wieder zur Diskussion. Schmierinfektionen über Oberflächen, so hieß es dann, seien nicht in Gänze auszuschließen, es gebe allerdings bislang keine Fälle, bei denen nachgewiesen wurde, dass das Coronavirus eine solche Eigenschaft besitze.

Schnelltest

Ein Schnelltest ist eine der derzeit verfügbaren Testmöglichkeiten, mit denen man prüfen kann, ob man mit dem SARS-CoV-2-Virus „infiziert" ist, oder nicht. Der Schnelltest ist ein Prüfverfahren, das zwar nur einen geringen Zeitaufwand erfordert und meist schon nach kurzer Zeit ein Ergebnis liefert, gleichzeitig aber eine solch hohe Fehlerrate aufweist, dass das Resultat im Falle einer „Positiv-Testung" noch durch den ohnehin wertlosen PCR-Test zu verifizieren ist. Trotzdem geht die Information sofort an das regionale Gesundheitsamt und die „positiv infizierten" Personen müssen sich sogleich absondern und in Quarantäne begeben. Den Vogel hat in dieser Hinsicht die Zeitschrift „Stern" abgeschossen, indem dort steht:

„Corona-Schnelltest ist nicht gleich Corona-Schnelltest – denn die Genauigkeit schwankt erheblich. Damit Sie erkennen, ob ein Produkt nach Einschätzung des Paul-Ehrlich-Instituts zuverlässig arbeitet, gibt es jetzt einen Barcode-Scanner für Ihr Smartphone."

Es wird so getan, als gebe es Schnelltests, die mit Sicherheit feststellen können, ob man das SARS-CoV-2-Virus in sich trägt, oder nicht.

Schulöffnung

Schulöffnung bedeutet hier die Wiederaufnahme des Schulbetriebes nach einer durch eine Krisensituation bedingten zeitweiligen Schließung. Konkret geht es darum, dass nach einem Lockdown, der die Schließung von Schulen und Universitäten zur Folge hatte, der Tag der Wiedereröffnung von Schülern wie Lehrern nicht nur erwartet, sondern auch gefordert wurde. Bevor die erneute Öffnung einer Schule beschlossen werden konnte, haben sich Politiker und Behörden gleich eine ganze Reihe von Maßnahmen ausgedacht, die zu erfüllen sind. Dabei wird von den Verantwortlichen davon ausgegangen, dass Kinder, Schüler und Studenten hochansteckend sind und in erheblichem Maße zur Ansteckung und Verbreitung des Virus beitragen. Zu den Maßnahmen gehört die neue Lüftungsanweisung, nach der die Kinder auch im Winter in eisiger Kälte alle soundso viele Minuten die Fenster zu öffnen haben. Auch Maskenzwang und Abstandsregeln gehören mit zum Folterprogramm der Herrschenden. Inzwischen sind wir an dem Punkt angelangt, dass Schulen, Universitäten usw. in großem Stil Lüftungsgeräte bestellen und montieren lassen müssen.

Schulschließung

Siehe „Schulöffnung". Schulschließung ist die durch eine Krisensituation bedingte zeitweilige Beendigung des Schulbetriebs.

Schutzausrüstung

Allgemein bezeichnet der Begriff „Schutzausrüstung" die spezielle Kleidung und sonstige Ausrüstungsgegenstände zum Schutz vor Verletzung, Ansteckung, Verstrahlung. So gibt es eine ganze Reihe von Maßnahmen, die sich auf die Schutzausrüstung gegen COVID-19 beziehen: Schutzausrüstung ist beispielsweise für medizinisches und pflegerisches Personal bei der Behandlung essentiell, um sich nicht mit dem Coronavirus anzustecken. Man konnte Bilder sehen, wo Menschen sich wie in Mondanzügen versteckt haben, wenn sie in Kontakt mit anderen Menschen kamen. Man kann an dieser Art der Ausrüstung ganz besonders gut sehen, wie untauglich tatsächlich verfügbare Mund-Nase-Bedeckungen sind. Die besonderen Schutzausrüstungen sind insbesondere für Personal im medizinischen Bereich vorgesehen. So heißt es diesbezüglich beim RKI:

> *„Verwendung von persönlicher Schutzausrüstung (PSA) bestehend aus Schutzkittel, Einweghandschuhen, mindestens dicht anliegender MNS bzw. Atemschutzmaske und Schutzbrille. Bei der direkten Versorgung von Patienten mit bestätigter oder wahrscheinlicher COVID-19 müssen gemäß den Arbeitsschutzvorgaben mindestens FFP2-Masken getragen werden."*

Auch Anweisungen darüber, wie diese zu gebrauchen ist, gehören dazu.

Schutzkleidung

Siehe „Schutzausrüstung". Der Begriff ist eher eingeengt und bezieht sich auf Kleidung, die man als Schutz vor Infektionen, Verletzungen, Beschädigung, Verschmutzung zusätzlich zur normalen Kleidung trägt.

schwedischer Weg

Während der ganzen bisherigen Coronazeit gab es in Schweden sehr wenige Corona-Auflagen. Dort sah und sieht es eigentlich fast so aus wie vor Corona, sagen die Menschen dort. Kaum einer trage Maske, wie überall in Schweden sind die Corona-Vorschriften vergleichsweise moderat. Im Ergebnis hierzu gehört Schweden, zusammen mit sieben anderen Ländern, noch immer zu der Gruppe mit der niedrigsten Übersterblichkeit in Europa. Immer wieder wird der schwedische Weg als „gescheitert" beschrieben – besonders von regierungsgläubigen Medien in Deutschland. So heißt es dort zum Beispiel:

„Laut einer Studie hat Schwedens laxer Corona-Weg für eine Aus-
breitung des Virus in Skandinavien gesorgt. "

Die tatsächlichen Zahlen zeigen aber deutlich, dass das Unsinn ist und dass Schweden in fast jeder Hinsicht besser dasteht, als die anderen nord- und westeuropäischen Länder. Der „schwedische Weg" ist demnach mitnichten „gescheitert", sondern könnte auch für künftige Krisen als Vorbild gelten. Es ist gut möglich, dass aber Schweden aus genau diesem Grund als Experimentierfeld benutzt wurde, um im Europa der Zukunft daraus zu lernen. Ein Grund für solche Befürchtungen liegt beispielsweise in der hohen Disziplinierung der Bevölkerung, die sich freiwillig in großer Zahl hat „impfen" lassen, wie auch in der extrem hohen Digitalisierungsrate und dem weitestgehenden Verschwinden von Bargeld. Die Zukunft wird es zeigen.

schwerer Verlauf

Siehe „mittlerer Verlauf". Bei einem schweren Verlauf kann davon ausgegangen werden, dass einfache Bettruhe nicht ausreicht und dass Betroffene ärztliche Hilfe benötigen oder gar ins Krankenhaus eingeliefert werden müssen, weil die Symptome der Erkrankung äußerst heftig sind.

schwurbeln

Das ist ein Neologismus, der in den letzten Jahren erst entstanden ist und mit dem man versucht, Andersdenkende abzuqualifizieren. „Schwurbeln" soll so viel besagen wie „Dummes, unüberlegtes Zeug reden" – nur viel schlimmer. Wer einem Menschen heute unterstellt, er „schwurble", der unterstellt, dass dieser wirr vor sich hinplappere und gar nicht in der Lage ist, seriöse Gespräche zu führen. Das ist natürlich in hohem Maße auch Selbstschutz, mit dem versucht wird, eine Diskussion zu unterbinden, indem man Menschen abqualifiziert, man selbst aber nichts zur Lösung eines Konflikts beizutragen hat. Wer das Gespräch sucht, wer Konflikte ausräumen oder geistige wie auch politische Positionen klären will, der verwendet solch einen abwertenden Begriff nicht.

Schwurbler

Siehe „schwurbeln".

Screening

Eigentlich ist das, allgemein gesprochen, die systematische Untersuchung oder Überprüfung einer großen Anzahl von Personen, Gegenständen und Informationen nach festgelegten Kriterien. Beim Screening werden asymptomatische (also eigentlich gesunde) Personen getestet, die keine bekannte oder vermutete Exposition gegenüber COVID-19 haben, um auf der Grundlage der Testergebnisse individuelle Entscheidungen zu treffen. Screening gibt es auch in der Arbeitswelt: Das Screening der Mitarbeiter bei der Rückkehr an den Arbeitsplatz umfasst das tägliche Stellen von Fragen zur möglichen Exposition ab dem Tag ihrer Rückkehr – vor allem aus dem Urlaub.

Selbstisolierung

Das ist ein Abschirmen gegenüber Kontakten oder Einflüssen von außen. Selbstisolierung bedeutet, dass man sich von anderen absetzt. Man spricht manchmal von der Selbstisolierung einzelner Menschen, aber auch von Parteien und Staaten. Beispielsweise ist Nordkorea durch seine Atombombentests in die Selbstisolierung gegangen. In Myanmar hat die Militärregierung 2000-2010 das Land in die Selbstisolierung geführt. Und Tibet war 1912-1947 in der Selbstisolierung, um sich von Außeneinflüssen abzuschotten. Es gibt auch die positive Selbstisolierung Einzelner: Manche Künstler und Wissenschaftler brauchen Phasen der Selbstisolierung und Muße, um kreativ zu werden, um ihre Gedanken zu ordnen, um neue Inspiration zu bekommen. Es gibt aber auch krankhafte Formen der individuellen Selbstisolierung. Diese werden dann z.B. soziale Isolation genannt. Menschen, die bewusst oder unbewusst keine Kontakte zu anderen haben, sind in der sozialen Isolation. Manche geraten dorthin ohne eigenes Verschulden, andere führen sich selbst, gewollt oder ungewollt, manchmal in Folge von Trauer und Verlust, in die Selbstisolierung. Eine Selbstisolierung im Fall von Corona ist somit die Selbstabschottung eines Einzelnen nach außen. Es gibt dann keinerlei Kontakte zu anderen Personen, bis die selbst gewählte oder vorgegebene Zeit verstrichen ist.

Selbstquarantäne

Siehe „Selbstisolierung". Die Selbstquarantäne ist ein Isolieren der eigenen Person von Dritten, meist in der eigenen Wohnung oder im eigenen Haus.

Selbstständige

Das ist eine Person, die wie ein Unternehmer selbstständig, mit eigener Verantwortung ohne Anweisung von Vorgesetzten in ihrem Beruf arbeitet und nicht bei einer Firma, einem Unternehmen oder einer Behörde angestellt ist. Wer in diesen Tagen selbstständig ist, ist in ganz besonderem Maße von den Maßnahmen betroffen. Es gibt zwar zahlreiche Möglichkeiten, Unterstützung zu beantragen. Diese werden jedoch häufig abgelehnt und viele Selbstständige, beispielsweise im Fitness- oder Gesundheitsbereich, werden mit den Maßnahmen und mit fehlender Hilfe automatisch in die Insolvenz getrieben. Wegen der drastischen Auswirkungen der Maßnahmen sind viele Solo-Selbstständige in ihrer Existenz bedroht oder pleite – also etwa Musiker, Fotografen, Künstler, Heilpraktiker, Dolmetscher oder Pfleger. Eine Studie des Leibniz-Institutes in Frankfurt hat ergeben, dass Freiberufler durch die Krise wirtschaftlich weitaus stärker betroffen sind, als Angestellte. 30 Prozent haben bereits staatliche Mittel beantragt, um die finanziellen Engpässe vorerst abfedern zu können. Bei sehr vielen von ihnen hat all das nichts genützt – nicht einmal ihre Gehorsamkeit und ihr Wohlverhalten bei den Maßnahmen der Herrschenden.

Selbsttest

Ein Selbsttest ist eine der derzeit verfügbaren Testmöglichkeiten, mit denen man prüfen kann, ob man mit dem SARS-CoV-2-Virus „infiziert" ist, oder nicht. Man kann Selbsttests im Supermarkt kaufen. Da der Selbsttest ohne Aufsicht autorisierter Personen erfolgt, gibt es auch keine Möglichkeit, dass er offiziell anerkannt wird. Seine Resultate sind rein persönlicher, privater Natur und sie müssen, sollen sie anerkannt werden, durch einen Antigen- oder PCR-Test bestätigt werden.

Selektion

Dazu gibt es eine ganze Reihe von Bedeutungen. In unserem Zusammenhang reden wir von einem Synonym zu Triage, wo Ärzte aufgrund fehlender Kapazitäten im Gesundheitssystem entscheiden müssen, welche Patienten vor anderen Vorrang haben. So ein Szenario wurde bisher lediglich dazu benutzt, um ein Maximum an Angst und Panik zu erzeugen, denn es ist nicht nur so, dass unser Gesundheitssystem sehr, sehr weit von solch einer Situation entfernt war und ist. Gleichzeitig wurden in Deutschland, angeblich mitten in einer Pandemie, tausende von „Intensivbetten" vernichtet und mindestens 21 Krankenhäuser geschlossen – inklusive einer Corona-Spezialklinik. Hinzu kommt, dass in dieser Zeit tausende von Patienten aus dem Ausland nach Deutschland verbracht wurden, um eine notwendige Auslastung von Krankenhäusern sicherzustellen.

Shutdown

Siehe „Lockdown".

sicherer und wirksamer Schutz

Die verschiedenen nur verfügbaren „Impfseren" zeigen in den Zulassungsstudien alle einen durchschnittlich zu etwa soundso viel Prozent wirksamen Schutz vor einer COVID-19-Erkrankung. Was für ein Unsinn das alles ist, zeigen neue Studien, die klar belegen, dass ein Schutz entweder nur temporär ist oder gar nicht besteht. Immer ist die Rede von „gutem Schutz" und ähnlichem Nonsens. Wenn man normalerweise gegen etwas impft, dann geht man davon aus, dass die Krankheit, gegen die man geimpft ist, langfristig überhaupt nicht auftreten kann. Das, was hier mit „gutem Schutz" angepriesen wird, ist lediglich für die Firmen interessant, die so etwas herstellen. Wenn man nun noch davon ausgeht, dass immer kürzer definierte Zeiten der Nachimpfung anzeigen, dass die Verantwortlichen entweder sich irren oder bewusst lügen, gibt es für die Entscheidung, an dem staatlich propagierten Impfprogramm teilzunehmen, wenige Argumente.

Sicherheitsabstand

Das ist die Distanz wischen bestimmten Objekten, die den Schutz vor einer Schädigung oder Gefährdung gewährleisten soll. In der Coronawelt ist es die Entfernung zur Vermeidung einer Übertragung von Krankheitserregern oder zur Eindämmung einer Ausbreitung von Infektionskrankheiten. Die Abstände werden von den Regierenden in Abstimmung mit den Behörden immer wieder neu festgelegt und definiert. Bemerkenswert sind die Auswirkungen. Polizisten, die früher Verbrecher gejagt haben, überprüfen jetzt in den Städten, in Parks oder anderen öffentlichen Einrichtungen, ob die vorgegebenen Sicherheitsabstände eingehalten werden, oder nicht. Verbrecher scheint es nicht mehr zu geben. Jedenfalls ist es so, dass bisher genau jene Polizei, die nun mit Zollstöcken die Einhaltung von Abständen überprüft, bisher geklagt hat, nicht ausreichend Personal für die Verfolgung von Straftaten zur Verfügung zu haben.

Sieben-Tage-Inzidenz

Das ist Anzahl der neu aufgetretenen Infektionen mit SARS-CoV-2 pro 100.000 Einwohner innerhalb der vergangenen sieben Tage. Um die 7-Tage-Inzidenz zu berechnen, wird also die Anzahl der Infizierten der letzten sieben Tage in einem Gebiet zusammengezählt, durch die Anzahl der Einwohner dividiert und dann mit 100.000 multipliziert. In großen Regionen mit mehr als 100.000 Einwohnern zeigt die Inzidenz eine kleinere Zahl als in kleineren Kreisen. Besonders bemerkenswert sind daher Inzidenzen für sehr kleine Einheiten. In einer Gemeinde mit rund 1.000 Einwohnern reicht demnach schon die Neuinfektion einer einzigen fünfköpfigen Familie, um dieser Ortschaft eine Inzidenz von 500 zu bescheinigen. Tatsächlich müsste dann die Ortschaft selbst nach offizieller Sichtweise nicht gesperrt werden, sondern es würde die Quarantäne für die betroffene Familie reichen. Betrachtet man den Wert mit vorsichtiger Kritik, dann wird deutlich, dass es sich dabei um einen herbeigetesteten Wert handelt, der im Grunde wertlos ist, weil sich mehrheitlich gesunde Menschen hinter der Zahl verbergen. Im Neudeutschen werden solche Menschen aber als asymptomatisch krank bezeichnet, damit man sie, weil positiv getestet, hinzurechnen kann. Im Herbst 2021 haben hochrangige Minister, Beamte und auch die Medien verkündet, dass die Sieben-Tage-Inzidenz ausgedient habe. Man habe nun einen weitaus besseren Wert, nämlich die Hospitalisierung bzw. den Grad der Auslastung der Intensivplätze der Krankenhäuser, der ein weitaus klareres Bild von der realen Situation erlaube. Mit der Omikron-Variante ist nun eine hochansteckende aber weithin eher wenig gefährliche Mutation aufgetaucht, durch die zwar die Krankenhäuser wenig belastet werden, dafür aber die Inzidenzen massiv nach oben gehen. Daher wird nun wieder dieser bereits eingemottete Wert aus dem Hut gezaubert und durch seine täglich zelebrierte Verkündigung soll über die Medien Furcht und Schrecken im Volk am Leben gehalten werden.

Social Distancing

Auch das ist wieder ein sehr typisches Wort aus der neuen Sprachwelt, durch das signalisiert wird, dass man zu seinen Mitmenschen Abstand wahren müsse, weil Menschen nicht mehr, wie früher, als Teilnehmer einer Gesellschaft definiert werden, sondern praktisch nur noch als potenzielle Virenträger. Social Distancing ist per Definition das Vermeiden eines direkten Körperkontakts und das Abstandhalten zu anderen Personen sowie das Einschränken sozialer Kontakte zur Risikominderung bei einer sich ausbreitenden Epidemie. Als einzuhaltender Abstand wurden von Anfang an 150 cm vorgegeben. In vorauseilendem Gehorsam gibt es viele Stellen, die 200 cm vorschreiben. Social Distancing ist eine von zahlreichen ergriffenen Maßnahmen, um gegen die Ausbreitung von SARS-CoV-2 vorzugehen. Um der Bedeutung einer solchen Vorschrift Nachdruck zu verleihen, hat man Polizisten und andere Ordnungskräfte zur Anwendung und Überprüfung angeleitet und diese teilweise mit entsprechenden Zollstöcken ausgestattet. So kam es dann auch unweigerlich zu Szenen, in denen Menschengruppen auf Sitzbänken in Parks mit solchen Stäben auseinandergetrieben wurden. Es ging dabei um Menschen, die einfach nur sitzen wollten – während womöglich im selben Park ein paar Meter weiter mit Rauschgift und anderen verbotenen Dingen gehandelt werden durfte, ohne dass jemand dagegen einschritt.

Soloselbstständige

Das ist ein geflügelter Ausdruck, mit dem jemand beschrieben wird, der beruflich selbstständig tätig ist und keine Angestellten beschäftigt. Ein sogenannter Einzelkämpfer, der sich meist mit temporär sehr befristeten Aufträgen am Leben erhält. Dass diese Berufsgruppe in besonderem Maße unter den Maßnahmen gegen Corona und unter Lockdowns zu leiden hat, steht zweifelsfrei fest. Viele von Ihnen wurden wenig bis gar nicht unterstützt, allein gelassen und im Laufe der Zeit in Ruin und Armut getrieben.

Spendenzaun

Siehe „Gabenzaun".

Spreader-Event

Ein Spreader-Event ist eine Veranstaltung, bei der eine einzelne COVID-19-Infektion zu einem größeren Ausbruch unter den Teilnehmern werden kann. Damit ist beabsichtigt, dass die Menschen, die teilnehmen, infiziert werden, um sich damit natürlich gegen das Virus zu immunisieren. Schon früh wurde bekannt, dass COVID-19 unter jüngeren Menschen eher milde Auswirkungen hat. Aus diesem Grund haben sich zahlreiche Veranstaltungen dieser Art organisiert – die offiziell verboten waren und an denen in erster Linie junge Menschen teilgenommen hatten. Dass mit großer Härte gegen solche Events vorgegangen wurde und wird, legt nah, dass eine natürliche Immunisierung von den Verantwortlichen zu keinem Zeitpunkt gewollt war und dass weit mehr die bevorstehende, sicherlich geplante, Impfkampagne unterstützt werden sollte.

Spuckschutz

Gemeint ist eine transparente Schutzscheibe, die das Risiko der Übertragung von Krankheitserregern durch Tröpfcheninfektion minimieren soll. Dabei kann es sich auch um eine Kopfhaube, ein sogenanntes Gesichtsschild (siehe dort) handeln, wodurch die Übertragung von Aerosolen durch Atem oder Sprache verhindert werden soll. Transparente Trennwände, mit denen im Zusammenhang mit Corona viel Geld verdient wurden, erhöhen laut Hersteller und Politik den Schutz vor ungewollten Übertragungen per Tröpfcheninfektion, also beispielsweise durch Niesen oder Spucken. Noch wichtiger ist, dass sich Beschäftigte und Kunden damit sicherer fühlen, ohne dass die Kommunikation in hohem Maße gestört wird. So entstand die Empfehlung der Bundesapothekerkammer, in Verkaufs- und Kassenbereichen solche Plexiglas-Schutzwände aufzustellen.

Spuckschutztrennscheibe

Siehe „Spuckschutz".

Spuckschutzwand

Siehe „Spuckschutz".

Spuckwand

Siehe „Spuckschutz".

Ständige Impfkommission

Die „Ständige Impfkommission" (STIKO) entwickelt Impfempfehlungen für Deutschland und berücksichtigt dabei nach offizieller Maßgabe nicht nur deren Nutzen für das geimpfte Individuum, sondern für die gesamte Bevölkerung. Kritik an der STIKO kam in der Vergangenheit insbesondere von den Hardlinern, den extremen Vertretern der Corona-Maßnahmen der Regierenden, die ein noch härteres Vorgehen forderten. Ungeschickte Kommunikation und langsame Entscheidungen werden der Kommission und ihrem Chef Thomas Mertens vorgeworfen. Eine stärkere Unterwerfung wird gefordert. Der Vorwurf wurde laut, dass die STIKO zu spät eine Empfehlung für die Auffrischimpfung ausgesprochen habe, weshalb Deutschland in der Boosterimpfkampagne heute schlecht dastehe – was die Gesundheit der Menschen gefährde. Zudem sagte ihr Vorsitzender Thomas Mertens, er würde sein eigenes Kind aktuell nicht impfen lassen. Weil Kinder sehr selten schwer an COVID-19 erkrankten, sei der Nutzen der Impfung, so Mertens, weniger groß als bei Erwachsenen. Da müsse man sich sehr sicher sein, dass die Impfung sicher ist. Dabei ist der Gedanke, dass Kinder allein aus gesellschaftlichen Erwägungen geimpft werden, nicht abwegig, aber verwerflich. Kinder sind nicht in der Lage, solche Themen objektiv abzuwägen. Man kann, wenn man an die Narrative glaubt, auch auf die Idee kommen, dass impfen für den Eigenschutz akzeptabel sein könne. Impfen für den Fremdschutz aber? Das lässt sich durch überhaupt nichts mehr rechtfertigen. Letztlich lässt sich feststellen, dass auch die STIKO sich immer stärker unter die vorgegebenen Zwänge unterordnet und weitgehend so entscheidet, wie dies gewünscht ist.

Sterberate

Ein Wort, das man in diesen Tagen besonders häufig hört, weil es so eine große Diskrepanz zwischen der ausgerufenen Pandemie und der Wirklichkeit gibt. Eine Sterberate ist das Verhältnis der Todesfälle bezogen auf die Gesamtanzahl der Personen in einem bestimmten Zeitraum. Deutschland oder die umgebenden Länder liefern beeindruckende Zahlen. Insbesondere im ersten Jahr der „Pandemie" fällt auf, dass es, im Gegensatz zu dem, was man eigentlich in einer Pandemie erwarten würde, gar keine „Übersterblichkeit" gegeben hat. Ganz im Gegenteil: Bevor die Länder die „Impfaktion" ins Leben gerufen hatten, gab es gegenüber den vergangenen Jahren eine Untersterblichkeit. Das bedeutet, dass in nahezu jedem Monat des Beobachtungszeitraums weniger Menschen gestorben sind, als in den Vergleichsmonaten der Vorjahre. Noch verblüffender ist für viele Menschen, dass die Sterblichkeit mit Beginn der „Impfungen" anstieg und dass diese äußerst stark angestiegen ist, nachdem bereits ein Großteil der Bevölkerung geimpft war. Das belegen sehr anschaulich die Monate Oktober bis Dezember 2021. Welcher Zusammenhang besteht, ist nicht bewiesen – so wenig wie jene Menschen irgendetwas beweisen müssen, die derzeit die offiziellen Narrative vertreten. Wie wenig man den Öffentlich-Rechtlichen Medien in dieser Frage vertrauen kann, zeigte sich eklatant in den ersten Monaten des Jahres 2021: Wie immer begannen beispielsweise die täglichen Nachrichtensendungen des Deutschlandfunks mit der Auflistung der „Infizierten und der Toten". Für nahezu jeden Tag des Januars wurden durchschnittlich 1.000 an COVID-19 verstorbene Menschen gemeldet.

Befragt man nun aber die offizielle Datenbank der UNO, dann kommt man zu dem erstaunlichen Ergebnis, dass in dem genannten Monat ebenso wie in den Folgemonaten nicht, wie erwartet, mindestens 30.000 Menschen mehr verstorben sind, wie in einem Vergleichsmonat der Vorjahre, sondern um die 4.000 Menschen weniger. Ein Wunder ist es daher nicht, dass immer mehr Menschen den Eindruck haben, dass in den Medien falsche Narrative verbreitet werden und dass der Öffentlich-Rechtliche Rundfunk der letzten Jahre in sehr hohem Maße seine journalistische Unabhängigkeit aufgegeben hat und zum reinen Sprachrohr der Herrschenden mutiert ist.

Sterberisiko

Das Sterberisiko ist die Wahrscheinlichkeit bzw. das Risiko, in einem vorgegebenen Zeitraum zu sterben. Der Begriff wurde insbesondere seit Ausrufung der Pandemie sehr häufig zur Anwendung gebracht, um Angst und Schrecken in der Bevölkerung zu erzeugen und am Leben zu erhalten. Wer möchte schon krank werden oder sterben. „Willst Du die Krankheit COVID-19 bekommen?" – das wurde ich in den zurückliegenden Monaten immer wieder gefragt. Dass die tatsächlichen Zahlen etwas ganz anderes aussagen, als was mit der erzeugten Stimmung erreicht wurde, verwundert nicht.

Sterblichkeitsrate

Siehe „Mortalität".

STIKO

Siehe „Ständige Impfkommission"

Stufenplan

Einen Corona-Stufenplan gibt es in unterschiedlichen Ausprägungen – je nachdem, wann und von wem er erlassen wurde. Die Stufenpläne beschreiben die unterschiedlichen Eskalationsstufen – je nach Grad einer gemessenen und ertesteten Inzidenz oder nach Belegung der Intensivbetten in Krankenhäusern. Ebenso wie die zugrunde gelegten Basiswerte sind auch die verschiedenen Eskalationsstufen subjektiv. Sie hängen in hohem Maße davon ab, wann und von wem sie erlassen wurden. Gemeinsam ist aber allen, dass sie die Rechte der Menschen einschränken – mit oder ohne zeitliche Perspektive.

südafrikanische Variante

Südafrika musste nun schon zum zweiten Mal für eine Mutation des Coronavirus herhalten. Bei der ersten Mutante wusste man in dem afrikanischen Land überhaupt nichts von der Variante, beim zweiten Mal wurde sehr rasch deutlich, dass auch hier wieder ein Irrtum vorlag. Die zweite Mutante, das sogenannte Omikron, scheint es in der Tat zu geben. Ganz im Gegensatz zu europäischen Staatsmännern hat Südafrika aber schon sehr rasch festgestellt, dass Omikron zwar sehr ansteckend, aber in den Symptomen eher mit einem stärkeren Schnupfen zu vergleichen ist. Die Auswirkungen wurden mit Husten, Niesen, ggfs. leichtem Fieber beschrieben. Bald zogen auch westliche Wissenschaftler nach und erkannten, dass die neue Mutante wenig gefährlich ist. Besonders rasch war auch in diesem Fall wieder die Pharmabranche zur Hand, von der sogleich bestätigt wurde, dass die vorhandenen „Impfstoffe" auch gegen das neue Omikron wirksam seien. Warum man sich allerdings gegen ein Virus impfen soll, dessen Auswirkungen so gering sind, konnte von dieser Seite bisher nicht erklärt werden. Schon gar, wenn man weiß, dass der Impfstoff nicht richtig wirkt.

Superspreader

Das ist jemand, der mit einem infektiösen Krankheitserreger infiziert ist und durch seine überdurchschnittlich hohe Anzahl von Sozialkontakten erheblich zu dessen Verbreitung beiträgt. In Coronazeiten gehörte nicht viel dazu, zum Superspreader erklärt zu werden. Menschen, die angeblich infiziert waren bzw. sind und sich dann unter die Menschen mischen, sei es absichtlich, sei es unwissentlich, werden zu Superspreadern erklärt.

Superspreader-Event

Das ist ein Ereignis, zu dem ein sogenannter Superspreader einlädt bzw. das er organisiert, damit sich eine besonders hohe Anzahl von Menschen infiziert – in aller Regel zum Zweck der natürlichen Immunisierung. Es ist ein Ereignis, dass vor allem bei jüngeren Menschen vorkam. Zum Superspreader-Event wurden aber auch Familienfeiern, vor allem bei unseren orientalischen Mitbürgern, erklärt, beispielsweise das alljährliche Fastenbrechen, zu dem die Menschen sich in einem Raum zum Feiern versammeln, obwohl solche Treffen von den Verantwortlichen verboten werden.

Symptome

Nun sind wir wieder bei dem Wortpaar „symptomatisch-asymptomatisch" angelangt. Symptome sind Auswirkungen einer Krankheit auf eine infizierte Person.
In der neuen Coronawelt werden alle Menschen getestet – ob sie nun Symptome
aufweisen, oder nicht. Jedenfalls werden Menschen mit Symptomen sogleich getestet und, wenn sie mit dem SARS-CoV-2-Virus infiziert sind, sofort isoliert.
Die Symptome werden durch den Grad ihrer Ausprägung unterschieden, und je
nachdem, wie diese ausfallen, spricht man von einem leichten, mittleren oder
schweren Verlauf. Über asymptomatisch Kranke wurde an anderer Stelle bereits
berichtet.

symptomatisch

Siehe „Symptome".

systemkritisch

In Coronazeiten sind damit Menschen gemeint, die sich kritisch mit der vorhandenen Politik, ihrer Verbindung zu den Medien und zur Justiz wie auch mit erlassenen Maßnahmen auseinandersetzen. Es sind Menschen, die ihre Kritik auch öffentlich äußern. In der neuen Coronazeit werden solche kritischen Personen aber
in zunehmendem Maße ignoriert oder gar als Schwurbler beschimpft, ausgegrenzt, diskriminiert. Kritik wird als störend empfunden, weil diese das mittlerweile zur Normalität degenerierte „Durchregieren" erschwert.

systemrelevant

Systemrelevant heißt, dass das Unternehmen, der Betrieb, die Behörde usw. von
entscheidender Bedeutung für die Aufrechterhaltung und den Fortbestand eines
bestimmten Systems ist. Menschen, die in einem systemrelevanten Unternehmen
arbeiten, haben auch in Zeiten von Lockdown und Ausgangsbeschränkung besondere Rechte und Freiheiten. Sie können beispielsweise von ihrem Arbeitgeber
eine Bescheinigung erhalten, in der klargestellt wird, dass sie sich auch während
einer angeordneten Ausgangssperre außerhalb des Hauses aufhalten dürfen. Menschen, die in einem systemrelevanten Unternehmen arbeiten, müssen zudem nicht
um ihren Arbeitsplatz fürchten. Gleichzeitig ist es eine Schande für eine Regierung, dass sie Unternehmen nach solchen Kriterien einteilt – was letztlich doch

auch bedeutet, dass es für sie wichtige und unwichtige Betriebe und Branchen ebenso gibt, wie wichtige und unwichtige Menschen.

T

Teillockdown

Bei einem Teillockdown geht es darum, die Welt in zwei Klassen aufzuteilen: In Geimpfte und Ungeimpfte. Während Menschen, die ihre Impfungen vorschriftsmäßig empfangen haben, ihre erimpften Freiheiten behalten dürfen, müssen all jene, die sich, aus welchem Grund auch immer, nicht impfen lassen wollen, in den Lockdown gehen. Für solche Leute bleiben viele Geschäfte, die gesamte Gastronomie, Hotels, Museen usw. verschlossen. Mittlerweile weiß man aber, dass auch Menschen mit „Impfung" ansteckend sein oder erkranken können. Das lässt erahnen, dass es in den Beschlüssen auch gar nicht um Gesundheitsvorsorge geht, sondern dass auf diesem Weg möglichst viele Menschen dazu gedrängt werden sollen, sich das „Impfserum" verabreichen und sich somit „freiimpfen" zu lassen.

Telearbeit

Telearbeit ist eine Form der Arbeit, bei der ein Arbeitnehmer seine Leistung außerhalb der Geschäftsräume des Arbeitgebers mithilfe eines Computers erbringt, der über ein digitales Kommunikationsnetz mit einem Server seines Arbeitgebers verbunden ist. Siehe „Homeoffice".

Teleheimarbeit

Siehe „Homeoffice" und „Telearbeit".

Termin-Shopping

Das ist ein besonders hässlicher Begriff aus der neuen Corona-Sprachwelt. Es beschreibt einen Einkauf in einem für spontane Besuche geschlossenen Ladengeschäft nach vorheriger Anmeldung. Man muss, bevor man einkaufen geht, zuerst einen Termin abstimmen, um dann genau um die vereinbarte Zeit vor dem Laden zu stehen und Einlass zu erhalten. Befindet man sich dann in solch einem Geschäft, muss auch die vereinbarte Zeitspanne eingehalten werden und danach ist der Laden wieder zu verlassen. Damit ist Einkaufen vollständig reglementiert und gemütliches Schlendern durch Einkaufsmeilen mit spontanem Besuch des einen oder anderen Geschäftes gehört der Vergangenheit an.

Test

Wie wir gelernt haben, sind es die Tests, durch welche die Pandemie erst ins Rollen gebracht wurde und es sind die Tests, die Angst und Schrecken verbreiten und am Leben erhalten. Länder wie South Dakota, in denen nie solche Tests durchgeführt wurden und in denen es trotzdem kein Massensterben gab, zeigen, dass es fragwürdig ist, ob es ohne Tests überhaupt eine „Pandemie" gegeben hätte. Genau genommen wurde die Krankheit, wie sie über die Medien verbreitet wird, ertestet. Das soll natürlich nicht heißen, dass es das SARS-CoV-2-Virus nicht gibt. Interessant ist zudem die Frage, ob es menschengemacht ist, oder ob es, wie behauptet wird, durch Fledermäuse auf einem Markt in Wuhan in die Welt gebracht worden ist. Aber ohne die zahllosen Tests gesunder Menschen und angesichts einer hohen Falsch-Positiv-Rate wäre man niemals auf solche Zahlen gekommen, die man den Menschen täglich über die Medien präsentiert hat. Von einer Test-Demie zu sprechen liegt demnach sehr nah.

Testcenter

Ein zentraler Ort, an dem Tests durchgeführt werden. Tests können mittlerweile dezentral in eigens aufgebauten Zelten oder vorher leerstehenden Räumen durchgeführt werden. In aller Regel handelt es sich dann um Antigen-Tests. Testcenter ist hingegen ein zentraler Ort, z.B. eine leerstehende Schule, in der Fachkräfte beschäftigt sind und wo auch PCR-Tests durchgeführt werden können. Ein Testcenter ist normalerweise direkt mit dem Gesundheitsamt verbunden.

testen

Siehe „Test".

Testnachweis

Nach einer Testaktion in einem Testcenter oder einer dezentralen Einrichtung erhält der Getestete eine Bescheinigung, in der steht, dass man „negativ" getestet worden ist – falls es keine Positivtestung gab. Diese Bescheinigung ist der Testnachweis. Er ist in aller Regel nur 24 Stunden gültig. Zeitweise mussten die Kosten hierfür selbst erbracht werden, mittlerweile werden diese wieder mit öffentlichen Geldern bestritten.

Testpflicht

Testpflicht umfasst verschiedene Bereiche. Sie ist eine Vorschrift für eine bestimmte Person oder Personengruppe, einen Test durchzuführen und einen entsprechenden Nachweis zu erbringen. Da ist beispielsweise die Einreise in ein Land. Derzeit gibt es eine Testpflicht, bei der je nach Land entweder ein aktueller Antigentest, oder aber ein PCR-Test zu erbringen ist. Auch in den Unternehmen muss jetzt getestet werden, und ohne Impfung oder Test darf niemand das Firmengelände betreten. Testpflicht gibt es auch bei 3G- und 2G, wo ein Geschäft oder ein Restaurant nur nach Vorlage des entsprechenden Testnachweises (siehe dort) betreten werden darf.

Teststraße

Teststraßen sind dezentrale Testmöglichkeiten, die vor allem in Städten angeboten werden. In aller Regel handelt es sich um sogenannte Test-Walk-Ins oder Test-Drive-Ins, wo man nach nur sehr kurzer Wartezeit sein Ergebnis erhält.

Testzwang

Siehe „Testpflicht". Allerdings beinhaltet das Wort „Zwang" auch die mögliche Anwendung physischer Gewalt. Einen solchen Testzwang gibt es derzeit im Land offiziell noch nicht.

Testung

Siehe „Test".

Tischabstand

Der Tischabstand ist eine neue Regel aus der Corona-Welt, in der vor allem in der Gastronomie und in Kantinen festgelegt wird, dass Tische und Stühle einen bestimmten Abstand haben müssen, damit das Virus sich nicht so leicht überträgt. Ein wichtiger Baustein, um sich und andere vor einer Ansteckung mit dem Coronavirus SARS-CoV-2 zu schützen, so heißt es in einem offiziellen Papier, ist nach wie vor, auf einen Abstand von mindestens 1,5 Metern zu achten. Für größere Gaststätten ist das realisierbar, für kleinere Gastronomen bedeutet so eine Vorschrift oft, dass das Restaurant nicht mehr rentabel arbeiten kann.

Todesrate

Siehe „Sterberate". Der Begriff bezeichnet die Anzahl der Toten im Verhältnis zur Gesamtzahl von Menschen in einer definierten Region.

Tracing

Das ist der englische Begriff für „Nachverfolgung einer Spur". Tracing, wie es in der neuen Corona-Sprachwelt zu verstehen ist, ist eine neue Form der Überwachung. Mit Tracing versucht man, bei einem mit dem SARS-CoV-2-Virus infizierten Menschen all die Personen herauszufinden, die mit dem „Infizierten" seit der Ansteckung in Kontakt waren. Für diese Form der Kontaktnachverfolgung werden sogenannte Handy-Apps eingesetzt, mit denen man hofft, ein lückenloses Bild einer Ansteckung und seiner Folgen zu erhalten. Zu diesem Zweck waren für teures Steuergeld die Telekom zusammen mit der Firma SAP beauftragt, eine App zu programmieren, mit der u.a. ein solches Tracing möglich ist. Die 65 Millionen Euro wurden zwar aufgebraucht, die gelieferte App war aber in einem Maße fehlerhaft und untauglich, dass sie sich nie durchsetzen konnte. Auch alle anderen Arten der Kontaktnachverfolgung blieben bisher lückenhaft und ob diese Lücken in überschaubarer Zeit zu stopfen sind, ist fraglich.

Tracing-App

Siehe „Tracing".

Tragedisziplin

Gemeint ist damit der Grad der Bereitschaft der Menschen, die Mund-Nasen-Bedeckungen vorschriftsmäßig zu tragen und sich den Vorgaben der Regierungen zu unterwerfen.

Transkription

Siehe „Boten-RNS".

Triage

Unter Triage versteht man, allgemein gesprochen, eine Einteilung, Kategorisierung von Patienten nach der Dringlichkeit und dem voraussichtlichen Erfolg der Behandlung. Gemeint ist damit, dass ein Arzt oder eine Klinik bei Überbelegung die Wahl zu treffen hat, welche Patienten zu behandeln sind, und welche nicht. Mit diesem Schreckensszenario haben Politik und Medien schon früh gedroht und man droht noch immer. In der Tat aber sind die Kliniken in Deutschland sehr weit davon entfernt, so eine Auswahl treffen zu müssen. Ganz im Gegenteil ist es so, dass mitten in der ausgerufenen Pandemie tausende von Intensivbetten in den Kliniken abgebaut werden konnten und man zudem mindestens 21 Kliniken komplett schließen konnte – mangels Rentabilität. Auch wurde mittlerweile eine Impfpflicht im Gesundheitsbereich beschlossen, mit dem sicherlich nicht wenige Pflegestellen verloren gehen werden.

triagieren

Siehe „Triage". Jemanden nach Sichtung oder Prüfung auswählen bzw. Patienten nach der Dringlichkeit und dem voraussichtlichen Erfolg einer Behandlung einteilen bzw. kategorisieren.

Tröpfcheninfektion

Das ist die häufigste Form der Infektion, wobei Krankheitskeime durch verstreute kleinste Tröpfchen beim Husten, Niesen, Sprechen übertragen werden.

U

Übersterblichkeit

Übersterblichkeit ist die in einem bestimmten Zeitraum gegenüber dem langjährigen Durchschnitt erhöhte Sterblichkeit innerhalb einer Bevölkerung oder Personengruppe. Siehe auch „Sterberate".

Übertragungsweg

Das ist die Art bzw. der Weg, wie eine Infektion und deren Erreger übertragen und damit verbreitet werden kann. So heißt es, dass das Coronavirus SARS-CoV-2 nur von Mensch zu Mensch übertragbar und dass hierfür die Tröpfcheninfektion der Hauptübertragungsweg sei. Eine solche Übertragung kann dann erfolgen, wenn virushaltige Tröpfchen an die Schleimhäute der Nase, des Mundes und gegebenenfalls der Augen gelangen. In anderen Dokumentationen heißt es, dass die Übertragung über verschiedene Wege erfolgen kann und vor allem über die Atemwege stattfindet. So ganz genau scheint man das immer noch nicht zu wissen, aber sicher scheint zu sein, dass das SARS-CoV-2-Virus in seiner ursprünglichen Form für eine Atemwegserkrankung verantwortlich ist.

Überwachung

Im Internet heißt es auf den Nachdenkseiten, eine bedenkliche Begleiterscheinung der Corona-Politik sei die Einführung von Mitteln der Massenüberwachung. Gleichzeitig gerate die Idee des Datenschutzes prinzipiell unter Druck. Dazu komme, dass viele Bürger diese Entwicklungen unter dem Eindruck der „Pandemie"-Bekämpfung eher akzeptieren. In der Tat waren Kontrolle und Überwachung in Deutschland noch nie so leicht, wie heute. In Angst und Panik versetzt, akzeptieren die Menschen mittlerweile nahezu alles, was sie zuvor abgelehnt oder zumindest den Datenschutzbeauftragten zur Kontrolle vorgelegt hatten. So gerät das Recht auf den Schutz der eigenen Daten im Zuge der Corona-Politik unter Druck. Mobilitätsdaten könnten helfen, die Krise schneller und besser zu bewältigen, so heißt es. So ist auch die NZZ erstaunt, dass „die Informationstechnik nicht ausreichend zur Bekämpfung der Corona-Pandemie genutzt" werde. Auch CDU-Politiker Merz erklärte kürzlich, dass Politik und Recht viel zu viel auf den individuellen Datenschutz ausgerichtet seien, auch wenn dies auf Kosten der Allgemeinheit gehe. So und so ähnlich argumentieren in diesen Tagen viele

Verantwortliche. Viele weisen darauf hin, dass der Datenschutz hierzulande ebenso sehr bedroht ist, wie der Bestand der Grundrechte.

ungeimpft

Siehe „Geimpft".

unimmunisiert

Siehe „immunisieren".

unkompliziertes Angebot

Impfen, so heißt es, ist mittlerweile fast überall unkompliziert möglich: Bundesweit bieten vor allem niedergelassene Ärzte sowie Betriebsärzte eine Impfung gegen COVID-19 an. Ergänzend dazu bringen mobile Impfteams und zahlreiche lokale Impfaktionen die Corona-Schutzimpfung direkt zu den Menschen. Impfen wird demnach immer einfacher und die zunehmende Werbung für die Impfung wird flankiert von Maßnahmen, die ermuntern sollen, sich impfen zu lassen. Hinzu kommt noch, dass impfbereite Menschen zusätzliche Anreize für eine Impfung erhalten. Dazu gehören nicht nur Bier und Bratwurst, sondern Geschenke bis hin zu Freikarten in einem Stadion – wie dies kürzlich der SC Freiburg angeboten hatte. Auch die Kirche beteiligt sich an solchen „Angeboten" und so wurden jüngst im Zusammenhang mit einer heiligen Messe vor dem Kölner Dom Menschen „geimpft".

V

Vakzin

Siehe „Impfstoff" und „Impfserum".

Varianten

Siehe „Beta", „Delta", „Omikron" usw. Ein Virus beginnt in aller Regel dann zu mutieren, wenn es bekämpft wird. Bevor es eine Impfung gegen das SARS-CoV-2-Virus gab, gab es keine Mutationen. Jedenfalls waren keine bekannt. Das ist schlicht eine Tatsache. Mit dem Beginn der Impfungen begann auch das Virus, zu mutieren und sich in immer neuen Erscheinungsformen zu zeigen. Virologen hatten für die Menschen zumindest eine positive Prognose: Die neuen Varianten werden zwar immer ansteckender, zugleich aber in ihren Symptomen ungefährlicher. Mittlerweile beherrscht Omikron das Geschehen und es scheint sich auch zu bewahrheiten, dass die Anzahl hospitalisierter Menschen aufgrund einer Ansteckung zurückgeht, obwohl die Inzidenzrate durch die neue Variante extrem steigt.

Variantengebiet

Gemeint ist damit ein Land oder Landesteil, in dem eine Variante eines Krankheitserregers dominiert. Häufig hört man auch den Begriff „Virusvariantengebiet". Es geht dabei weniger um den Gesundheitsschutz, sondern weit mehr um Überwachung und Kontrolle. Wenn beispielsweise jemand, der sich in einem Virusvariantengebiet befindet, nach Hause zurückkehren will, muss er sich nicht nur einem Test unterziehen, sondern sich auch automatisch absondern und in Quarantäne begeben sowie sich behördlich melden. Es fällt schwer, nicht zu glauben, dass die Herrschenden damit Reisen einschränken und die Bewegung ihrer „Bürger" steuern wollen.

Vektorimpfstoff

Per Definition ist das ein Impfstoff, der unschädlich gemachte andere Viren als Träger für den Wirkstoff gegen das zu bekämpfende Virus benutzt. Die sogenannten Vektorimpfstoffe waren vor Corona nicht zugelassen und eine Zulassung war auch nicht in Sicht. Durch den angeblichen Druck, durch Corona erzeugt, haben sich die Zulassungsbehörden davon „überzeugen lassen", die Anträge der jeweiligen Hersteller positiv zu bescheiden. Seit Dezember 2020 sind die ersten Impfstoffe gegen COVID-19 in Europa „zugelassen". Ende Januar 2021 erhielt auch der Vektor-Impfstoff Vaxzevria® von AstraZeneca eine sogenannte bedingte Zulassung in der EU. Bedingt zugelassen bedeutet, dass der Impfstoff angeblich sicher und wirksam ist, der Einsatz aber dennoch kontinuierlich beobachtet und wissenschaftlich begleitet wird. Eine bedingte Zulassung also. Bedenken sollte man in jedem Fall, dass man eine Impfung nur dann erhält, wenn man zuvor mit der eigenen Unterschrift bestätigt hat, dass man alle Risiken der Impfung auf sich nimmt – einschließlich des eigenen Todes.

Vereinfachte Krankschreibung

Es ist so, dass man sich seit Corona telefonisch krankmelden kann. Arbeitnehmer, die an leichten Atemwegserkrankungen leiden, können bis 31. März 2022 von niedergelassenen Ärzten telefonisch für bis zu sieben Kalendertage krankgeschrieben werden. Die Ärzte müssen sich dabei persönlich vom Zustand der Patienten durch eine eingehende telefonische Befragung überzeugen. Eine einmalige Verlängerung der Krankschreibung kann telefonisch für weitere sieben Kalendertage ausgestellt werden. Eine weitere Prüfung scheint es nicht zu geben.

Verbreitungsweg

Das ist, allgemein gesprochen, die Art und Weise, wie sich eine Sache in einer definierten Region ausbreitet. Konkret will man wissen, wie eine Infektion und deren Erreger übertragen und verbreitet werden. Als wichtigste Übertragungswege gelten nach dem gegenwärtigen Stand der Forschung Tröpfchen, Hände und Oberflächen. Das Coronavirus ist demnach eine Tröpfcheninfektion und die Übertragungswege ähneln denen der Grippe, den Influenza-Viren. Das sind alles Behauptungen, die nicht vollständig wissenschaftlich erwiesen sind, aber zum einen wird ein Teil der Wissenschaftler ausgegrenzt, zum anderen werden wichtige Studien, beispielsweise die Heinsberg-Studie, die Prof. Dr. Streeck im Auftrage der Landesregierung durchgeführt hat, nicht hinreichend bewertet. Detailliertere Erkenntnisse liegen deshalb augenblicklich nicht vor.

Verdachtsfall

Siehe „Corona-Verdachtsfall". Ein Verdachtsfall ist, allgemein gesprochen, eine Sache oder eine Situation, bei der ein Verdacht auf etwas besteht oder bei dem eine Krankheit nicht ausgeschlossen werden kann.

verimpfen

Von „verimpfen" spricht man, wenn man einen Impfstoff an einen oder mehrere „Impflinge" verabreichen will. Verimpfen ist ein neues Wort aus der Corona-Wirklichkeit. Sehr oft wird es von Politikern in dem Sinne gebraucht, dass bestellte und gelieferte Mengen nicht verfallen und dass für die Seren hinreichend geeignete „Objekte" gefunden werden sollen.

Verlauf

Fieber und Husten, manchmal kommen Schnupfen, Gliederschmerzen, Hals- und Kopfweh – mit Verlauf wird das Ausmaß der Symptome definiert, die eine Krankheit hervorruft. Bei Corona spricht man von einem leichten, mittleren und schweren Verlauf. Auch asymptomatische Verläufe, die früher einfach „gesund" hießen, sind nach diesem Narrativ möglich.

Verschwörungserzählung

Ein sehr häufig verwendetes Wort in Zeiten von Corona. Eine Verschwörungserzählung ist eine Geschichte oder Legende, in der eine bestimmte, unerwünschte Situation oder Entwicklung als Ergebnis einer geheim gehaltenen Übereinkunft meist hochrangiger und einflussreicher Personen oder Personenkreise dargestellt oder gedeutet wird. So wird das beschrieben. Ähnliche Begriffe sind Verschwörungstheorie oder Verschwörungsnarrativ. Mit dem Wortteil „Erzählung" wird in besonderem Maße betont, dass das Erzählte nicht wahr sein kann oder Unsinn ist. „Erzählung" entbehrt demnach jeglicher Wissenschaftlichkeit und alles, was darunter subsumiert wird, ist frei erfunden. Mit solchen Begriffen versuchen die Politiker und deren Medien, Ideen entgegenzutreten, die der offiziellen Doktrin widersprechen, sie zu disqualifizieren und damit ein geistiges Umfeld zu schaffen, in dem die Menschen alles, was nicht aus „offiziellem Mund" stammt, in Zweifel zu ziehen. Auf der anderen Seite fühlen sich Kritiker der Maßnahmen in immer stärkerem Maße in ihren Zweifeln und Behauptungen bestätigt, denn sehr viele Dinge, die zunächst als Verschwörungserzählung abgetan wurde, haben sich im Nachhinein bestätigt. Ein öffentlicher Diskurs scheint in diesen Tagen nicht gewünscht, denn sonst würden solche Begriffe nicht in einem derart inflationären Maßstab verwendet. Synonym für Verschwörungserzähler verwenden die Führer der Mehrheitsmeinung auch Begriffe wie Querdenker (siehe dort), Verschwörungsmythologen, Hetzer oder gar noch Schlimmeres, was Rückschlüsse auf den Stand der gegenwärtigen Diskussion ziehen lässt. Die Frage ist durchaus angebracht, wieso Politiker und Medien nicht mit den Kritikern sprechen, sondern stattdessen solche Wortkriege in die Welt setzen.

Verschwörungsmythos

Das ist eine Steigerung von „Verschwörungserzählung". Während „Erzählung" noch eine einfache Geschichte ist, die wahr oder erfunden sein kann, ist der Mythos eine überhobene und frei erfundene Legende, weit ab von jeder Realität.

Verschwörungstheoretiker

Siehe „Verschwörungserzählung" und „Verschwörungstheorie". Ein Verschwörungstheoretiker ist ein Mensch, der einer Verschwörungstheorie anhängt und sie weiterverbreitet.

Verschwörungstheorie

Siehe „Verschwörungserzählung".

Videoschalte

Geflügeltes Wort, sehr häufig in den Medien verwendet, vermutlich um entspannt, links und locker zu klingen. Siehe „Videoschaltung".

Videoschaltung

Seit Ausrufung der Pandemie werden Präsenzteilnahmen in immer stärkerem Maße durch digitale Hinzuschaltungen von Personen umgewandelt. Durch den Ausbau von Glasfaser und Internet sowie der VPN-Verbindungen sind wir mittlerweile in der Lage, wesentlich mehr Menschen gleichzeitig teilhaben zu lassen an der verfügbaren Online-Welt. So, wie zahlreiche Schul- und Universitätsveranstaltungen nur noch digital via Bildschirm stattfinden können, ist es auch möglich, ganze Konferenzen auf diesem Weg abzuhalten. Es spart die langen Wege und, geht man von der Richtigkeit gängiger Narrative aus, die Gefahr einer

Ansteckung oder Übertragung von Viren. Es hat aber den Nachteil, dass auf diesem Weg der persönliche Kontakt der Menschen zueinander immer geringer wird. Durch Onlinezugriffe und Onlineschaltungen ist zudem die Überwachung und Kontrolle sehr viel leichter und es ist, denkt man diesen Weg zu Ende, auch möglich, unliebsame Beiträge einfach abzubrechen, indem man einzelne Personen ausklinkt, abschält, ihre Leitung sabotiert usw. Man muss durchaus an das Gute in der Welt glauben, um sich vor solchen Entwicklungen nicht zu fürchten.

Vier-Stufen-Plan

Ein Vier-Stufen-Plan, wie es ihn beispielsweise seit dem Sommer 2021 in Baden-Württemberg gibt, unterteilt die unterschiedlichen Bereiche menschlichen Zusammenlebens in vier Stufen. Eine Eskalation zwischen den Stufen erfolgt laut Definition automatisch, sobald die dafür definierten Kriterien erfüllt sind. Für den Vier-Stufen-Plan hat die Regierung die Stufen gemäß einer festgelegten Inzidenz beschrieben. Ab einem bestimmten Inzidenzwert tritt automatisch die entsprechende Stufe in Kraft. Die jeweilige Stufe wiederum umfasst unterschiedliche Bereiche des Lebens. Da geht es um Kontaktbeschränkungen sowie Teilnehmerzahlen bei privaten und öffentlichen Veranstaltungen. Was ein Vier-Stufen-Plan oder eine Ampel für eine Halbwertszeit und welche Funktionalität diese haben, zeigt sich besonders im Baden-Württemberg zu Beginn des Jahres 2022, wo man feststellen muss, dass eine Ampel bzw. ein Vier-Stufen-Plan nur in einer Richtung funktioniert (nach oben zu immer strengeren Maßnahmen) und dass eine Regierung sich nicht an die selbst definierten Maßstäbe halten muss, wenn die Realität sich in die andere Richtung bewegt. Ebenso ist das mit allen Stufen-Plänen, die im Ernstfall eben auch sehr rasch Makulatur werden.

viral

In dem hier verwendeten Sinne bedeutet viral, auf Viren bezogen zu sein.

Viren-Party

Siehe „Corona-Party“.

Virologe

Ein Virologe ist ein Wissenschaftler, Fachmann, Forscher auf dem Gebiet der Virologie (siehe dort).

Virologie

Virologie ist die Wissenschaft und Lehre von den Viren und den durch sie hervorgerufenen Krankheiten. Sie charakterisiert und klassifiziert Viren und erforscht deren Eigenschaften, Ausprägung und Vermehrung, aber auch den Schutz vor ihnen sowie die Behandlung von Infektionen, die durch diese hervorgerufen werden. Virologie ist in der Medizin Bestandteil der Fachdisziplin Mikrobiologie, Virologie und Infektionsepidemiologie. Seit Anfang der vierziger Jahre des vergangenen Jahrhunderts ist man in der Lage, Viren zu erkennen, zu beobachten und zu klassifizieren und erst in der Zeit nach dem Zweiten Weltkrieg wurden in Deutschland die ersten eigenständigen Institute eingerichtet, die sich mit der Erforschung von Viren beschäftigen. Virologen bestimmen in diesen Tagen das Geschehen in der Welt so sehr, wie noch nie zuvor. Sie beraten die Politik, geben Forschungsergebnisse weiter und stellen Prognosen. Bemerkenswert ist jedoch, dass immer nur solche Experten ausgewählt wurden und werden, die Ergebnisse liefern, die von den Politkern erwartet werden. Kritische Virologen werden nicht nur nicht beachtet. Sie werden häufig ausgegrenzt, ihre Kompetenz wird infrage gestellt, sie werden verächtlich gemacht, damit sich niemand mehr mit ihnen befasst oder sie gar als Verschwörer betrachtet. So ist die Virologie zweigeteilt – in Gut und Böse, ganz so, wie die ganze neue Welt, in der wir leben müssen.

Virus

Ein Virus ist ein sehr kleines Wesen, das über keinen eigenen Stoffwechsel verfügt, sich nur in lebenden Zellen vermehren und bei Menschen Krankheiten erregen kann. Siehe auch „Virologie“.

Virushotspot

Ein Virushotspot ist eine Region, ein Land oder ein Kontinent, in dem bestimmte Viren in hoher Konzentration vorhanden sind und in dem eine besonders hohe Gefahr besteht, sich zu infizieren. Siehe auch „Ansteckungshotspot“.

Virusinfekt

Siehe „Virusinfektion“.

Virusinfektion

Eine Virusinfektion nennt man eine Erkrankung, die durch Ansteckung mit einem Virus hervorgerufen wird, häufig übertragen durch Tröpfchen- oder Schmierinfektion. COVID-19 wird als solche bezeichnet und man tut so, als sei SARS-CoV-2 nicht nur das gefährlichste Virus der Welt, das zu fürchterlichem Massensterben führt, sondern als sei dieses chinesische Tierchen der einzige Krankheitserreger überhaupt, der uns Menschen gefährlich werden kann. Schließlich gab es all die derzeitigen Maßnahmen noch nie zuvor. Noch nie wurden gesunde Menschen separiert um Kranke zu „schützen" und noch nicht haben Politiker und deren devote Wissenschaftler über eine derart große Machtfülle verfügt, wie heute.

Virusvariante

Siehe „Beta", „Delta", „Omikron" usw. Je stärker Viren bekämpft werden, desto eher bilden sie Varianten bzw. Mutationen. Virologen sagen, dass jede Variante ansteckender ist, als die Vorgängerin, zugleich aber auch weniger gefährlich in den Symptomen.

Viruzid

Das ist ein Mittel, das Viren irreversibel schädigt, inaktiviert oder abtötet.

Visier

Ein Visier ist eigentlich der bewegliche Teil eines Helms, der das Gesicht oder die Augen vor Verletzungen schützt, dabei aber dennoch mehr oder weniger eingeschränkte Sicht ermöglicht. In der Corona-Sprachwelt ist ein Visier eine Plastikschild, das als Schutz vor Aerosolen an der Stirn befestigt wird und das gesamte Gesicht bedeckt. Mittlerweile sind diese Visiere nicht mehr erlaubt, weil sie, wie uns gesagt wird, nicht hinreichend vor Ansteckung schützen. Dass sie zuvor anerkannt waren, weil sie angeblich Schutz boten und nun plötzlich nicht mehr, will mittlerweile vermutlich niemand mehr wissen. Siehe auch „Face-Shield".

vollständig Geimpfte

Generell sind das Menschen, die geimpft sind und deren Impfschutz den vorgegebenen Kriterien entspricht. Das bedeutet, dass sie alle erforderlichen Spritzen erhalten und die verordnete Karenzzeit eingehalten haben. Das wird nicht zuletzt durch den Impfpass, in dem solche Impfungen eingetragen werden, bescheinigt.

Als nicht vollständig geimpft gilt man, wenn man nicht den Erfordernissen entspricht, die sich jederzeit ändern können. So hat sich mittlerweile geändert, dass man nun Boostern muss, damit man auch nach sechs Monaten noch als vollständig geimpft anerkannt sein will. Auch die Resistenzzeit nach der Überwindung von Corona wurde mittlerweile auf drei Monate verkürzt, während es Länder gibt, wo sie verlängert wurde. All das ist sehr willkürlich. Besonders eklatant ist, dass vollständig Geimpfte für 14 Tage als Ungeimpft gelten (Karenzzeit), wenn sie sich boostern lassen. Es wurde mittlerweile anschaulich gezeigt, dass genau in diese Zeitspanne viele Impferkrankungen, Einweisung von Geimpften in die Krankenhäuser (unter der Kategorie „ungeimpft") und Impftote fallen, die dann ebenfalls als „ungeimpft" gelten, obwohl sie doppelt geimpft und auch schon geboostert sind.

Vor-Coronawelt

Das ist die Zeit und Welt vor Ausrufung der Pandemie und Einleitung der Maßnahmen durch die Politik.

Vorerkrankte

Als vorerkrankt gilt ein Mensch, der vor einer Infektion oder dem Ausbruch an einer anderen Krankheit litt oder noch leidet, als an COVID-19. Im Zusammenhang mit COVID-19 kommt der Begriff „Vorerkrankte" sehr häufig zur Anwendung – insbesondere dann, wenn jemand in zeitlicher Nähe mit einer „Impfung" gegen Corona stirbt. Ein Zusammenhang mit der Impfung soll mit allen Mitteln verhindert werden. Gibt es eine „Vorerkrankung", dann ist in aller Regel sie die Todesursache, nicht die Impfung. Genau das Gegenteil ist der Fall, wenn Menschen krank sind, positiv auf Corona hin getestet werden und an der Vorerkrankung sterben. Solche Tote gehen, und das ist nachgewiesen, äußerst häufig auf das Konto von Corona. Während auf der einen Seite ein Zusammenhang zwischen Tod und Impfung akribisch verhindert werden soll, dienen „Vorerkrankte" auf der anderen Seite zur Aufblähung der Anzahl von Coronatoten, mit denen die Menschen in der Coronazeit täglich über die Medien konfrontiert werden.

Vorerkrankung

Siehe „Vorerkrankte".

vulnerabel

Das ist ein Begriff aus der Medizin, der bedeutet, dass vulnerable Personen leicht zu verletzen oder anfällig für Krankheiten sind. Als vulnerable Gruppen wurden in der Coronazeit Menschen bezeichnet, die eine bestimmte Altersgrenze überschritten oder besondere Vorerkrankungen hatten. „Wir kämpfen um jedes Menschenleben", so hörte man häufig aus Politikermund. Nachdem diese Menschen dann ihre Spritzen erhalten haben, war es aber sowohl um die Vulnerabilität geschehen, als auch um das Interesse, das ihnen entgegengebracht worden ist. Wie wenig Politiker sich tatsächlich für alte Menschen interessieren, war auch daran zu sehen, dass Menschen in den Alten- und Pflegeheimen anfangs total isoliert waren und auch von Ihren nächsten Verwandten nicht besucht werden konnten – und dies, obwohl viele von ihnen unter Demenz litten und die Umstellung nicht verstehen konnten. Vielmehr liegt die Vermutung nah, dass sie als leichte Impfbeute gesehen wurden, denen man kritik- und widerspruchslos die Spritze verpassen konnte. Wer danach starb, war dann eben am hohen Alter gestorben. Ein Zusammenhang mit der Impfung sollte und durfte besonders bei dieser Gruppe nicht hergestellt werden.

Vulnerabilität

Siehe „Vulnerabel".

Warn-App

Siehe „Corona-Warn-App".

Warnstufe

Siehe „Alarmstufe". Wie eine Warnstufe definiert wird, kann sich täglich ändern – der Willkür der Politik sind keine Grenzen gesetzt. Eine Warnstufe wird ausgerufen, wenn eine festgelegte Zahl von Intensivbetten an x Werktagen in Folge mit COVID-19-Patienten belegt sind – oder, wenn soundso viele von 100.000 Einwohnern innerhalb von y Tagen mit Corona-Symptomen in eine Klinik eingeliefert worden sind – hier spricht man auch von der Hospitalisierungsrate. Dann können Ungeimpfte öffentliche Veranstaltungen, Museen, Theater, Kinos oder Restaurants nur noch mit negativem PCR-Test besuchen – und müssen diesen auch selbst bezahlen. Ob dazu ein Antigen-Schnelltest oder PCR-Test als Nachweis vorzulegen ist, bestimmt die jeweilige Regierung.

Watch-Party

Bei einer solchen Party geht es darum, in Corona-Isolation mit Videoanrufen und Watch-Partys sozial sein. In Zeiten der Quarantäne beginnen viele Menschen, sich auf die Dinge zurückzuziehen, die man zu Hause erledigen kann – zum Beispiel E-Books lesen, Filme ansehen oder Computerspiele spielen. Dinge, um sich zu beschäftigen. Aber Menschen sind auch soziale Wesen und so bieten Watch-Parties auf YouTube oder anderen Plattformen eine Alternative an. Es wäre interessant zu erfahren, wie stark der Umsatz solcher Plattformen durch Corona gestiegen ist.

Webinar

Typischerweise ist das eine mit den Mitteln der internetbasierten Kommunikation durchgeführte Lehrveranstaltung oder Informationsveranstaltung, bei der die Teilnehmenden zu bestimmten festgelegten Zeiten virtuell präsent sind. Während man in früheren Zeiten anreisen musste, um sich weiterzubilden, geht das alles über PC und Internet. Das hat für die Lernenden den Vorteil, dass sie Kosten für Anreise und Übernachtung sparen. Den großen Vorteil haben aber die

Veranstalter, die keine Räumlichkeiten vorhalten müssen und sicherlich nur einen Teil der Ersparnisse an die Interessierten weitergeben.

Wechselunterricht

Das ist eine Form des Unterrichts, bei dem die Schüler in Gruppen aufgeteilt werden, um sie abwechselnd im Schulgebäude zu unterrichten. Auf diese Weise können Schulen zumindest einen Teil der Angebote in Präsenz veranstalten. Das stellte eine Verbesserung dar, denn reine Teleunterricht-Angebote konnten nicht von allen Teilen der Bevölkerung angenommen werden.

Wege-Konzept

Hierbei geht es um Wege aus der Corona-Krise: Die Veranstaltungsbranche fordert schon lange einen „Marshall-Plan". Es solle eine „neue Vision" entwickelt werden. Passiert ist nichts. Es gibt weder ein Konzept noch einen Plan zum Ausstieg aus dem Aktionsplan.

Weg zur Normalität

Die Voraussetzungen und die Bedingungen für einen Weg aus der ausgerufenen Pandemie ändern sich laufend und so kann man schwer sagen, wann und wie es weitergehen soll. Vielmehr stellt sich die Frage, ob es sich nicht tatsächlich um eine Plandemie handelt, mit der wir uns derzeit auseinandersetzen müssen. Impfen sei der Weg in die neue Normalität, so hört man heute. Das Coronavirus werde nicht verschwinden. Aber es gebe die Chance auf eine neue Normalität: Durch eine möglichst hohe Impfquote. Tatsächlich ist den Menschen, die so etwas fordern, bekannt, dass das Unsinn ist und dass Corona einerseits ständig mutiert und andererseits die „Impfung" gegen das SARS-CoV-2-Virus mehr oder weniger wirkungslos ist. Jetzt, Ende Januar 2022, gibt das Radioprogramm BR24 zu, dass eine Impfung gegen das Virus auch nicht in der Lage sei, gegen einen schweren Verlauf der Krankheit COVID-19 zu schützen – womit schließlich auch der Tod nicht ausgeschlossen werden kann.

weicher Lockdown

Es gibt die unterschiedlichen Lockdown-Formen. Der weiche Lockdown ist ein Teil davon. Man will damit ausdrücken, dass die meisten Aktivitäten weiter möglich sind, ein Teil eben nicht. Tatsächlich kann man von einem solchen weichen

Lockdown eher im Zusammenhang mit Schweden sprechen. Zu keinem Zeitpunkt wurden dort längere Schließungen langfristig angeordnet und die Menschen im Land konnten sich weitgehend frei bewegen.

Welle

Die für die Menschen seit Ausrufung der Pandemie relevanten Bewegungen werden in Form von Wellen beschrieben. Im welchen Maß Influenza ausgeklammert ist, wurde in früheren Kapiteln beschrieben. Insbesondere die „Entdeckung" neuer Mutationen, in den Medien als „Mutanten" präsentiert, werden benutzt, um neue sogenannte Wellen zu generieren, mit denen wiederum Angst und Panik in der Bevölkerung verbreitet werden sollen. Die Zahl von Schwerkranken und Toten bleibt zwar überschaubar, trotzdem aber verwendet man die ertesteten Inzidenzen, um das zu erreichen, was beabsichtig ist. Noch marschieren die Menschen mit – es fragt sich aber, wie lange noch.

Wellenbrecher

Siehe „Wellenbrecherlockdown".

Wellenbrecherlockdown

Ein Begriff, der für die damalige Bundeskanzlerin Angela Merkel ebenso bezeichnend ist, wie für die Salamitaktik der Politiker. Der Bevölkerung wurde im November 2020 suggeriert, dass man mit einem kurzen aber harten Lockdown alles überstehen werde und Weihnachten ganz regulär gefeiert werden könne. Tatsächlich wurde das System für Monate heruntergefahren, die Menschen gegängelt und erpresst und die Versprechen der Herrschenden waren schon bald reine Makulatur. Angekündigt war eine kurze Pause – tatsächlich sollte für Monate alles verboten bleiben. Selbst für die Weihnachtstage wurden Regeln definiert, wie und mit wie vielen Personen man sich in der Familie treffen darf. Dabei wurde so tief in die Familien hineinreglementiert, dass sehr viele Menschen das Fest aus Angst mehr oder minder haben ausfallen lassen.

Weltwirtschaftsforum

Das Weltwirtschaftsforum, auf Englisch World Economic Forum, kurz WEF ist eine weltumspannende Stiftung und Lobby-Organisation. Sie wurde im Jahr 1971 in Cologny im Schweizer Kanton Genf gegründet. Gründervater, Organisator und wichtiger Geldgeber ist Klaus Schwab. Zu seinem jährlichen Treffen, das in Davos, Kanton Graubünden stattfindet, versammeln sich Jahr für Jahr die zahlenden Mitglieder, Wirtschaftsführer, Politiker, Wissenschaftler, Journalisten und sonstige gesellschaftlich relevante Akteure der Welt.

Unter dem Deckmantel angeblich notwendiger wirtschaftlicher Entscheidungen treten sowohl beim WEF als auch bei Klaus Schwab und seinen Anhängern immer deutlicher Weltherrschaftsfantasien in den Vordergrund. „The Great Reset", also „Der Große Neustart" war bereits im Jahr 2021 ein Hauptthema dieses Treffens. Dabei geht es um nicht weniger als um die Schaffung einer neuen, globalen Wirtschaftsordnung, die im Anschluss an die "Corona-Pandemie" etabliert werden soll. Auf das Forum, seinen Gründer und die gewaltige Finanz- und Wirtschaftsmacht des Forums kann hier nicht im Detail eingegangen werden. Trotzdem sollte zumindest darauf hingewiesen werden, dass die wichtigsten Regeln der Corona-Welt in diesem Forum definiert wurden und dass die Politiker, die für deren Umsetzung verantwortlich sind, dort weitgehend alle versammelt waren. Bemerkenswert ist zudem die Auswahl der dort Anwesenden und ganz besonders die Berufung der sogenannten Young Leaders. Christian Lindner, Annalena Baerbock und Roland Habeck sind drei exponierte Beispiele von Personen, die beim WEF als Young Leaders erwählt wurden und mittlerweile führende Staatsämter bekleiden. Alles Zufall? Tatsache ist, dass dort viele Weichen gestellt werden und dass so hochrangige Personen wie Xi Jinping, Olaf Scholz oder Angela Merkel vielbeachtete Reden halten dürfen. Auch mächtige Wirtschaftsvertreter und sogenannte Philanthropen wie Bill Gates oder Georges Soros sind beim WEF vertreten und tragen maßgeblich zur Orientierung und Ausrichtung des Forums bei. Interessant ist, auch, dass Klaus Schwab ein Buch über den Great Reset geschrieben hat, das mittlerweile als Drehbuch für nahezu alle bisherigen Corona-Maßnahmen der Politiker verwendet werden kann.

WHO

Die WHO (World Health Organization) spielt eine wichtige Rolle in den Vorgängen rund um Corona. Ihre Einschätzung initiiert die Aktivierung der Regierungen, indem sie die Pandemie ausruft und die Regionen definiert, für welche die Pandemieregeln gelten sollen. Schon vor Jahren hat die WHO hierfür die Regeln geändert, so dass nun das Ausmaß einer Krankheit keine Rolle mehr spielt und nur noch auf den Grad der Ausbreitung Gewicht gelegt wird. Im Verlauf einer Pandemie gibt die WHO Empfehlungen und legt auch eigene Daten vor. Umstritten ist die Unabhängigkeit der weltumspannenden Organisation, denn einen Großteil seiner Gelder erhält sie von privaten Organisationen wie beispielsweise der Gates-Stiftung. Bemerkenswert ist auch das Verhalten der WHO gegenüber Taiwan, das sich schon seit vielen Jahren um eine Mitgliedschaft bemüht, diese aber nicht durchsetzen kann, weil die Kontakte der Organisation zur Volksrepublik China sehr eng sind und sicher zu Recht von einem Kniefall vor der Regierung in Peking gesprochen werden kann. Auch die Führung der WHO steht in der Kritik, denn die Wahl von Tedros Adhanom Ghebreyesus ist allein schon wegen seiner Mitgliedschaft in der äthiopischen Tigray-Partei und auch wegen seiner engen Beziehung zum chinesischen Machthaber Xi Jinping problematisch. Trotzdem stützen sich nahezu alle Regierungen der Welt auf die Vorgaben der Weltgesundheitsorganisation und es erweckt den Anschein, als ob die WHO eine Steuerungsfunktion innehabe.

Wiedereröffnung

Der Wortteil „wieder" weist darauf hin, dass ein Betrieb, eine Einrichtung oder auch ein ganzes Land geschlossen, unterbrochen oder gesperrt waren und dass nun die Schließung beendet ist.

Wissenschaft

Wissenschaft ist nun in der neuen Welt von Corona ein inflationär gebrauchter Begriff, der auch die unterschiedlichsten Begriffe dieses Buches durchzieht. Alle Entscheidungen, die in den vergangenen zwei Jahren bezüglich SARS-CoV-2 gefällt wurden, werden mit der „Wissenschaft" begründet. Das soll zugleich auch Ausdruck ihrer Unumstößlichkeit und Alternativlosigkeit sein. Niemand soll oder darf zweifeln und die Menschen in ihrer Angst sind ohnehin nicht gewillt oder in der Lage dazu. Wer dennoch Fragen stellt, der wird mit allen verfügbaren Mitteln bekämpft. Zu nennen wären in erster Linie hier Vertreter der Wissenschaft – aber eben die kritischen Vertreter. Dass solche erst gar nicht in das Team der beratenden Wissenschaftler aufgenommen werden, versteht sich von selbst. Das Beratergremium ist sozusagen handverlesen. Stattdessen mutieren kritische Wissenschaftler in einem Maß zu Dissidenten, dass man sie zwangsemeritiert oder gar der Verschwörung und Falschaussage bezichtigt. Das ist mittlerweile zur Realität geworden. Beispiele hierfür wären Prof. Dr. Sucharit Bhakdi, Dr. Wolfgang Wodarg und noch viele mehr, die in einem Ausmaß an den gesellschaftlichen Rand gedrängt werden, das in Vor-Coronazeiten, als sie noch häufig zitierte und gern gesehene TV-Gäste waren, unvorstellbar war. Für all das wird der Begriff Wissenschaft jetzt gebraucht und erst ganz allmählich erwachen Zweifel in den Menschen.

Wissenschaftler

Siehe „Wissenschaft".

Wuhan-Virus

Siehe „Chinavirus".

Zivilschutz

Das ist die Gesamtheit aller nichtmilitärischen Maßnahmen zum Schutz der zivilen Bevölkerung und ziviler Kulturgüter während eines Krieges oder bei einer Katastrophe, wie beispielsweise der Ausrufung einer Pandemie.

Zoonose

Zoonose ist eine Infektionskrankheit, die von Tieren auf Menschen oder von Menschen auf Tiere übertragen werden kann. Ob es sich bei COVID-19 um eine Zoonose handelte oder nicht, war bereits seit der ersten Stunde an eine häufig gestellte Frage, denn es ging darum, festzustellen, ob das Virus tatsächlich, wie ursprünglich behauptet, von chinesischen Fledermäusen stammt, oder ob es von Menschen synthetisch in einem Labor hergestellt worden ist.

Zugangsbeschränkung

Bei den Corona-Maßnahmen spielen die Zugangsbeschränkungen "2G", "2G+", "3G" oder "3G+" eine große Rolle. Deren Bedeutung ist in den einzelnen Kapiteln erläutert. Zugangsbeschränkungen sind in der neuen Welt zur Regel geworden. Wo man sich in früheren Zeiten frei bewegen konnte, sind viele früher unbegrenzte Bereiche nun für ganze Personengruppen vollständig tabu geworden. Freizügigkeit und Offenheit gehören der Vergangenheit an und immer mehr Menschen ziehen sich zurück in ihre eigenen vier Wände oder gar in sich selbst. Aufwändige Studien darüber, welche gesellschaftlichen oder gar psychischen Folgen solche Änderungen in einer Sozialisation haben können, gibt es bisher noch sehr wenige.

Zugangsregel

Siehe „Zugangsbeschränkung".

Zwangslockdown

Siehe „Lockdown".

Zwei-Haushalte-Regelung

Auch hier geht es um die Reglementierung in den privaten Bereich hinein. So dürfen sich nach Maßgabe der Politiker Angehörige von zwei Haushalten treffen – also zwei Familien, zwei Paare oder die Mitglieder aus zwei Wohngemeinschaften. Die Regelung stammt noch aus der Frühzeit von Corona und den ersten Lockdowns, könnte aber in ihrer Variierbarkeit weiterhin eingesetzt werden.

Zweite Welle

Siehe „Erste Welle".

Zweitimpfung

Die zweite in einer Reihe von Impfgaben gegen einen bestimmten Krankheitserreger. Siehe auch „Auffrischimpfung", „Corona-Impfung", „Boostern" usw.